현대한국구술자료관 현황과 전망

"이 저서는 2015년 대한민국 교육부와 한국학중앙연구원(한국학진흥사업단)의 구술자료아카이브구축(현대한국구술사연구)의 지원을 받아 수행된 연구임 (AKS-2015-OHA-1240005)"

현대한국구술자료관 현황과 전망

초판 1쇄 발행 2020년 12월 24일

지은이 김원, 김선정, 송치욱, 윤충로, 이호신

펴낸이 윤관백
펴낸곳 도서출판 선인
등 록 제5-77호(1998.11.4)
주 소 서울시 마포구 마포대로 4다길 4 곶마루빌딩 1층
전 화 02)718-6252/6257
팩 스 02)718-6253
E-mail sunin72@chol.com

정가 32,000원
ISBN 979-11-6068-423-0 94900
ISBN 979-11-6068-418-6 (세트)

간행사

한국의 구술사는 1980년대 출발하여 1990년대 도약기를 거쳤고, 2000년대 이후 비약적인 성장을 이루어왔습니다. 십여 년 전 만해도 낯설던 '구술사'라는 용어가 이제 학계에서는 물론 일반 국민들 사이에서도 익숙해졌습니다. 다양한 연구 분야에서 구술사 방법론을 적용하고 있으며, 많은 기관에서 구술사 관련 사업들을 발주하고 있습니다. 뿐만 아니라 여러 기관에 구술사 관련 아카이브를 만들고 있으니, 지난 몇 십 년 간의 구술사 분야의 발전은 상전벽해(桑田碧海)라고 해도 손색이 없을 정도입니다.

그러나 이러한 발전과정에서도 고민이 없지 않았습니다. 학계에서는 수많은 구술 자료를 체계적으로 관리하고 활용할 아카이브가 필요하다는 지적이 있었고, 이에 따라 2009년 4월부터 한국학중앙연구원에서는 "현대한국구술사연구사업"을 시작했습니다. 이렇게 시작된 "현대한국구술사연구사업"은 10년이라는 장기 계획을 통해 영상 자료 중심의 수집, 체계적인 관리와 보존, 서비스 기능을 갖춘 아카이브를 구축한다는 점에서 많은 주목을 받았습니다. 그 결과 491명의 구술자로부터 3,368여 시간의 구술 자료가 수집되었고, 이 자료들은 현재 아날로그와 디지털로 보존되고 있으며, 학계와 국민들이 활용할 수 있도록 온라인 아카이브를 통해 제공되고 있습니다.

'현대한국구술사연구사업'은 총 5개 연구단으로 구성되어 진행되었습니다. 4개 분야의 연구팀에서 자료를 수집하고, 1개의 아카이브구축팀에서 관리하고 서비스하는 형태입니다. '정당정치' 분야(과제명: "세대로 본 역동의 한국정당정치사 – 산업화·민주화 세대의 증언")는 명지대 연구단에서, '현대사와 군' 분야(과제명: "한국 현대사와 군")는 서울대 연구단, '경제외교' 분야(과제명: "고도성장기(1960~70년대) 경제외교사 구술아카이브 구축")는 한국외대 연구단, '종교와 민주화' 분야(과제명: "현대 한국사 발전의 내면적 동력을 찾아서 – 민주화와 산업화를 이끈 종교인 구술자료 수집과 연구")는 한신대 연구단이 맡았으며, 아카이브 구축(과제명: 현대한국구술자료관구축연구)은 한국학중앙연구원에서 진행했습니다.

이번에 간행되는 "현대한국구술사연구 총서"는 지난 10년간의 연구사업을 총괄해 본 것입니다. 각 연구단별로 한 권씩 모두 5권으로 묶었습니다. 10년의 연구사업과 수많은 구술 자료들을 5권의 책에 모두 담아내기에는 한계가 있을 수밖에 없지만, 전체 연구사업을 조망하고 각각의 주제에 따른 구술 자료들의 특성을 드러낼 수 있도록 노력했습니다.

본 총서는 현대한국의 역사를 구술 자료를 통해 다시 조망했다는데 의미가 있습니다. 10년이라는 장기 사업을 통해 각 주제별로 한국 현대사의 주요 인물들의 경험과 기억을 담았고, 이 자료들을 바탕으로 한국 현대사의 주요 대목을 다시 구성해 보았습니다. 명지대의 정치분야 구술은 총 3부로 우선 정치인의 내면과 인식의 세계를 정치엘리트의 근대화론과 집단기억, 통일인식과 행위 양상, 구술자의 정서와 구술 내용의 상호관계 등으로 풀어냈고, 더불어 정치공간에서의 구조와 행위를 파악하기 위해 '직업정치인'의 등장과 정치적 기회구조, 정당정치 변화의 순간들, 그리고 정계입문의 경로와 정치적 입장 선택의 변수 등을 다채롭고 흥미롭게 정리했습니다. 다음으로 한국군의 기억에 대한 구술자료를 연구한 서울대 연구단에서는 창군에서 베트남전, 그리고 한국 정치변동에서 군의 역할, 식민지 시기이후 한국전쟁에 이르는 창군 이후 군의 경험, 베트남 전쟁 시기 작전권 협상, 한국기업의 베트남 진출, 한국군의 일상생활, 그리고 윤필용 사건, 하나회, 자주국방, 그리고 군의 해외유학 경험에 대한 흥미로운 구술 자료들을 촘촘하게 연구했습니다. 세 번째로 경제외교분야 인물들의 구술 자료를 연구한 한국외국어대학의 경우, 1960년대 경제개발계획 시기 외자도입, 한일협정, 과학기술개발 등 초기적 상황, 중화학공업화 시기 정책결정 및 제철, 조선, 자동차 등 각 산업에서 정책 결정 등에 대해 분야별로 다채롭게 당시 경험을 재구성했습니다. 네 번째로 종교와 민주화 분야를 연구한 한신대 연구단에서는 군사독재 시기, 5·18 광주민주화운동에서 1987년 민주화, 그리고 그 이후로 시기를 구분해서 종교인의 민주화 운동에 연루되었던 도시산업선교회, 민중불교운동, 5·18과 한국교회, 민중교회운동, 1980년대 민주화운동에 참여했던 목회자, 그리고 1990년대 이후 기독교 시민운동, 일본군 위안부운동, 종단개혁 등 흥미진진한 구술 자료를 역사로 풀어냈습니다. 끝으로 구술 자료를 집적, 서비스한 한국학중앙연구원 연구단은 먼저 현대한국구술자료관 구축의 역사와 특징을 현대한국구술자료관 구축 연구의 내용 및 수집 자료의 특성 등을 중심으로 살피고, 다음으로 실제 10년간 구술아카이브 구축의 전 과정을 자료관 관리 규정의 특징과 구술 자료 생산 과정에서 자료관의 역할, 아카이브 관리시스템 특성과 의의, 그리고 아카이브 서비스 시스템 특성과 의의 등으로 나누어 살펴보았습니다. 마지막으로 현대한국구술자료관의 활용 방향과 전망에서는 지속적으로 논쟁이 되는 구술기록의 저작권 문제와 구술기록의 수집과 활용 과정에서의 윤리적·법적 쟁점들을 구체적으로 정리하고, 끝으로 국내외 구술아카이브에 대한 시론적 평가에 근거해서 향후 아카이브를 활용한 연구의 전망 및 풀어야 할 숙제에 대해 다루었습니다. 이는 이후 발전적으로 구축될 구술사 아카이브에 적지 않은 도움이 될 것으로 생각됩니다.

지난 10년간 자료를 수집하고 정리한 각 연구단의 연구자들에게 감사드립니다. 아울러 구술 자료의 수집 뿐만 아니라 이번 총서에 옥고를 주신 필진 여러분께도 감사드립니다. 또한 10년동안 지원을 아끼지 않았던 교육부와 한국학중앙연구원, 한국학진흥사업단에도 이 지면을 빌어 감사드립니다. 이번 총서와 수집된 구술 자료가 한국의 현대사에 대한 보다 다양하고 풍부한 연구를 하는데 기여하기를 바랍니다. 감사합니다.

명지대 연구책임자 김익한
서울대 연구책임자 정용욱
한국외대 연구책임자 반병률
한신대 연구책임자 연규홍
한국학중앙연구원 연구책임자 김 원

머리말

2000년대 이후 각 학문분과별로 구술사에 대한 관심이 높아지는 동시에, 여러 연구기관 및 연구자들의 구술 자료 수집도 증가했다. 이러한 변화에 따라 장기적인 기획 아래에서 구술 자료를 수집 및 연구하려는 움직임이 본격적으로 가시화되었다. 2009년 한국학진흥사업단의 지원으로 출발했던 '현대한국구술사연구 사업'도 이러한 시도 가운데 하나였다. 국내 구술사 연구사업 가운데 가장 긴 시간동안 특정한 주제를 중심으로 집중적인 구술 자료를 연구·수집하고, 이를 현대한국구술자료관 연구단을 중심으로 아카이빙하고자 했던 대규모 구술사 연구 사업이었다.

물론 현대한국구술자료관은 2019년부터 2단계 고도화를 위한 10년간의 연구를 진행 중이다. 그 점에서 지난 10년의 현대한국구술사연구 사업은 종료된 것이 아닌 '현재진행형'이라고 볼 수 있다. 하지만 국내에서 최초로 기획된 대규모 구술사 연구사업이었던 만큼, 새로운 구술사 연구의 가능성을 보여준 동시에 풀어야할 과제들도 산적해 있다. 이번에 출간하는 〈현대한국구술자료관 구축 현황과 전망〉은 지나간 10년간 현대한국구술사연구 사업이 걸어온 발자취를 기록으로 남긴다는 의미도 있지만, 동시에 한국구술사연구에서 하나의 '모델'을 만들고자 했던 현대한국구술자료관이 지난 10년간의 연구와 조사, 그리고 이를 통해 구축된 조직체계, 시스템, 구술 자료의 관리 및 활용, 구술 자료를 둘러싼 법적, 윤리적 문제를 총정리해서 이후 한국 구술사 연구가 나아가야 할 방향에 참조가 되기 위한 '또 다른 기록'으로서 의미를 지닌다고 할 수 있다.

이 책은 1부 '현대한국구술자료관' 구축 연구 개관, 2부 구술 자료 아카이브 구축, 3부 구술자료관 활용 방안과 전망 등 전체 3부로 이뤄졌다. 먼저 1부에서는 현대한국구술자료관 구축 연구의 내용과 특성, 수집 구술 자료의 특성을 밝혔다. 1장은 한국 구술사 연구의 발전 궤적과 당시 학계에서 제기되고 있었던 구술 자료 아카이브의 필요성 대한 논의에서 시작한다. 넓은 의미에서 현대한국구술자료관은 당시 구술사를 중심으로 한 학계의 요구에 대한 모델 구축의 일환이기도 했다. 현대한국구술자료관 구축 연구는 현대한국구술사연구 사업의 일환으로 진행됐다. 본 연구는 3+3+4년 총 10년, 1개의 자료관과 4개의 수집단으로 구성되어 진행됐다. 현대한국구술자료관 구축 연구의 기본 방향과 출발, 사업 구조에 대한 이해는 연구사업의 특성뿐만 아니라 그 과정에서 노정된 한계를 이해하는 데도 중요하다. 다음으로 국내 구술 자료 현황, 미국 구술사 관련 기관 현황 조사 등을 토대로 구술자료관 구축 방향이 설정되는 과정을 다루었다. 마지막으로 초기 구상을 토대로 구축된 구술자료관의 조직적 지위와 역할, 10년간의 구술 자료 생산·수집, 아카이빙, 구술사 교육·연구 과정을 전반적으로 정리했다.

2장은 10년간 진행된 현대한국구술자료관 구술 자료 수집의 결과를 보여주고자 했다. 이를 위해 각 연차별 구술자 수, 구술 시간, 현재 구술 자료 서비스 시간 등을 구체적으로 밝혔다. 현대한국구술사연구 사업은 지난 10년간 구술자 491명, 총 3,367시간가량의 구술 자료에 대해 아카이브를 구축했다. 세부적으로 4개 연구단에서 생산한 구술 자료에 대해 연차별 구술자 수, 총 면담 횟수, 전체 구술자 가운데 여성 구술자 수를 밝혔다. 더 나아가서 전체 구술 자료에 대해 출신 지역, 출생 시기, 직역별 구술자 분포를 분석했다. 그 외에도 연구 분야의 특성에 따라 정당정치 분야는 구술자의 국회의원 선출 수, 한국군 분야는 군종 현황, 참전 경험, 종교민주화 분야는 종교별 구술자 현황 등을 밝혔다. 2장은 현대한국구술자료관 구술 자료의 기본적인 특성을 전체적으로 이해할 수 있는 기초 자료로서 중요한 의미를 지닌다.

2부는 현대한국구술자료관의 구술 자료 아카이브 구축의 특징을 구체적으로 다뤘다. 1장에서는 우선 구술자료관 관리 규정을 살펴보았다. 기존 구술 자료 아카이브와 관련, 구술자료관의 관리·운영, 이와 연관된 구술 자료 관리 방안을 구체적으로 밝힌 경우는 많지 않다. 10년에 걸친 구술 자료의 관리 사례를 바탕으로 한 구술 자료 관리 규정에 관한 논의는 이후 구술 자료 아카이브의 관리 및 운영에 도움이 될 것이다. 더불어 1장에서 주목하는 것은 구술 자료 표준화 지침 구성과 변화, 구술 자료의 검수·평가에 관련한 부분이다. 구술 자료 표준화 지침은 연구결과물 표준화 지침을 시작으로 총 12가지로 구성되며, 이는 현대한국구술자료관의 자료 생산 방식과 아카이브 구축의 특성을 반영한다. 최근까지 구술 자료에 대한 검수의 필요성은 인식하고 있었지만 실제 구술자료 생산과정에서 이를 적용한 경우는 드물다. 현대한국구술자료관의 검수 체계는 형식·내용의 이원적 체계로 구성되어 있으며, 본 연구에서는 그 구체적인 검수 과정을 보여준다는 점에서 이후 구술 자료 생산기관에서 참조할 사례가 될 것이다.

2장은 '현대한국구술자료관 아카이브 관리 시스템의 특성과 의의'를 다루고 있다. 구술 자료 관리 시스템은 구술 자료를 효율적으로 수집/정리/등록/검수/이관/보존 하는 절차를 전자적으로 관리하는 시스템으로 구술 자료의 체계적인 수집·관리를 위해 구축되었다. 이는 국내·국외 사례 조사, 정보화 전략계획(ISP: Information Strategy Planning)

수립 등, 기초 조사와 연구를 통해 전체적인 프로세스가 마련됐다. 관리 시스템은 구술 자료의 안정적이고 체계적 관리뿐 아니라 활용까지 염두에 두고 기획·구축됐다. 2장에서는 관리 시스템 기능을 항목별 내용과 더불어 관리 시스템의 화면을 스크린 샷으로 보여줌으로써 구체적인 시스템 체계와 특성을 살펴보았다.

3장 '아카이브 서비스 시스템의 특성과 의의'에서는 현대한국구술자료관의 온라인 서비스 시스템에 대해 집중적으로 논의했다. 구술 자료 생산·수집과 더불어 최근 10년간 대두된 관심이 구술 자료 활용이다. 구술 자료의 활용이란 수집된 구술 자료를 공개하여 대중적 접근성을 높이는 것이다. 3장에서는 최근까지 국내외 사례를 검토하여 현대한국구술자료관의 온라인 서비스 체계를 구축해갔던 과정을 구체적 사례를 통해 설명하고자 했다. 구술 자료 서비스 시스템의 전체적인 구상과 방향, 실질적 구현 양상을 통해 서비스 시스템 관리, 이용자 화면의 특성 등을 구체적으로 보여준다. 지난 10년간 현대한국구술자료관의 서비스 시스템이 지향하고자 한 바는 구술 자료를 이용하고자 하는 연구자, 일반인의 자료에 대한 이해를 제고할 수 있는 이용자 중심의 서비스 시스템을 구축하는 것이었다.

3부의 주제는 '현대한국구술자료관의 활용 방안과 전망'이다. 먼저 1~2장에서는 구술 자료를 둘러싼 권리 관계와 윤리적·법적 문제를 다룬다. 1장 '구술기록의 저작권 문제에 대한 이해'에서는 '구술 기록을 활용할 수 있는 권한', '구술 기록의 활용으로 발생하는 이익의 귀속', '저작물 생산자의 인격적인 권리'를 포괄하는 저작권 문제를 집중적으로 다루었다. 구체적인 내용으로 구술 기록의 생산·활용 과정에서 발생할 수 있는 저작권 문제를 검토하고, 이를 바탕으로 기록물의 공개와 활용에 필요한 실무적인 처리 지침을 제안하였다. 이를 위해 저작권 제도의 개략적인 내용, 구술 기록의 매체별 저작권 문제, 저작물의 특성과 저작자 권리의 구체적·세부적 내용, 2차적 저작물의 권리 등과 함께 구술사 연구기관과 구술사 아카이브의 원활한 저작물 공개와 활용에 필요한 계약상 점검사항을 다뤘다.

2장 '구술기록 수집과 활용과정에서의 윤리적·법적 쟁점들'에서는 구술사 연구 수행과 관련한 윤리적 문제로 부각되고 있는 구술 작업에 대한 사전 동의(informed Consent)와 동의 내용의 준수에 관한 사항, 구술자의 신상 보호에 관한 안전장치와 관련되는 사항, 채록연구자나 연구기관이 왜곡 없이 자료를 생산하고 활용할 책임 등에 대해 정리했다. 또한 구술 자료와 관련한 법적 문제에 관련해서 인격권의 보호(프라이버시와 명예훼손), 구술기록과 개인정보보호법, 개인정보보호법의 문제와 대응방안 등에 대해서 세부적으로 다뤘다. 이를 통해 2장에서는 '구술기록의 수집과 활용 과정은 구술자의 인격과 프라이버시를 비롯한 관련 권리를 오롯이 보장하는 데에서 출발해야 한다'는 점을 다시 강조하고자 했다.

3장 '아카이브를 활용한 연구와 이후 전망'에서는 구술 자료 관련 아카이브의 10년 여정을 돌이켜 보면서 그 성과와 한계를 진단한다. 이를 위해 최근 10년간 구술 아카이브의 흐름들을 개괄하고, 구술 자료가 아카이브 차원에서 활용된 사례를 검토한다. 더불어 구술 자료가 아카이브 차원에서 기획되고 활용된 참조할만한 해외사례를 간략하게 소개했다. 전시와 아카이브가 결합된 토론토시 아카이브와 일본 국립역사민속박물관, 장소성과 구술 자료를 결합한 일본 오노미치시의 유비쿼터스 박물관, 현대사 구술교과서 아카이브인 독일 '역사의 집' 역사 포털, 재난의 공감을 위한 구술 아카이브인 9·11추모박물관, 아워 마라톤(OUR MARATHON) 디지털 아카이브, 팬암 항공 103/로커비 항공재난 아카이브 컬렉션 등의 사례를 통해 향후 한국에서 구술 자료 아카이브의 다양한 활용 방식의 가능성을 탐색하고자 했다.

마지막으로 4장은 구술 자료를 수집·집적하는 아카이브를 넘어설 미래의 방향에 대해 모색하고자 했다. 우선 2000년대 이후 구술 자료 아카이빙을 진행했던 대표적인 사례인 국사편찬위원회, 국립문화예술위원회, 20세기 민중생활사연구단, 한국학중앙연구원 현대한국구술자료관 연구단을 중심으로 각각의 시도가 지닌 의미와 한계를 간단히 정리했다. 이를 바탕으로 '구술 자료의 수집에서 활용으로', '아카이브를 넘어 자료관으로' 나아갈 것을 제안한다. 또한 구술 자료 활용의 활성화를 위해 구술 자료 통합서비스를 가능케 할 '한국구술사연구센터' 구축, 구술 자료를 활용한 대중적 문화 콘텐츠 제작과 구술 자료 검색 활성화, 온라인을 기반으로 대중성·쌍방향을 갖춘 구술 현대사 교과서 제작, 역사인물 관계도 제작, 지역사회를 기반으로 한 아래로부터의 기록 작업을 지원할 수 있는 공공 시스템 구축 등을 향후 풀어야 할 과제로 조심스럽게 제안했다.

끝으로 지난 10년간 현대한국구술자료관 구축과 현대한국구술사연구사업을 위해 애써 주신 여러 분들께 감사의 인사를 드리고자 한다. 먼저 현대한국구술사연구사업을 현실화시킬 수 있도록 지원했던 한국학진흥사업단과 당시 사업단장으로 사업을 기획했던 한도현 선생님을 비롯한 관계자분들께 감사드린다. 한국학진흥사업단의 지원이 없었다면 현대한국구술사연구사업의 지난 10년과 앞으로 10년도 존재할 수 없었을 것이다. 또한 초기 현대한국구술사연구 사업이 출발하는 데 있어서 한국학진흥사업단의 정책과제를 통해 틀을 잡아주신 김경일 선생님, 초기 현대한국구술자료관 연구책임자로 사업의 밑바탕을 만들어 주신 이완범 선생님께도 깊은 감사를 드린다. 다음으로 지난 10년간 그리고 현재까지도 현대한국구술자료관 연구단을 실질적으로 기획, 운영하고 계신 김선정, 윤충로, 송치욱 선생님께도 말로 표현하기 어려운 감사를 드리고자 한다. 초기 사전 기획이 부족한 상태에서 구술자료관의 초석을 놓고, 한

걸음 한걸음씩 나아가는 데는 이분들의 노고가 없었다면 불가능했었을 것이다. 또한 각종 회의, 자료의 평가 및 검수, 관리 및 온라인 시스템 운영과 체크, 연구단과의 의사소통 등 힘든 업무를 맡아준 강원규, 김연희, 김병규, 김창우, 류득선, 박나송, 성강경, 엄경임, 이경용, 이진아, 전누리, 조병주, 조용성 연구 조교 선생님들께도 감사하다는 말을 전하고 싶다. 더불어 초기 관리 시스템과 온라인 시스템의 구축 및 고도화, 업데이트 과정에서 많은 외부 전문가들과 관련 업체분들의 도움과 협업을 통해 작업을 진전시킬 수 있었다. 특히 지원이 어려운 상황임에도 불구하고 공공기록물의 활성화를 위해 과감히 협업을 해주신 이보학, 장진호, 최동준 선생님께 머리 숙여 감사 인사를 드리고 싶다.

현대한국구술자료관 구축을 위해 그간 애써주신 공동연구원과 현대한국연구소의 여러 선생님들께도 감사드린다. 한국학중앙연구원의 김복수 선생님, 정미량 선생님, 양창진 선생님, 전북대 박경미 선생님, 군사편찬연구소 이상호 선생님, 대구대 이희영 선생님, 한성대 이호신 선생님과 한국외국어대학교 한동현 선생님께도 어려운 여건 속에서 구술사 연구를 위해 도와주신 점에 대해 감사드리고자 한다. 뿐만 아니라 현대한국구술자료관에서 주관했던 구술사시민강좌, 구술사전문가 워크숍, 그리고 구술 자료의 형식검수 및 내용검수, 자막파일 제작에 참여해주신 모든 선생님들께 진심으로 감사했다는 인사를 드리고자 한다. 또한 현대한국구술자료관과 더불어 한국 구술사 연구의 확산을 위해 함께 했던 한국구술사학회, 한국구술사네트워크와 소속 연구소 및 연구기관 선생님들께도 그간 베풀어주신 여러 도움과 연대에 감사하다는 인사를 드리고 싶다.

마지막으로 10년간 현대한국구술사연구사업을 위해 동고동락을 해주신 한국외국어대학 반병률 선생님, 한신대 연규홍 선생님, 서울대 정용욱 선생님, 명지대 김익한 선생님을 비롯한 500여명에 달하는 구술자와 대화를 나누셨던 연구진 선생님들께도 감사 인사를 드리고 싶다. 초기 연구사업의 출발과정, 중간 중간에 발생했던 헤아릴 수 없는 많은 어려움들, 구술 자료의 검수 및 이관 과정에서 부딪혔던 여러 가지 어려움들이 주마등처럼 머리를 스쳐간다. 쉽지 않은 10년간의 과정이었지만 한국구술사 연구에서 중요한 전환점을 마련한 시간들을 같이 공유하고 싶다. 지난 10년만큼 다가올 10년 동안 현대한국구술사연구사업이 발전된 결과를 맺을 수 있기를 기원하며 글을 마무리하고자 한다.

2020년 6월

연구진을 대표해서 김 원

목 차

제II부
현대한국구술자료관 구술 자료 아카이브 구축

제Ⅲ부
현대한국구술자료관의 활용 방향과 전망

제 I 부

현대한국구술자료관구축 연구개관

제01장

현대한국구술자료관 구축 연구의 내용과 특성

윤 충 로

1. 머리말: 한국 구술사 연구의 발전 궤적과 '구술자료관'

구술사의 개념은 이를 바라보는 시각에 따라 다양하게 정의된다. 미국의 구술사가인 스타(Louis Starr)나 리체(Donald Ritchie) 등은 구술의 기록·수집을 중시하는 '기록관리사(archivist)' 개념을 중심으로 이에 접근하는 반면, 영국의 톰슨(Paul Thompson)은 피지배층의 '아래로부터의 역사 쓰기'로 구술사의 정치적 성격을 강조하기도 한다(윤택림·함한희, 2006: 46). 최근 한국 구술사의 발전과정을 고려하면 구술사의 특정 측면을 강조하기보다는 "구술-면담의 과정, 그것에 의해 생산된 구술 기록, 채록된 구술 기록을 바탕으로 쓰여진 역사를 모두 포함하는 연구방법"(허영란, 2013: 314)으로 좀 더 폭넓고, 탄력적으로 구술사를 정의하는 것이 구술사의 외연을 포괄하기 위해 타당할 것이라 본다.[1)]

---

1) 참고로 한국기록학회는 구술 기록(oral history)을 다음과 같이 정의한다. "면담을 통해 개인의 기억 속에 남아 있는 과거나 역사적 사건을 재구성하는 작업을 통해 만들어지는 기록. 구술 기록은 면담자와 구술자의 공동작업을 통해

한국에서 구술사의 문을 연 것은 1980년대 뿌리깊은나무 출판사에서 발행한 '민중자서전' 시리즈(20권)였고, 1988년~1990년 『역사비평』은 그동안 금기시 됐던 좌익 활동가, 중간파 인사와의 면담을 「한국 현대사의 증언」 시리즈로 연재해 학술적 측면에서 구술사의 중요성을 일깨웠다(이용기, 2009: 293-294). 한국에서의 구술사 발전의 궤적을 살펴볼 때 1기는 대체로 1980년대 말~1990년대 중후반, 2기는 1990년대 말~2000년대 중후반에 이르는 기간으로 대별할 수 있다. 1기에서 2기로의 전환을 가져온 주요 동인으로는 민주화의 고양(김귀옥, 2006), 이론·방법론의 심화·확장(이용기, 2009), 개인 작업에서 단체·기관 중심 작업으로 무게 중심 이동(정혜경, 2015) 등을 들고 있다.[2] 시기 구분 기준을 다양하게 적용한다는 것은 한국의 구술사가 역사·사회·학문적 측면 등에서 짧은 시간 동안 매우 역동적으로 변화·발전해 왔음을 보여주는 것이기도 하다. 2000년대에 들어오면서 나타난 큰 변화 가운데 하나는 공공기관들의 구술 자료 기획 생산·수집이었다. 2002년 민주화운동기념사업회, 2003년 한국문화예술위원회 아르코예술정보관, 2004년 국사편찬위원회, 2004년 일제강점하강제동원피해진상규명위원회, 2006년 5·18기념재단, 2008년 대통령기록관 등이 구술 자료 생산과 아카이브 구축에 뛰어들었다.

한국 구술사 발전의 3기는 2000년대 말 이후 현재까지라고 할 수 있다. 이는 구술사의 제도화·조직화의 확장기라 할 수 있다. 2009년 9월에는 한국구술사학회가 결성되어 구술사 연구를 학회틀로 결집하는 계

생산되며, 주관성과 개인성을 띠게 된다는 특성을 갖는다. 구술 기록에는 녹음이나 녹화 자료, 면담과 관련하여 입수한 기타 자료 등이 포함된다"(한국기록학회 엮음, 2008: 32).

2) 한국의 구술사 연구 궤적, 연구 현황에 대해서는 이용기(2002), 김귀옥(2006), 윤택림·함한희(2006), 함한희(2010), 허영란(2013), 정혜경(2015) 등 참조.

기를 마련했다. 같은해 5월에는 한국학중앙연구원 한국학진흥사업단에서 5개 연구단이 참여하는 10년 장기계획의 '현대한국구술사연구' 사업을 시작했다. 단일 구술사 사업으로는 가장 큰 규모였다. 2010년 제1회 구술사 유관기관 네트워크 공동 워크숍 개최를 시작으로 구술사 기관간 협력체계 구축 계기를 마련했다. 이는 2019년 현재 가입 기관수가 42개에 이르는 구술사 네트워크로 발전했다.

1980년대 말 맹아기로 시작한 한국의 구술사는 30여년의 시간을 경과하면서 학문세계뿐만 아니라 국가·사회적인 인식의 폭을 확장해 가고 있다. 이러한 과정에서 2000년대 중반부터 지속적으로 그 필요성이 제기되어 왔던 것이 구술 자료 아카이브(archives)다.[3] "구술자의 전 생애를 노출한 구술 자료와 연구진의 헌신적인 노력에 의해 얻어진 음성 자료, 녹취록, 동영상 자료, 일기나 편지, 월급명세서, 그림, 기타 1차 기록자료 등과 같은 구술사 연구의 결과물을 어떻게 관리·운영할 것인가"(김귀옥·허영란, 2005)라는 언급에는 아카이브 구축의 필요성과 문제의식이 잘 드러나 있다. 구술 자료 아카이브는 자료의 집적과 집중, 보존·관리, 활용·운영, 서비스 등 복합적 기능을 포괄하고 있어 개인·단체 등에서 이를 구축·운영하기는 매우 어렵다. 국가·공공기관 차원에서 접근한다고 하더라도 구술 자료 보존·관리를 넘어 운용과 활용, 자료의 대중적 서비스 방안 등 아카이브의 목적, 기능·역할 등에 대한 체계적 상

3) 'archives'는 어떤 개인이나 조직 또는 기관이 그 성격에 상응하는 업무를 위해 생산, 수집 및 인수하여 조직된 자료 중에서 영구히 보존할만한 가치를 인정받아 선별된 자료이며, 'Archives'는 그 자료를 보존·관리하여 소통시키고 그 가치를 지속적으로 유지하는 기관을 말한다(이희재, 2004: 234). 아카이브는 곧, 계속 보존할 가치가 있어 선별된 기록, 그러한 기록을 수집·정리·보존하는 기관과 체계를 말한다(오항녕, 2007: 101). 이와 유사한 견지에서 구술자료 아카이브는 "보존·정리하여 공공적으로 활용할 목적으로 역사적 내러티브가 담긴 구술 자료를 집합적으로 축적한 것, 혹은 그것을 관리하는 시스템이나 기관"(허영란, 2013: 316-117)이라 할 수 있다.

이 제대로 정립되지 않은 상황에서 '구술 자료 아카이브'를 구축한다는 것은 결코 쉽지 않다. 현대한국구술자료관 구축 연구는 한국 구술사 발전 궤적의 한 부분을 점하고 있다. 특히 2000년대 중반 이후 지속적으로 제기돼 온 '구술 자료 아카이브'의 한 형태를 보여준다는 점에서 중요한 의미를 지닌다. 1장에서는 첫째, 현대한국구술사연구 사업의 배경과 출발 과정을 밝힌다. 또한 이와 결합되면서도 상대적으로 독자적 위상의 구술자료관을 구축하려했던 초기 현대한국구술자료관 구축 연구의 방향 설정과 목표를 보여준다. 둘째, 구술자료관 모델 구축을 위한 사전 조사와 연구 과정에 대해 논의한다. 여기에서 주로 다룰 것은 2009년 현대한국구술사 연구 사업의 출발과 더불어 구술자료관이 심혈을 기울여 추진했던 국내 구술 자료 현황 조사와 국외 구술자료관 사례 조사다. 당시 조사는 현대한국구술자료관이 설정해 놓은 기본 목적과 방향을 구체화하고 현실화하는 기초가 됐다. 셋째, 현대한국구술자료관의 조직적 지위와 역할, 구술 자료 수집과 아카이빙, 구술사 연구·교육사업의 기획·실행 등 자료관의 사업 내용 구성과 전개에 대해 살펴본다.

2. 연구의 출발

1) 현대한국구술사연구 사업의 구상과 실행

현대한국구술자료관 구축 연구는 크게는 한국 사회의 구술사 연구 궤적과 자료 축적과정을 반영하지만, 보다 직접적으로는 한국학중앙연구원 한국학기획사업단의 정책보고서인 김경일 외(2007)에 힘입은 바 크다. 김경일 외(2007)는 "한국 현대사는 짧은 기간 동안 압축적인 산업화는 물론 정치적 민주화를 성취해낸 보기 드문 사례"이며, "세계적으로 큰 관심과 연구대상"이 되고 있지만, 기존 학계연구와 근현대 역사 자료 대부분이 "거시적인 구조 중심, 문헌 중심이기 때문에 생생한 경험을 전달하는 데 한계가 있을 수밖에 없다"고 했다. 특히 1960년대~1970년대에 이르는 박정희 정권 시기는 권위주의 체제로서 정치적 의사결정과정의 비공식성, 사실과 부합하지 않는 자료, 자료 자체의 부재 등으로 자료의 공백이 인식의 공백으로 이어질 가능성이 크다고 지적하며, 이러한 공백을 메울 수 있는 주요한 방안으로 '구술생애사 자료 수집'을 제안했다(김경일 외, 2007: 1). 이 과제는 정치·외교·경제 부분의 구술 자료 생산 연구단, 자료관 구축 연구단이 결합하여 1단계 3년 + 2단계 3년 + 3단계 4년으로 총 10년간 구술 자료를 생산·아카이브화 하는 구술사 사업의 밑그림을 그렸다(김경일 외, 2007: i–vi). 한국학중앙연구원 한국학진흥사업단은 여기서 제시한 기본 모델을 참조하여 2009년 1월 '현대한국구술사연구 사업'을 기획·공모했다. 당시 사업의 목적 및 지원 방향, 지원 분야 및 대상 등을 간략히 보여주는 것이 〈표 1〉이다.

〈표 1〉 현대한국구술사연구 사업 전체 개요

분류		내용
사업 목적	상세	•단기간에 민주화와 산업화를 이룩한 현대 한국의 다이내믹한 역사는 한국뿐 아니라 인류의 소중한 문명사적 보고로 아시아를 비롯한 많은 개발도상국과 신진국의 벤치마킹 대상이자 연구 관심 •해방 이후 오늘에 이르기까지 한국 사회의 다이내믹한 변화과정을 이해할 수 있는 기초 자료 수집과 연구의 일환으로 현대 한국의 주역들에 대한 구술사 기록 작업 •해방 이후 현대까지, 현대 한국의 역동적 역사를 관찰하고 참여한 주한 외교관들에 대한 구술사 기록을 채록하여 연구와 교육에 활용

분류		내용
지원 방향	상세	•산업화, 민주화, 한미관계(Peace Corps, 주한 외교관 포함) 등 한국의 근대화 과정에 관련된 주요 인물과 사건, 조직과 운동 등에 관련된 인물들에 대한 구술사 자료의 조사와 수집, 정리 •구술사 자료 수집과정에서 정리된 내용을 주제·인물별로 분류 '다이내믹 코리아 구술 자료 총서' 발간 •압축적 근대화와 관련된 주요 자료와 기록물, 사진, 동영상을 포함하여 관련 구술자 자료를 수집하고 체계적으로 분류하여 '구술사자료관' 구축 •다이내믹 코리아의 역사를 현장에서 관찰하고 체험한 주한 외교관들(해방 이후부터 현재까지)의 생생한 증언을 채록하여 역사연구 및 시민교육에 활용 •수집된 자료를 바탕으로 역동 한국을 생생하게 들려주는 시민용, 교육용 현대한국총서를 만들어 교육에 활용
지원 분야	공모	•정치: 정치과정에 대한 자료 수집, 정치사 연구 자료 수집 및 검증 자료, 행정의 구체적 실상 파악, 정치인 생애 과정 수집 •경제: 경제개발 과정과 경제정책 형성 연구, 경제 관료와 기업 임원의 생애과정 수집, 기업가 연구 자료 확보, 산업 구조 변동과 직업사 연구, 기업 문화와 노사관계 연구 자료 수집 등 •외교: 정책결정 과정 연구 자료 축적, 외교사 연구 자료 확보, 외교 관료 생애과정 수집, 해외 구술 면접 자료 수집 등 •기타: 사회·문화 및 일상 분야로 과학기술인, 예술인, 종교인 등의 구술 자료 수집과 연구 포함
	지정	•구술자료관 구축 및 총괄 운영 분야
지원 형식 및 예산	지원형태	•공모(지정과제 포함)
	지원예산	•'09년도 10억 원
	지원규모	•공모·지정 2.5억 원
	지원기간	•3년 1단계(단계 평가결과에 따라 2·3단계 계속 지원 결정, 3+3+4)

〈표 1〉을 보면 김경일 외(2007)의 기본적인 밑그림을 토대로 사업 범

위·규모 등이 조정됐음을 알 수 있다. 구술 자료 수집의 시간적 범위는 해방 이후 과정으로 확장됐고, 지원 방향·분야도 제한적이기는 하지만 한국 현대사에서 민주화·산업화를 이루어갔던 '다이나믹'한 지점, 주체를 드러낼 수 있는 요소들로 좀 더 포괄적으로 규정했다. 현대한국구술사연구 사업이 진행되면서 학계 일각에서 엘리트 구술에 관한 우려가 있었지만,[4] "절대적으로 기록이 빈곤한 현대사 제 분야에 대한 기록 확보, 기록의 조작 또는 왜곡이 의심되는 분야에 대한 확인, 잘못 알려진 사실에 대한 정정, 새로운 사실의 발굴 등"(손동유·권용찬, 2013: 140) 구술 자료 수집사업의 시급성과 필요성도 동시에 제기됐다. 2009년 현대한국구술사연구 사업 공모로 선정된 연구단과 자료관(지정)은 〈표 2〉와 같다.

〈표 2〉 현대한국구술사연구 사업 수행 연구단

분류	연구단 소속	주제
공모	명지대학교	정치: 세대로 본 역동의 한국정당정치사-산업화·민주화 세대의 증언(1945-2002)
	서울대학교	군: 한국 현대사와 군
	한국외국어대학교	경제·외교: 고도성장기(1960~70) 경제외교사 구술아카이브 구축
	한신대학교	종교와 민주화: 현대 한국사 발전의 내면적 동력을 찾아서-민주화와 산업화를 이끈 종교인의 구술 자료 수집과 연구
지정	한국학중앙연구원	자료관 구축: 현대한국구술자료관 구축 연구

4) 허영란은 현대한국구술사연구 사업을 평가하면서 이러한 사업이 "역사의 복합적인 진실에 다가가기 위한 디딤돌을 놓는 중요한 작업"이 될 수 있을 것이라 인정한다. 그러나 소위 엘리트와의 "구술-면담은 해당 주제에 대한 고도의 전문성을 갖추고 구술사의 방법론적 의미를 충분히 숙지하고 있는 연구자 그룹에 의해 체계적인 계획 하에 신중하게 이루어져야" 하며, "그렇지 않으면 자칫 구술사마저 지배층의 역사쓰기 도구로 전유되는 상황으로 귀결될 수 있다"라고 평가했다(허영란, 2013: 318).

공모 사업 선정 결과는 초기 공모 내용과는 차이를 갖는다. 정치는 하나의 주제로 선정됐지만 경제·외교 부분은 분리하지 않고, 산업화와 경제발전과 관련한 하나의 주제로 통합해 선정했다. 여기에 초기 공모 당시에는 없었던 '한국 현대사와 군' 부분이 추가됐다. 기타 사항으로 있었던 주제 부분에서는 종교와 민주화 관련 주제가 선정됐다. 마지막으로 지정과제인 자료관 구축 연구는 한국학중앙연구원 현대한국구술자료관 구축 연구단이 수행하게 됐다. 〈표 3〉은 현대한국구술사연구 사업 전체 틀과 흐름을 보여준다.

〈표 3〉 현대한국구술사연구 사업의 진행과정과 전체 틀

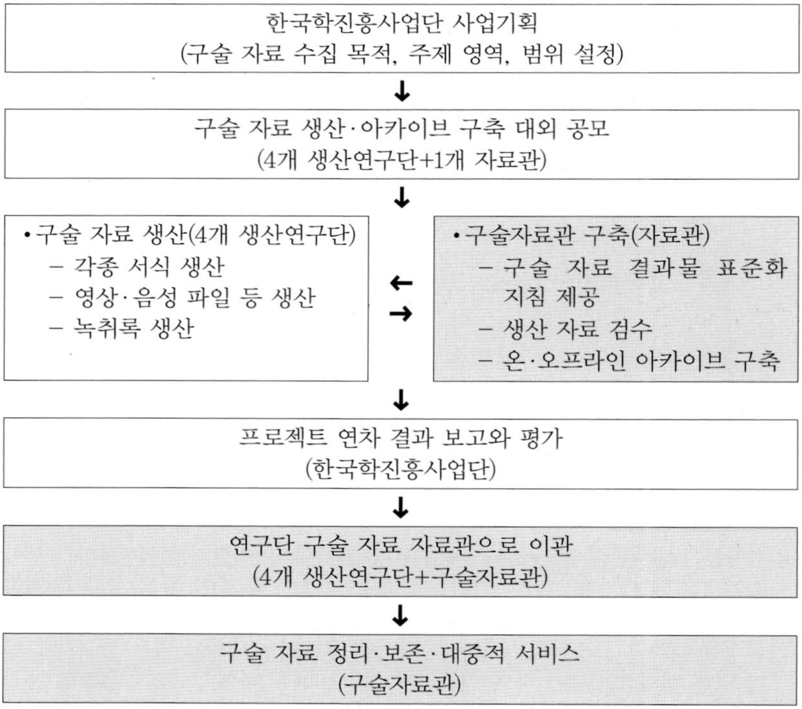

김경일 외(2007)는 향후 구축될 자료관을 "기존 자료관과 같은 협소한 의미의 자료관이 아닌 센터를 중심으로 한 네트워크 기반의 광의의 자료관"으로 설정했다.[5] 이 기획은 정부 기관 등의 구술 자료 생산 작업에서 나타나는 구술자의 중복, 주제의 제한성을 넘어서기 위해 "국가적 차원에서 현대사 주요 인물에 대한 체계적 기록 작업"을 진행하고, "기존에 이미 진행된 작업 내용들이 소통하고 활용될 수 있는 제도적 장치와 종합적 정보 제공자 역할"(김경일 외, 2007: 103)을 수행할 센터 구축을 제안한다. 이는 국가기관 간 협조체계와 구술 자료의 통합적 기획·생산·관리를 지향한다. 이러한 체계의 구현은 각 기관의 협업을 넘어선 정책적 결단과 실천을 필요로 하는 것으로 결코 쉽지 않은 일이다.

이러한 큰 기획은 아닐지라도 현대한국구술사연구 사업은 구술 자료의 생산, 보존·관리, 서비스를 연계한 협업 구조로 현대한국구술자료관 구축 연구단이 허브로서 일종의 센터 역할을 수행한다. 〈표 3〉에서 보는 바와 같이 구술자료관은 4개 구술 자료 생산연구단(이하 생산연구단)의 구술 자료 결과물에 관련한 표준화 지침 제공, 생산 구술 자료 검수, 온·오프라인 아카이브 구축, 구술 자료의 정리·보존·대중적 서비스를 담당한다. 또한 5개 연구단의 허브로써 자료 생산을 위한 공동 가이드라인 구축, 생산·자료화·검수·이관 일정 협의, 공동학술행사 기획·개최 등에서 주도적인 역할을 담당한다.

2) '현대한국구술자료관' 기본 목적과 방향

구술사 아카이브는 구술 자료를 수집·보존할 뿐만 아니라 후세대 교육을 위한 정보 제공의 장, 지식생산 공간 등 다양한 성격과 기능을 담당한다(윤택림·함한희, 2006: 147-156). 현대한국구술자료관 구축 연

5) 자세한 내용은 구술생애사 자료관 구축 방향과 모델 참조(김경일 외, 2007: 103-115).

구는 구술사에 관련된 보다 복합적이고 종합적인 자료관 구축을 기본 목적으로 했다. 〈표 4〉는 구술자료관의 사업 목적 및 방향을 보여준다.

〈표 4〉 현대한국구술자료관 연구 사업의 목적 및 방향

• Archiving	국내 정치, 경제, 외교, 사회·문화, 일상 등 다양한 분야의 구술 자료 및 연구 성과 집적
• Interdisciplinary Research	인문·사회과학을 넘나드는 학제 간 공동 연구
• Education–Writing–Life History	구술사 전문 연구자 양성 교육과 시민을 대상으로 한 구술사·자기역사쓰기 대중 강좌를 통해 구술사 교육의 체계화·고급화

첫째, 구술자료관의 기본적인 목적은 수집 구술 자료의 아카이브 구축이다. 이는 한편으로는 구술 자료의 집합적 축적, 다른 한편으로는 축적 자료의 지속적 관리·보존을 위한 시스템 구축이라는 이중의 과정을 포괄한다. 먼저 자료의 집합적 축적에서 토대가 될 것은 당연히 현대한국구술사연구 사업의 결과물이다. 하지만 자료관은 여기에 머무르지 않고 한국학중앙연구원 내 산재한 구술 자료, 이를 넘어 수집 가능한 외부 구술 자료를 폭넓게 축적해 가고자 했다. 다음으로 구술자료관의 기본 목표는 "힘든 노력으로 수집된 구술 기록이 잠시 유통되다 소멸되지 않을 수 있도록" 하기 위한 "디지털 구술 기록의 수집과 보관이 가능한 구술 아카이브 시스템 구축과 활용"(정연경·최윤경,2017: 11)이다. 이는 오프라인과 온라인 양 방향 모두에 대한 관리 체계를 통해 구현하고자 했다.

둘째, 현대한국구술자료관은 학문의 경계를 넘어 다양한 구술사 활용 영역과 소통하면서 구술사의 활성화와 학문적 발전에 기여하고자 했다.

한국의 구술사는 1980년대 운동적 맥락에서 확산되기 시작했다. 이는 제주4·3항쟁, 한국전쟁, 5·18민주화운동, 일본군 위안부 문제 등 근현대사의 중요 결절점들을 주제로 한국 현대사에 대한 새로운 인식을 가능케 했다(김귀옥, 2016: 14). 2000년대 이후 구술사 연구는 인류학, 역사학, 사회학 등의 여러 학문 분과를 넘나들게 됐고, 최근에는 문화·예술계, 체육계, 인권활동가와 작가집단 등 다양한 영역에서 구술사 방법을 활용한 작업을 진행하고 있다. 앞으로 구술사는 "다학문적 접근(Multidisciplinary)을 통해 복합학문(Complexity)으로 발돋움해 나가"(함한희, 2010: 36)야 한다. 구술사 연구 방법의 적용과 활용이 늘어나면서 2011년~2016년까지 만도 100권의 단행본, 9편의 학위논문이 나왔다(정연경·최윤경,2017: 10). 구술사에 대한 관심의 증대와 활용 영역의 확장은 그 자체가 구술사 발전의 한 측면을 반영한다. 하지만 동시에 이는 다양한 영역 간의 공동작업, 소통의 필요성을 강화한다. 구술자료관은 학문분과, 다양한 구술사 활용 영역을 넘나들며 구술사의 사회적 인지도 제고, 학문적 발전에 기여하고자 했다.

셋째, 이미 언급한 바와 같이 2000년대 이후로 구술사에 대한 관심이 날로 커졌고, 학자군 뿐만 아니라 일반 시민층의 관심 또한 빠르게 증가하고 있다. 미국과 영국의 '내셔널 아카이브즈(National Archives)'의 경우 일반 시민을 대상으로 한 구술사 강의와 활용 등 프로그램을 통해 구술사에 대한 관심·참여를 유도하고 구술사 지평의 확장을 꾀하고 있다(함한희, 2010: 24). 아쉽게도 한국은 구술사에 대한 학문적·사회적 요구에도 불구하고 이를 체계적으로 교육할 수 있는 곳이 많지 않다.[6] 현대한국구술자료관은 구술사 교육 프로그램 개발과 실행을 통해

6) 구술사 연구방법에 관련한 입문서들은 구술사 연구, 대중적 확장에 기여했다고 할 수 있다. 이와 관련한 대표적 단행본으로는 한국구술사연구회(2005; 2014; 2017), 윤택림·함한희(2006), 김귀옥(2014), 윤택림(2019) 등이 있다.

구술사 관련 교육의 공백을 조금이나마 메우려 했다.

3. 시야의 확장과 적용: 국내·국외 현지조사

1) 국내 구술 자료 생산·보유 기관·단체 사례 조사

1990년대 중반 이후 구술 자료에 대한 관심이 높아지면서 최근까지 다양한 기관·단체·개인이 구술 자료를 생산해왔다. 그러나 국내 구술 자료의 생산 실태, 자료 정리와 후속 조치 등에 대해서는 체계적으로 조사되거나 정리된 바가 없었다. 2009년 조사는 이러한 현실에서 시작됐다. 당시 조사의 목적은 다음 세 가지였다.

첫째, 무엇보다 각 공공기관과 단체들이 소장하고 있는 구술 자료의 개요와 특성–구술 자료의 생산 목적·과정, 자료화, 공개·활용 등 전반적 과정 포괄–을 파악하여 한국의 구술 자료 생산 현황과 성과를 살펴보고자 했다.[7] 이를 통해 현대한국구술자료관이 이후 구축할 아카이브를 기획단계에서 보완하고 풍부화하고자 했다.

둘째, 당시 조사는 국내 구술 자료에 대한 현황 파악뿐만 아니라 현대한국구술자료관과 기존에 구술 자료를 생산했던 기관·단체 간 네트워크 구축을 위한 사전 작업으로의 성격을 지녔다.

셋째, 현대한국구술자료관은 한국학진흥사업단의 현대한국구술사연구사업 내의 4개 연구단에서 생산한 자료를 집적하여, 이를 연구자·일반인 등에게 서비스할 수 있는 디지털 아카이브 구축을 기본적인 업무로 했다. 하지만 현대한국구술자료관은 이에 머무르지 않고 국내 기관·

---

7) 당시 조사는 개인, 혹은 한국학술진흥재단에서 연구 성격으로 지원을 받아 연구소나 개인이 개별적으로 자료를 수집하고 연구를 진행한 결과물은 제외했다.

단체 등에서 생산된 다양한 구술 자료를 수집하여 더욱 풍부한 구술 아카이브를 구축하고자 했다. 조사를 통해 자료 공유가 가능한 기관·단체를 선별하여 구술 자료의 자료화를 지원하고 최종 결과물을 공동으로 활용할 방안을 모색하고자 했다.

당시 조사는 내용은 〈표 5〉와 같은 세 가지 방향에서 이루어졌다.

〈표 5〉 국내 구술 자료 생산·보유 기관·단체 현황 조사 내용(2009년)

조사 영역 분류	조사 내용
보유 자료 개황	•구술자 수, 시간, 자료집 발간 상황 등
구술 자료 수집 과정	•구술 조사 배경과 자료의 특성
	•구술 자료 생산 과정의 특성: 예산 규모 및 지원 여부, 구술 자료 생산 시기 및 기간
	•구술 자료 정리: 구술동의서, 구술자신상기록부, 구술 자료 공개·활용동의서 등 각종 서식 구비 여부
자료 현황 및 활용 계획	•자료 정리·보존 현황과 이후 활용 계획(출판, 아카이브 구축 등)

당시 조사는 2007년 7월~10월경까지 집중적으로 이루어졌으며, 총 26개의 기관·단체에 대한 조사가 진행됐다. 그 세부사항은 다음과 같다.[8)]

- 서울·경인권: 국가기록원, 국사편찬위원회, 국가보훈처, 군사편찬연구소, 민족문제연구소, 민주화운동기념사업회, 부천만화정보센터, 서울시립대학교 서울학연구소, 서울대학교 한국교육사고, 서울특별시 시사편찬위원회, 성공회대학교 민주자료관, 아르코, 일제강점하강제

8) 대부분 직접 방문을 원칙으로 했고, 부득이한 경우는 전화면접을 통해 구술 자료 현황을 파악했다.

동원피해진상규명위원회, 여성사전시관, 한국영상자료원, 한국정신대문제연구소

- 전라권: 20세기민중생활사연구단, 5·18기념재단, 여수지역사회연구소, 전남대5·18연구소, 전주문화재단
- 경상권: 한국청년연합 대구지부(대구KYC), 부산민주공원
- 충청권: 한국청년연합 천안지부(천안KYC), 독립기념관
- 강원권: 강원발전연구소

조사를 통해 2009년까지 구술 자료를 보유한 국내 주요 기관·단체의 구술 자료 생산·수집 현황을 파악할 수 있었다. 당시 조사에서 현대한국구술자료관 구축 연구가 참고할만한 기관·단체는 20세기민중생활사연구단, 국사편찬위원회, 민주화운동기념사업회, 아르코, 일제강점하강제동원피해진상규명위원회 등이었다.

먼저 20세기민중생활사연구단(이하 '20세기')은 2002년~2004년, 2006년~2008년까지 학술진흥재단의 지원을 받아 구술 자료 수집과 구술 아카이브 구축을 동시에 진행했다. '20세기'는 자료 생산·등록 상황을 개별 연구자가 직접 진행할 수 있도록 시스템을 개발하여 자료화 과정의 효율성을 높였다. 또한 당시로서는 획기적인 구술 자료 웹사이트를 구축해 구술 자료의 활용 가능성을 보여주었다.[9)]

국사편찬위원회는 "한국 근현대사의 다양한 인물, 정책, 사건에 대한 구술을 채록함으로써 문헌사료의 제약을 극복·보완할 수 있는 역사 자료를 생산하고, 근현대사 연구 수준 향상에 이바지"함과 더불어, "구술 자료의 수집과정 및 아카이브 구축의 전 과정을 체계화하고, 그 성과를 유관 기관 및 단체와 공유"하는 것을 구술 자료 수집 사업의 목적으로

9) 웹사이트는 http://www.minjung20.org/ 참조.

밝혔다(장용경, 2009: 17). 주제별 공모와 용역을 통한 자료 수집을 진행했고, 다양한 구술 자료집을 발간했다. 구술 자료 관련 서식이 잘 갖춰져 있고, 국사편찬위원회(2009)를 통해 구술 자료의 생산·보존에 관련한 모델을 보여주었다. 여러 장점에도 불구하고 국사편찬위원회의 구술 자료는 문헌 편찬사업을 중심으로 하여 자료의 공개·활용·서비스 영역이 상대적으로 취약한 편이었다(윤택림, 2015: 36).

민주화운동기념사업회는 2002년부터 민주화운동에 관련한 다양한 구술 증언을 수집해왔다. 시간이 지나면서 구술 자료 서류, 형식 등이 체계화되었다. 2009년 조사 당시에는 일반인에게는 구술 자료를 공개하지 않고, 연구자 혹은 기관의 요청이 있을 시 활용할 수 있도록 했다.[10] 이는 구술 자료의 정치·사회적 민감성이 반영된 것이었다.

아르코는 2003년부터 문화·예술인을 중심으로 구술생애사와 구술증언(주제사) 자료를 생산해왔다.[11] 구술 자료 생산 초기부터 영상 구술 채록을 기획했고, 영상 촬영·편집 등을 전문가에게 의뢰하여 자료의 질을 높이고자 했다. 구술 자료 기본서식을 잘 갖추었고, 자료의 안정성을 높이기 위해 아날로그, 디지털 양 방향에서 자료를 구축·보존했다. 서비스 부분에서도 적극적이어서 구술 녹취록은 구술자의 검독 하에 비공개 부분을 삭제하여 일반에 공개했고, 구술 자료의 대중적 접근과 활용도를 높이기 위해 '구술로 만나는 한국 예술사'(http://oralhistory.arko.or.kr/oral/main.asp) 사이트를 운영하기도 했다.[12]

---

10) 현재는 OPEN ARCHIVES에 구술 아카이브(http://archives.kdemo.or.kr/oral-archives/main)란을 구축하여 일부 자료의 하이라이트를 서비스하고 있지만, 자료 공개는 제한적이다.

11) 2005년 한국문화예술위원회, 2010년 국립예술자료원, 2014년 한국문화예술위원회 예술자료원으로 개칭했고, 문화·예술계를 중심으로 지속적인 구술 자료 생산을 진행하고 있다.

12) 전산 시스템은 도서관 시스템을 활용했다. 초기에는 동영상 파일 서비스를

일제강점하강제동원피해진상규명위원회(이하 '강동')는 2005년부터 구술면담을 시작했다. 구술 관련 기본 서류를 구비했고, 녹취록은 A, B, C 형태로 자체 등급을 매겨 중요도에 따라 순차적으로 만드는 것을 방침으로 했다. 녹취록이 없는 경우는 상세목록을 작성하여 자료에 대한 접근성을 높이려 했다. 모든 자료를 디지털 아카이브화했지만, 보안 문제로 외부에서는 제한적 접근만 가능하도록 했다.

구술사에 대한 사회적 관심이 확산되고 구술 자료의 생산이 늘어나는 상황임에도 구술 자료 아카이브를 구축하면서 벤치마킹할 수 있는 기관은 사실 제한적이었다. 이는 무엇보다 구술 자료 생산과 아카이브화에 수반되는 많은 비용, 아카이브의 활용에 대한 불투명한 전망 등의 한계를 반영한 것이었다고 볼 수 있다. 2009년 당시로서는 위에서 언급한 5개 기관(1개 연구단 포함) 정도가 체계를 제대로 갖추고 구술 자료를 수집·생산, 아카이브화한 경험을 가지고 있었다. 현대한국구술자료관은 각 기관을 직접 방문하여 담당자 면담을 통해 구술 자료 아카이브 구축 과정에서 부딪혔던 문제점을 파악하고 각 기관의 장점을 취합하려 노력했다. 예를 들어 각 기관이 구비하고 있던 구술 자료 관리규정, 구술 서식 등을 종합하여 현대한국구술자료관의 관리규정·서식을 보완했고, 서식 가운데 '상세목록'의 중요성을 재인식할 수 있었다('강동' 사례). 관리·서비스 시스템의 분리 필요성과 오프라인 상의 자료 정리 양식에 대한 팁(tip) 등을 얻을 수 있었다('20세기', 아르코, 민주화운동기념사업회 사례).

당시 조사를 통해 현대한국구술자료관은 국내 구술 자료 생산 기관·단체 등과의 네트워크 형성을 위한 토대를 구축할 수 있었다. 또한 구술 자료의 보완을 통해 활용도를 높일 수 있는 자료를 발굴하여 자료화를 지원하고 자료관이 해당 자료를 서비스 할 수 있는 방안을 모색하기도

제공했지만, 비공개 부분의 문제 때문에 2008년 개편 작업을 거쳐 동영상 서비스를 중단했다. 예술자료원은 최근 녹취문만을 온라인으로 공개한다.

했다. 그 대표적인 사례가 한국청년연합(KYC) 대구·천안 지부에서 생산한 한인 원폭피해자 구술 자료 자료화 지원 사업이었다. 대구 KYC는 2005년~2008년까지 3차에 걸쳐 27명, 천안 KYC는 2006년~2007년까지 18명의 원폭피해자에 대한 인터뷰 작업을 진행했으나, 구비서류 미비, 녹취록의 취약성 등으로 자료 활용에 한계가 있었다. 현대한국구술자료관은 이에 대한 지원을 통해 구술 자료의 질뿐만 아니라 활용도를 높이고, 자료관 자료의 폭을 넓히고자 했다.

2) 국외 구술자료관 현지 조사: 미국 사례를 중심으로

국내 구술 자료 현황조사와 더불어 2009년 10월~11월 사이에는 미국 구술자료관 현지조사를 진행했다.[13] 본 조사는 미국 구술자료관을 그 주제에 따라 첫째, 거대 역사 주제 관련 자료관(홀로코스트, 베트남전쟁, 제2차 세계대전, 9·11사건 등), 둘째, 지역 중심 구술 자료, 셋째, 개인 관련 구술자료관(주로 역대 미국 대통령 기념관), 넷째, 한인사로 구분해 그 특성을 살펴보고자 했다. 조사 대상은 〈표 6〉과 같다.[14]

13) 이하는 현대한국구술자료관 구축 연구단 김선정 전임연구원의 「미국 구술 자료관 현황조사와 네트워크 구축」(2010) 자료관 내부 연구 보고서에 기반한다. 1장은 현대한국구술자료관 설계와 구축 과정에 대한 논의이므로 당시 조사 내용을 중심으로 한다.

14) 조사 내용은 ① 자료관 설립 배경과 과정, ② 조직 체계와 운영, ③ 자료 수집 기획·실행, ④ 자료화 과정과 보존·관리(디지털 시스템 구축), ⑤ 자료 활용(웹서비스, 연구 결과 출판 등), ⑥ 전문가 및 시민 대상 강좌와 교육 프로그램, ⑦ 자료실 현황, 목록, 소장 도서 현황 등이었다. 이 글에서는 항목 전체에 대한 설명보다는 각 기관이 지닌 대표적 특징을 중심으로 간략히 기관별 특성을 설명한다.

〈표 6〉 미국 구술자료관 사례

구술 주제	구술자료관
거대 역사	– Columbia University Oral History Research Office – United States Holocaust Memorial Museum
지역사	– UCLA, Center for Oral History Reseach – University of California, Berkeley Regional Oral History Office(ROHO)
개인사	– Woodrow Wilson International Center for Scholars – John F. Kennedy Presidential Library & Museum
한인사	– University of Southern California: USC Korean American Digital Archive

먼저 콜롬비아대학의 Oral History Research Office(OHRO)는 전 세계에서 가장 역사가 깊고 규모가 큰 구술사 연구 기관으로 1948년 알렌 네빈스(Allan Nevins)가 설립했다. 매년 2천여 명 이상의 학자들이 콜롬비아대학 구술사 아카이브의 인터뷰를 참조하고 있고, 당시까지 인터뷰 자료를 활용한 연구 성과를 1,000여 권 넘게 발표했다. 수집의 주요 초점은 미국의 정치·문화사지만 다양한 분야의 역사 컬렉션(대중문화, 사회복지, 기업사 등)을 가지고 있다. 매년 200~300여 개의 구술자료를 자체 수집, 혹은 기증을 통해 입수한다. 구술 자료는 CLIO(Columbia University Library Online Catalog) 검색 시스템을 통해 통합적 검색이 가능했다. 방대한 양의 자료를 디지털화하기 위한 예산을 확보하지 못해 온라인 서비스는 하지 않고 있었다.

1993년 건립된 United States Holocaust Memorial Museum(HMM)은 다양한 활동(전시회, 연구·출판, 증거 자료 및 홀로코스트와 관련된 예술품 수집·보존 등)을 통해 홀로코스트 역사에 대한 대중적 이해 확장에 노력한다. HMM은 홀로코스트 증언과 관련해 세계에서 가장 크고, 다양한 자료를 소장한 곳 중 하나다. 구술 자료는 HMM 관내에서 열람할 수 있고, 소정의 이용료를 지불하고 음성 테이프 등을 복사할 수 있다. HMM 웹사이트는 소수의 구술 증언에 대해 음성 파일, 녹취문 서비스를 진행한다. 또한 HMM에서 서비스하고 있는 자료 중 눈여겨 볼 것은 쇼아(Shoah) 프로그램이다.[15] 이 프로그램의 가장 큰 장점은 구술 자료를 상세목록별로 세그먼트(segment)를 구분하여 이용자의 편의, 활용 가능성을 높인 것이다.

Center for Oral History Research(COHR)는 UCLA의 구술 자료 수집 부서로 도서관 예산 중 일부를 배정 받아 운영되며, 남부 캘리포니아와 로스앤젤레스 지역의 구술 자료를 주로 수집한다. 구술 자료는 센터 인력으로 직접 생산하며, 기증을 받아 구술 자료 영역을 강화한다. 웹상에서는 소수 자료에 한해 구술자 음성 공개·서비스가 진행되고, 주로 녹취문과 메타데이터를 중심으로 서비스했다. 본 기관의 서비스에 관련해 주목할 것은 녹취록을 XML 파일로 만들어 제공한다는 점이었다. 음성파일에서 구술자의 구술 내용 전개와 속도를 같이 하여 녹취록의 진행을 표시해줌으로 가독성을 높이는 방법을 적용했다. COHR은 구술 자료 생산을 주관하고, 매체 변환 및 자료 관리와 서비스는 도서관에서 담당하고 있었다.

Berkeley Regional Oral History Office(ROHO)는 UC Berkeley Bancroft 도서관에 소속된 연구 프로그램 부서로 1954년 이래로 미 서부 지역 및 캘리포니아, 센프란시스코 만(bay) 지역을 중심으로 다양한 주제의 인터뷰 자료를 수집해왔다. ROHO도 COHR과 마찬가지로 구술 자료를 생산만하고 다른 관리는 도서관에서 수행한다. 일부 프로젝트에

15) University of Southern California(USC)가 생산한 Shoah 디지털 아카이브는 55,000여 건의 구술 자료를 관리 서비스하고 있다. 웹상으로는 서비스 되지 않아 생산기관인 USC나 HMM을 통해서만 이용 가능했다.

대해서만 PDF형태의 녹취록, 10분 내외의 동영상을 제공한다.[16] 학생 프로젝트, 하계 구술사 연수, 학부 수업 개설 등을 통해 구술사 교육·확산을 도모하고 있다.

Woodrow Wilson International Center for Scholars와 John F. Kennedy Presidential Library & Museum은 미국의 전직 대통령 기념관이다. 윌슨센터는 주로 냉전 이후 국제정세와 관련하여 문서와 구술 연구를 병행했다. JFK대통령 도서관은 대통령 관련 주변 인사 등에 관련한 구술 자료를 소장하고 있다. JFK의 대통령으로서의 삶, 재직 시절, 주요 사건 등에 관련된 구술 자료를 수집한다. 동영상과 음성파일은 웹상에 공개하지 않으며, 일부 구술 녹취문에 한해 웹 서비스를 한다.

마지막으로 University of Southern California(USC) Korean American Digital Archive는 미국 내 재미한인에 대한 구술 자료를 가장 많이 보유하고 있는 자료관이다.[17] USC의 자료는 1903년~1965년 사이 미국 내 한인들의 사적·집단적 경험을 드러내는 것으로 한인의 미국 이민·정착에 대한 생생한 목소리를 담고 있다.[18] 인터뷰 음성 파일 등은 DB 섹션에서 mp3 파일 형태로 다운로드, 실시간 열람이 가능하다. 총 27개의 인터뷰를 세그먼트 별로 시간에 따른 내용 요약을 제공하여 열람의 편의를 제공한다.

현대한국구술자료관 연구진은 미국 현지 구술 자료관 방문 과정에서 자료관 책임자, 실무자 등과의 회의를 통해 각 자료관의 특성과 장점을

16) 저작권 법, 서비스 시 발생할 수 있는 법적·윤리적 문제를 고려하여 동영상은 10분을 넘지 않는 범위 내에서 서비스한다.

17) Korean American Museum과 공동으로 재미한인 구술 자료를 기획·수집했다.

18) 약 13,000쪽 분량의 문서, 1,900장의 사진, 180여 개의 음성 파일을 소장하고 있었다.

파악하여 현대한국구술자료관 구축에 참조하고자 했다. 먼저 Columbia University Oral History Research Office와는 구술자료관의 목표 설정과 방향에 대해 논의했다. 구술 자료 아카이빙, 구술사 연구·교육이 상호연계 하에 발전해 가야 한다는데 공감했고, 현대한국구술자료관이 설정한 기본 방향의 적절성을 확인할 수 있었다.

United States Holocaust Memorial Museum은 디지털 아카이빙, 서비스 체계를 참고할만했다. 구술 자료의 웹서비스는 이루어지지 않지만 다방면의 검색이 용이하여 현대한국구술자료관 디지털 아카이브 구축 시 벤치마킹할 수 있는 중요한 사례였다.

Center for Oral History Reseach(UCLA)는 구술자료관 연구자 개개인이 구술 자료 생산 전 과정을 직접 관할하고 그 결과물을 도서관에 송부한다. 생산자가 자료에 대한 책임을 지기 때문에 구술 자료의 질을 높일 수 있다는 장점을 지녔다.

Berkeley Regional Oral History Office(ROHO)의 장점은 구술 자료에 대한 명확한 검수가 이루어진다는 점이었다. 또한 외부 연구자들이 구술사 연구에 관심을 가질 경우 자료관 에디터가 구술 자료 생산과정 전반에 참여하여 초보자의 시행착오를 줄이고, 양질의 결과물 산출을 가능케 한다.

John F. Kennedy Presidential Library & Museum은 구술 자료를 활용하여 전시관을 구축한 모범적 사례다. 각 전시실의 중앙에 구술자료와 영상 자료가 위치하여 해당 전시실의 개요와 의도를 잘 드러낸다. 구술 자료를 활용한 전시 공간 기획과 설치 구상 시 참조할 사례로 활용도가 높았다.

USC Korean American Digital Archive의 한인 관련 구술 자료는 한인의 미국 정착사로 중요한 의미를 지닌다. 현대한국구술자료관은 한국의 KYC 사례와 마찬가지로 한인 구술 자료의 자료화를 지원하고, 지원 자료에 대한 자료 공유를 추진하기로 협의했다. 이를 통해 국내뿐만 아니라 국외 구술자료관과의 네트워크, 자료 공유 기반을 마련했다.

4. 구술자료관의 조직적 특성과 역할 확장

1) 자료관의 조직적 지위·역할

현대한국구술자료관 구축 연구는 한국학진흥사업단의 현대한국구술사연구 사업을 직접적 계기로 했다. 따라서 자료관의 조직적 지위와 역할은 기본적으로 현대한국구술사연구 사업의 목적 달성과 긴밀히 연관해 설정됐다. 이는 한국학진흥사업단, 구술자료관, 생산연구단의 3자 관계에서 포괄적으로 규정되는 측면과 구술 자료 생산, 아카이브화 과정에서 구체적으로 규정되는 측면으로 나누어 살펴볼 수 있다. 먼저 구술자료관은 현대한국구술사연구 사업의 허브(hub)로서 사업단과 생산연구단 사이에서 구술 자료 생산과 아카이브화 과정의 필수 요건, 절차, 내용 등을 규정했다. 자료관이 구축한 구술 자료 생산과정과 자료화 등 요건은 사업단에게는 사업 평가의 기준, 생산연구단에게는 자료 생산을 위한 기본틀이 됐다. 자료관은 본 사업에 관련된 사업단의 기본 정책 방향을 사업단과 협의하여 생산연구단에 전달, 구체적 실현 방안을 모색하는 중간자였고, 자료관을 포함한 5개 연구단의 공동학술 행사 등을 발의·조직·수행하는 데 주도적 역할을 했다.

둘째, 현대한국구술사연구 사업은 기존에 만들어진 자료를 '수집'하는 사업이 아니다. 구술사는 '수집'되는 것이 아니라 '생산'되는 것이다(스미스, 2016: 636-637). 자료관은 구술 자료를 직접 생산하지는 않지만 생산과정과 긴밀한 연관을 가질 수밖에 없다. 〈표 7〉은 구술 자료의 생산에서 아카이빙까지의 전체 과정에서 자료관이 적극적·직접적으로 개입,

혹은 전적으로 주관하는 부분을 간략히 보여준다.

〈표 7〉 구술 자료 생산과정과 아카이빙 기본 흐름도

연구 기획 (생산연구단/구술자료관) → 면담 진행과 자료 생산 (생산연구단) → 구술 자료 자료화(1차) (생산연구단)

→ 구술 자료 자료화(2차) (생산연구단/구술자료관) → 이관·정리 (생산연구단/구술자료관) → 아카이빙과 자료 서비스 (구술자료관)

자료관의 입장에서 양질의 구술 자료를 얻기 위해 가장 좋은 방법은 연구 기획부터 자료 이관까지 전 과정을 자료 생산 연구단과 함께 하며 필요한 사항을 요청하고 미진한 사항을 보완해 가는 것이다. 그러나 이는 연구사업의 발주 주체, 인력, 연구비 등을 고려할 때 실현되기 어렵다. 〈표 7〉은 구술 자료 생산 과정에서 자료관이 구체적으로 관여한 영역을 보여준다. 먼저 '연구 기획'은 모든 과정의 근간이자 출발점으로 선택사항이 아니라 필수요건이며, 이에 쏟는 노력과 방향에 따라 아카이빙은 시행착오를 줄일 수 있고 공공의 목적을 달성할 수 있다(정혜경, 2014: 17). 이러한 측면에서 본다면 자료관은 초기 기획에서 '늦은 출발'이라는 한계를 안고 시작했다. 2009년 사업이 발주되고 자료관이 꾸려지는 동시에 자료 생산 연구단이 활동을 시작했다. 자료관은 생산 연구단의 구체적인 연구 기획을 알지 못한 상태에서 구술 자료 생산에 필요한 각종 서식과 자료화 지침을 마련하고, 그와 동시에 자료관과 구술 자료 관리 지침 등 자료관 운영에 필요한 제반 요건을 갖춰가야 했다. 같은 출발이라 해도 자료관으로서는 늦은 출발이었고, 그만큼 생산 연구단, 생산과정 전체에 대한 자료관의 준비·대응이 지체될 수밖에 없었다. 또한 출발부터 자료관은 사업 발주 기관이 아닌 참여 연구단 중 자료관의 역할을 담당한 하나의 연구단으로 그 지위·역할에 기본적인 한계가 있었다.[19] 생산 연구단은 자료관과 협력관계일 뿐이며 이들에 대한 실질적 평가는 사업단에 귀속됨으로 생산과정이나 생산물에 대한 자료관의 개입·평가는 생산 연구단과 자료관 간의 긴장을 발생시키는 요인이 될 수 있었다.

구술 자료 생산과 아카이빙이 구분되어 진행되었기 때문에 자료관은 구술 자료 공통 서식, 생산 표준화 지침 제작 등을 제공하는 것 이외에 구체적인 자료 생산과정에 함께 하지 않았다. 각종 서식, 녹취록, 영상·음성, 사진 등 구술 자료는 생산 연구단에서 생산하여 자료관으로 이관한다. 자료관은 구술 자료의 형식·내용의 질을 높이기 위해 자료화 과정을 2단계로 나누었다. 1차 자료화는 생산 연구단이 자료관의 표준화 지침에 의거해 진행하고, 2차 자료화는 자료관의 구체적 검수(형식·내용)와 생산 연구단의 수정·보완 작업으로 진행했다. 구술 자료 검수의 체계적 구축·적용은 구술 자료의 형식적 수준을 높이는 동시에 비공개 사안 등 내용상의 문제를 재검토해 자료 공개 시 문제를 최소화하기 위한 것으로 현대한국구술사연구 사업의 중요한 특징 중 하나가 됐다.

이관 과정 또한 전체 구술 자료에 대한 자료관의 면밀한 검토를 기반으로 생산 연구단과 자료관의 긴밀한 협조 하에 진행됐다. 이관 이후에는 자료에 대한 기본적인 책임이 자료관에 있음으로 꼼꼼한 수정·이관 절차를 생산 연구단에 요청한다. 구술 자료의 생산·아카이빙이 분리된 상황에서 자료관은 검수·이관과정의 공동작업을 통해 구술 자료의 형식적·질적 수준을 제고하기 위한 역할을 다하고자 했다.[20]

---

19) 특히 1단계 3년(2009년 4월~2012년 3월)까지는 해당 년차마다 생산된 구술 자료가 자료관의 평가를 거치거나 이관되지 않았고, 자료관은 이를 강제할 권한도 없어 실물 자료를 검토하기 어려웠다. 자료의 실질적 이관이 진행되기 시작한 것은 2단계 사업에 들어오면서부터였다.

20) 구술 자료의 검수·이관에 관련한 구체적인 논의는 2부 1장 참조.

2) 구술 자료의 생산·수집

자료관 구술 자료의 대부분은 현대한국구술사연구 사업의 생산물이다. 이는 프로젝트 사업의 허브 역할로 출발한 자료관의 특성이자 한계이기도 했다. 자료관은 구술 자료 생산연구단이 생산한 구술 자료를 아카이빙하는 것과 더불어 자료관 자체 구술 자료 생산·수집 등을 통해 조금이나마 이러한 한계를 넘어서고 자료 영역을 확장하고자 했다. 아래의 논의에서는 현대한국구술사연구 사업에서 생산된 구술 자료와 더불어 자료관이 일부 진행했던 구술 자료 생산·수집사업 현황을 간략히 설명하겠다.

〈표 8〉은 현대한국구술사연구 사업에서 생산된 구술 자료의 총량을 보여준다.

〈표 8〉 연차별 구술 자료 구축 현황[21)]

구분	1단계 3년 (2009년~2011년)	2단계 3년 2012년~2014년	3단계 4년 2015년~2019	계
이관 인원	178	163	140	491
이관 시간	954	1,197	1,213	3,368
공개 가능 시간	906	1,186	1,134	3,227

전체 이관 인원은 491명이며, 이관 시간은 3,368시간가량이다. 이 가운데 비공개 자료 등을 제외한 공개 가능 시간은 3,227시간이다. 실제 공개하고 있는 시간은 공개 가능 시간에 비해 적은데 이는 비공개 부분 처리, 동영상 서비스를 위한 자막 제작 등의 문제로 공개가 지연되고 있는 자료가 있기 때문이다. 1단계 사업에서는 연구와 수집 기능을 결합하

21) 자료의 양적 특성에 대한 상세한 논의는 1부 2장 참조.

여 총 연구비 대비 구술 자료 생산 시간을 확정하지 않았다. 그러나 2단계로 넘어가면서 한국학진흥사업단은 연구보다는 자료 생산기능을 강화하여 연구비 대비 구술 자료 생산 시간을 미리 정하고 구술 자료 생산을 진행케 했다.[22] 연구비와 구술 자료 생산량을 연동시키는 것은 관리의 편의성과 더불어 양적 성과를 명확히 할 수 있다는 장점이 있다. 그렇지만 이는 생산된 구술 자료를 토대로 한 연구의 심화·확산, 구술 자료 생산 이외에 연구 논문, 단행본 간행 등 2차 연구 생산물 산출과 축적을 가로막는 걸림돌로 작용하기도 했다.[23]

현대한국구술사연구 사업은 정치, 군, 경제·외교, 종교와 민주화의 영역에서 단계·연차별로 세부 주제를 설정하여 구술 자료를 생산했다. 이는 특정 주제에 대한 집약적 자료 생산을 가능케 한다는 장점을 지녔다. 이와 더불어 초기 기획에서 자료관은 적더라도 현대한국구술사연구 사업이 포괄하지 못하는 분야에 대한 구술 자료를 직접 생산하고자 했다. 이러한 취지에서 설정한 주제영역이 '구술을 통해 본 한국 문화사'였다. 〈표 9〉는 당시 주제 목록이다.

---

22) 자료 생산 방식과 예산 등의 차이 때문이 수평적 비교는 어렵지만 국사편찬위원회는 2004년 초기 구술 자료 수집을 시작하면서 연구자와 일정량 수집 시간에 대한 계약을 통해 구술 자료를 수집했다. 그러나 수량적 경직성이 가져온 구술 자료의 질적 문제 등에 대한 고려로 2005년부터는 미리 계약하지 않고 수집 결과에 따라 수집비를 지급하고 있다. 특정 영역·주제에 대해 집중적으로 대량의 구술 자료를 생산할 경우 이러한 방식을 도입하기는 어렵다. 그러나 국사편찬위원회의 고민과 수집 정책 변화는 참조할 만하다(장용경, 2009: 5-7).

23) 특정 영역과 주제에 대한 구술 자료의 생산과정에서 면담자는 대개 해당 분야를 전공한 전문 연구자인 경우가 많다. 따라서 자료를 중심으로 한 토대 구축 사업이라고 할지라도 양적 목표와 질적 목표(구술 자료 자체의 질뿐만 아니라 연구를 포함)를 함께 고려하여 사업을 진행할 필요가 있다.

〈표 9〉 구술을 통해본 한국 문화사 예비 주제 일람표(예시)

구술 자료 예비 주제		세부 수집 항목
❶ 박물관·기념관의 문화사	:	해방 후 국립·지방박물관 및 기념관 설립·운영의 역사
❷ 책과 인쇄의 문화사	:	해방 후 출판사, 베스트셀러, 독서 문화 등의 역사
❸ 한국적인 것의 문화사	:	문화양식을 생산, 전파한 주요 인물들에 대한 분야별 역사
❹ 방송의 문화사	:	방송국 개국 이후 방송국 운영, 구성, 사회적 쟁점 등의 역사
❺ 청년·대학생 문화사	:	산업화 이후 대학생 문화, 청년 문화의 역사적 전개과정
❻ 공단의 문화사	:	경제성장기 형성된 각 지역 공단 문화의 역사적 전개과정
❼ 군사문화와 일상	:	일상과 공간을 통해 본 군사문화의 역사적 형성과 전개과정

1단계 2~3차년에 걸쳐 제7항 '군사문화와 일상'의 주제 영역에서 베트남전쟁 당시 파월 기술자 생애사에 관련한 구술 자료를 생산했다. 이뿐만 아니라 2009년 미국 현지 구술자료관 조사 당시 이루어진 재미한인 구술 면담 자료는 구술자료관의 자체 구술 자료 생산 가능성을 보여주는 것이었다.[24)]

수집은 구술자료관이 자료를 구축하는 대표적 방법 중 하나다. 그렇지만 현대한국구술자료관은 기관이 아닌 연구단이었고, 자료관 자체 공모를 통한 수집은 예산제약상 불가능했다. 이러한 상황에서 자료관은 예산, 조직, 인력 등을 고려하여 가장 현실적이고 실현 가능한 수집 방향을 모색했다. 그 사례가 구술 자료를 보유하고 있는 기관·단체에 대한 자료화 지원사업이었다. 앞에서 언급한 한국청년연합(KYC)의 원폭

24) 미국 현지 구술 면담으로 4인에 대한 24시간가량의 구술 자료가 생산됐다.

피해자 구술 자료, 미국 USC의 재미한인 관련 구술 자료가 그 사례였다. 구술자료관은 지원 기관·단체에 구술 자료 표준화·자료화 기준을 제시하고, 이를 수행할 수 있는 일정액의 예산을 지원했다. 한국의 경우는 단체를 직접 방문하여 표준화·자료화 관련 교육을 진행하여 자료의 완성도를 높이고자 했다. 결과적으로 자료를 생산한 기관·단체는 자칫 사장될 수 있었던 자료들을 활용도 높은 자료로 자료화, 혹은 재 자료화할 수 있었고, 구술자료관은 기관의 공적 역할을 다하고 해당 자료에 대한 활용권을 공유할 수 있었다. 이는 구술자료관의 자료 수집 방향, 사회적 역할과 기여방안 등을 다각적으로 고민하는 계기가 되기도 했다.[25)]

3) 구술 자료 아카이빙[26)]

구술 자료 아카이브 구축 시 그 기본 단위는 구술자가 된다. 이는 구술자별로 다양한 유형의 구술 자료가 생산되는 구술 자료의 특성에서 기인한다. 구술 자료는 문서, 영상, 음성, 사진, 실물 자료 등 다양한 매체로 구성되기 때문에 매체별로 관리하게 되면 자료의 통일성, 완결성을 잃게 된다. 따라서 구술 자료는 구술자 별로 분류하여 아카이브화한다.

현대한국구술자료관의 구술 자료 아카이브는 오프라인·온라인의 이중 구조로 구축됐다. 먼저 오프라인상에서의 아카이브는 구술 자료 생산 과정에서 산출된 구술 자료(동영상, 음성, 녹취문, 사진 등), 구술 정보 메타데이터(구술 자료 개요, 구술자 신상기록부, 구술 자료 상세목록, 면담일지 등), 권리관계 메타데이터(구술동의서, 구술 자료 공개 및

25) 구술 자료의 자체 생산이나, 외부 구술 자료 자료화 지원은 1단계 사업에 국한됐다. 2단계부터 생산연구단의 연구가 구술 자료 생산을 중심으로 재편되면서 자료관의 역할도 이에 집중하도록 재편됐다.

26) 이에 대한 자세한 내용은 2부 2장, 3장 참조.

활용동의서) 등을 구술자별로 정리·보존한다. 이의 실제 사례가 [사진 1]이다.

[사진 1] 오프라인상의 구술자별 구술 자료 아카이빙

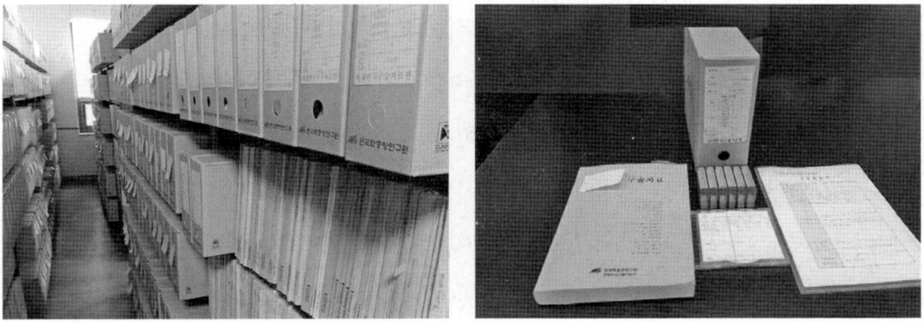

다음으로 온라인 아카이브는 구술 기록물을 등록·정리·관리하는 관리 시스템과 자료를 검색·이용하는 서비스 시스템으로 구성했다. 전체적으로 현대한국구술자료관의 온라인 아카이브는 구술 자료 생산과정의 편의성 증대, 구술 자료 아카이빙의 효율성, 관리 시스템과 서비스의 연계성 등을 고려하여 구축했다.

첫째, 자료관 관리 시스템은 구술 자료 생산자가 시스템에 자료를 직접 등록할 수 있는 체계로 구축됐다. 수집 경로(생산·기증 등)의 차이가 있다고 하더라도 자료 등록 주체만 설정되면 이러한 기본적 체계는 그대로 유지된다.[27] 생산자 혹은 자료 등록자는 자료관이 제시하고 있는 구술 자료 표준화 지침에 따라 원격으로 전체 자료를 관리 시스템에 등록한다. 자료관은 등록된 자료를 바탕으로 자료의 형식적 완성도를 평가하며, 그 결과를 생산자에게 통보하여 최대한 빠른 시간 안에 자료 보완을 진행할 수 있도록 한다. 관리 시스템은 자료관이 구술 자료 자료화 과정

27) 수집 경로(생산·기증 등)의 차이는 전체 기록관리 진행과정에 영향을 미치기 때문에 기획과정에서부터 중요하게 고려할 사안이다(정혜경, 2014: 21).

에 참여하고, 자료의 질을 높이기 위한 적극적 행위(자료 검수·평가 등)를 가능케 하는 시스템으로 구축했다.

둘째, 관리 시스템을 통해 자료관은 구술 자료의 등록, 분류, 생산·자료화 과정은 물론 자료의 보존·관리 등의 과정을 처리한다. 등록되는 순간부터 이후 자료화 과정을 누적적으로 기록하고, 최종 구술 자료 결과물과 연동해 관리한다. 이는 생산에서 보존·관리까지 구술 자료 전반에 관한 이력을 일괄할 수 있는 기회를 제공하며, 아카이브의 효율적 관리를 가능케 한다.

셋째, 자료관의 관리 시스템은 구술 자료 생산·자료화·서비스를 연계하여 처리할 수 있는 체계로 구축됐다. 관리 시스템과 서비스 시스템의 연계는 서비스를 필요로 하는 자료를 관리 시스템에서 서비스 시스템으로 직접 가져와 자료의 공개 및 서비스를 가능케 했다. 현대한국구술자료관은 해당 구술자의 구술 동영상 전체를 서비스하는 것을 기본 원칙으로 했기 때문에 이러한 연계는 더욱 중요했다.[28)]

4) 구술사 교육과 연구

구술사는 녹음 버튼을 누르고 인터뷰 대상자에게 "당신의 인생 이야기를 말해보세요"라고 묻는 것 이상을 요구한다(위트먼, 2016: 679). 교육과 적절한 훈련, 현장 경험 등의 조화가 훌륭한 구술 면담 결과를 낳는다. 여기에서 그 시작은 구술사에 익숙해지는 것, 이해의 폭을 넓히는

28) 디지털 시대가 발전하면서 구술사의 서비스 영역도 확장돼 왔다. 단순한 목록 제공에서 녹취록 공개, 편집된 일부 영상, 혹은 전체 영상 공개 등으로 다양하다. 현대한국구술자료관은 흔치 않은 방식으로 개개 구술자의 전체 구술 영상을 공개한다. 이는 자료의 전체 맥락과 구술성을 살리기 위함이었다. 특히 구술성(orality)은 구술 자료의 중요한 특징(윤택림·함한희, 2006: 51)으로 디지털 기술은 웹상에서 구술 영상의 재현을 용이하게 하는 환경을 제공했다.

것, 가치를 인식하는 것 등을 출발로 해 전문적 영역으로 나갈 수 있도록 하는 구술사 교육이다. 한국의 경우 구술사 관련 연구와 대중적 관심의 증대에도 불구하고 그 교육 현실은 열악하기 짝이 없다. 먼저 지적할 것은 대학·대학원 과정에서 구술사를 정규 교과과정에 포함시켜 체계적으로 교육하는 경우가 거의 없다는 점이다. 구술사를 활용한 연구는 확산되고 있지만 이론·연구방법 등에 대한 교육, 현장에 관련한 전문적인 훈련을 받을 기회는 많지 않다. 또한 구술사 방법을 활용한 역사·현장 기록에 대한 시민적 관심이 커지고 다양한 성과들이 나오고 있음에도 불구하고 정작 현장에서 필요로 하는 구술사 관련 기초·전문 강좌를 찾아보기는 어렵다. 한국의 구술사 교육은 그 현실적 요구와 필요를 충족하기에는 너무도 부족한 형편이다. 현대한국구술자료관의 구술사 교육에 대한 관심은 이러한 현실에서 출발했다.

본 연구가 시작됐던 2009년은 구술사에 대한 사회적 관심이 계속 커져가고 있을 때였다. 그러나 대학, 학계에서도 구술사 관련 교육이 활성화되어 있지 않은 상황에서 구술사 관련 대중교육을 기대하기는 어려웠다.[29] 현대한국구술자료관이 먼저 주목한 것은 구술사의 저변 확장을 위한 대중적 시민강좌였다. 이는 구술사에 관심을 갖고 있거나, 혹은 직접 구술 자료를 생산하고자 하는 개인·단체 등을 대상으로 한 기초 강좌로 기획됐다. 강좌는 8강으로 대체로 〈표 10〉과 같은 내용으로 구성했다.

29) 당시 공개적으로 구술사 관련 강의를 접할 수 있는 곳은 윤택림의 한국구술사연구소였다. 이 연구소에서는 2008년 3월~12월까지 1기 구술채록사 과정을 개설·운영했다. 이에 대한 자세한 내용은 한국구술사연구소 홈페이지(http://oralhistory.kr/) 참조.

〈표 10〉 구술사 시민강좌 개요

	강의 내용	
1강	구술사란 무엇인가?	구술사 개념 이해
2강	구술 아카이브의 시작과 끝–기획	구술 자료 생산을 위한 기획
3강	구술 자료 수집을 위한 면담 진행과 유의점	구술 자료 생산
4강	디지털 구술 자료의 생산과 장비	
5강	구술 자료 정리와 관리	구술 자료 자료화, 정리 및 아카이빙
6강	구술 자료 활용의 법적·윤리적 문제	구술 자료 활용의 법적·윤리적 쟁점
7강	구술 자료를 활용한 글쓰기	구술 자료의 활용
8강	구술 자료 활용 사례	

〈표 10〉에서 보는 바와 같이 현대한국구술자료관의 구술사 시민강좌는 구술 자료의 생산 기획에서 활용까지, 전체 과정을 일괄해 살펴볼 수 있는 내용으로 구성했다. 하나하나의 강좌를 심화한다면 그 자체로 전문 강좌가 되겠지만 구술사 시민강좌는 구술사를 접하는 초보자가 구술사의 전체 흐름을 이해할 수 있도록 구성했다. 2010·2011·2015·2016·2017·2018 총 6회의 구술사 시민강좌가 진행됐고, 구술사에 관심을 가진 많은 이들의 호응과 참여가 있었다.[30] 연령대도 20대에서 70대까지 광범위했고, 직업 또한 학생, 연구자, 작가, 출판인 등으로 다양했다. 이를 통해 구술사에 대한 폭넓은 대중적 관심을 확인할 수 있었다.

그렇지만 이러한 참여는 구술사에 대한 교육 요구에 비해 실제로 교육을 받을 수 있는 곳이 많지 않다는 사실을 반증하는 것이기도 했다. 8강의 기초강좌를 수료한 수강생들은 보다 심도 있는 전문 강좌 개설과 더불어 구술 자료 생산에 대한 실습 과정 개설을 희망했다. 그러나 자료

30) 각 기수마다 수강인원을 40명 정도로 제한했다. 6기에 걸쳐 244명이 수강 신청하여 128명(80% 이상 출석)이 수료했다.

관 사업으로 이를 수행하는 것은 현실적으로 어려웠다. 구술사 시민강좌는 시민 교양교육, 평생교육의 일환으로 구술사 강좌를 확장해갈 필요성과 가능성을 보여주었다.

현대한국구술자료관은 교육과 더불어 2009년부터 구술사 관련 전문가워크숍을 진행했다. 전체 진행상황은 〈표 11〉과 같다.

〈표 11〉 현대한국구술자료관 학술 기획 '전문가워크숍' 현황

발표자	제목	일시
이호신	아르코예술정보관의 예술사구술채록사업과 구술아카이브 구축	2009.07.17
정혜경	구술 자료 데이터베이스 구축 방안: 일제강점하 강제동원피해진상규명위원회 사례를 중심으로	2009.12.11
이용기	역사학에서 구술사 활용의 방법과 쟁점	2010.05.26
이희영	'이념 사회'에 대한 해석의 욕구로부터: 구술연구에 대한 몇 가지 생각	2010.06.18
김미덕	현지조사, 지식, 이론: 미군 기지촌 성매매 여성에 대한 이론화	2010.07.16
이창호	침묵집단의 구술사연구: 한국 화교를 중심으로	2010.09.03
강혜경	구술채록과정의 경험과 여성사 연구자로서 글쓰기: 종부연구를 중심으로	2010.10.22
위경혜	대중연예 수용과 지역정체성 연구를 위한 구술사: 극장의 장소성과 '극장가기' 경험을 중심으로	2010.11.12
정혜경	일제하 강제동원을 말하다	2011.04.15
강정숙	군 '위안부' 피해 신고자를 통해 본 구술의 역사학적 의미	2011.05.20
이임하	'전쟁미망인'의 전쟁이야기	2011.06.17
김영미	지역민의 한국전쟁 경험	2011.09.23
지영임	제주 4·3과 구술	2011.10.21
안미정	재일한인 여성의 삶	2011.11.18
임흥순	다큐 『위로공단』과 구술사: 임흥순 감독에게 듣는다	2015.09.30

발표자	제목	일시
이영남	구술사와 자기역사 쓰기, 그리고 상처의 치유 – 『사랑하는 사람을 먼저 보낸 네 사람의 이야기』로 보는 구술사와 임상역사	2015.10.21
유해정	구술을 통해 듣는 이 시대의 이야기	2016.07.27
조영재	한국정치사와 구술사	2016.08.26
정혜경	공간의 기억과 스토리텔링	2016.12.06
이양구	구술 생애사를 활용한 공연의 제작과 구술 텍스트 작성에서 희곡 쓰기 방법의 활용	2017.02.14
최현숙	구술생애사를 통해 본 보수화의 맥락 혹은 일상	2017.05.31
정수남	세대냐 계급이냐?: 청년 장(field)의 감정동학	2017.07.12
안해룡	구술로 이야기를 엮는다는 것	2017.07.28
박문칠	사드에 맞선 '파란나비' 성주를 날다 – 구술사와 다큐멘터리	2018.03.23
윤대중	체육 구술사 방법과 사례	2018.07.10
정은영	구술 기록과 마을 아카이브	2018.07.26
이호연·유해정	기억하는 사람들, 기록하는 사람들: 4·16세월호 참사 작가기록단의 '세월호'이야기	2018.08.23
최해리	망각과 침묵, 재현으로서의 구술사	2018.11.21

10년에 걸쳐 총28개 주제의 전문가 워크숍이 이루어졌다. 그 영역은 구술사 아카이브 구축(이호신, 2009; 정혜경, 2009; 정은영, 2018), 주제(일제 식민지배와 전쟁 경험)를 통해 본 구술사 연구(정혜경, 2011; 강정숙, 2011; 이임하, 2011; 김영미, 2011; 지영임, 2011; 안미정, 2011), 구술사를 활용한 르포·글쓰기 작업(유해정, 2016; 최현숙, 2017; 이호연·유해정, 2018), 구술사와 다큐멘터리·연극(임흥순, 2015; 이양구, 2017; 안해룡, 2017; 박문칠, 2018), 구술사와 분과학문별(역사학, 사회학, 정치학, 인류학 등) 구술사 연구 방법(이용기, 2010; 이희영, 2010; 이창호, 2010; 조영재, 2016; 윤대중, 2018; 최해리, 2018) 등 다양한 영역에 걸쳐있다. 자료관의 전문가 워크숍은 다음의 몇 가지 원칙을 기

반으로 진행됐다.

첫째, 구술사 방법을 활용해 새로운 주제 영역을 개척하고 있는 연구를 워크숍 주제로 삼고자 했다. 이창호(2010), 강혜경(2010), 위경혜(2010) 등의 연구가 이에 해당된다.

둘째, 영국의 구술사가 톰슨(Thompson, Paul)은 구술사가 피지배층의 구술 자료를 통해 밑으로부터의 역사를 쓰는 작업이라고 정의한다(윤택림·함한희, 2006: 46). 한국의 구술사 또한 초기부터 이러한 측면에 천착했다. 자료관의 전문가 워크숍은 사회적 약자, 피해자, 고통의 경험 등에 주의를 기울이면서 구술사가 지닌 본연의 문제의식을 잃지 않으려 했다.

셋째, 구술사 연구자와 자료관의 네트워크뿐만 아니라 구술사를 표방하지는 않았더라도 구술사와 접합될 수 있는 다양한 작업들과의 만남을 통해 구술사 활용영역의 확장성에 대해 생각해 볼 수 있는 기회를 마련하고자 했다. 구술사와 다큐멘터리, 르포, 스토리텔링 등과의 접합과 소통이 그 대표적 예이다.

10여년에 걸쳐 진행된 전문가 워크숍은 확장되고 있는 구술사 영역과 시대의 변화를 보여준다. 시민강좌가 구술사에 대한 대중적 요구에 대한 응답이었다면, 전문가 워크숍은 학술·연구, 전문성을 통해 자료관의 기능·역할을 확장하고자 했던 노력의 산물이었다.

5. 맺음말: 구술자료관의 새로운 모델, 현대한국구술자료관

2000년대 이후 구술사에 대한 관심이 확장되고 구술 자료 생산이 늘어나면서 구술 자료 아카이브 구축의 필요성이 제기됐다. 현대한국구술자료관이 비록 현대한국구술사연구 사업의 일환으로 시작됐다 하더라도

'구술 자료 아카이브' 구축은 한국 구술사 연구의 변화·발전의 맥락을 반영한다고 할 수 있다.

현대한국구술사연구 사업은 "현대 한국의 주역들에 대한 구술사 기록"을 중요 사업 목적 중 하나로 했다. 2009년~2019년 10년에 걸쳐 진행된 이 사업은 자료관 연구단 1개, 구술 자료 생산연구단 4개, 총 5개 연구단으로 구성됐다. 현대한국구술자료관의 주요 목적과 역할은 구술 자료 생산을 위한 가이드라인을 제시하고, 생산된 구술 자료를 아카이브화하며 대중적으로 서비스하는 것이었다. 그렇지만 현대한국구술자료관은 여기에 머무르지 않고 구술 자료 아카이빙과 서비스, 구술사 교육·연구 등 구술사 관련 종합 연구센터 구축을 통해 한국 구술자료관의 새로운 전형을 만들고자 했다. 이를 위해 연구 초기 국내 26개 기관·단체, 해외 7개의 구술사 관련 학교·기관·단체를 직접 방문하여 구술 자료와 아카이브 구축 현황을 살펴보고 그 장단점을 자료관 구축 과정에 반영했다.

조직적인 측면에서 구술자료관은 한국학진흥사업단, 생산연구단 사이의 허브 역할을 수행했고, 구술 자료 생산, 아카이브화 과정의 필수 요건, 절차, 내용 등을 규정했다. 자료관이 생산연구단과 같은 시기에 사업을 시작했기에 선기획을 통해 사업의 위험 요소를 줄이는 데는 어려움을 겪을 수밖에 없었지만 구술 자료 생산과정과 긴밀히 결합하여 자료의 형식적 완결성을 높이기 위해 노력했다.

전체 구술 자료 생산과 아카이브의 측면에서 현대한국구술자료관은 현대한국구술사연구 사업의 생산연구단으로부터 구술자 491명, 구술 시간 3,368시간가량의 구술 자료를 이관 받아 아카이브화했다. 여기에 머무르지 않고 '구술을 통해 본 한국 문화사'를 주제로 일부 구술 자료를 자체 생산했고, 한국청년연합(KYC)의 원폭피해자 구술 자료, 미국 USC 재미한인 구술 자료에 대한 자료화 지원을 통해 묻혀있던 구술 자료의 체계적 자료화를 수행하고 자료관이 활용할 수 있는 구술 자료의 범위를 확장하기도 했다.

구술 자료의 아카이빙은 크게 온·오프라인 이중 구조로 나누었다. 오프라인에서는 생산된 구술 자료의 실물을 구술자 별로 관리·아카이빙했다. 온라인 아카이브는 관리·서비스 시스템으로 나누어 구축했다. 관리 시스템은 생산자가 직접 자료를 등록하고 등록과 동시에 자료관이 자료를 검토할 수 있는 체계로 구축했고, 서비스 시스템과 연계하여 관리 자료의 원활한 활용을 가능케 했다. 이러한 체계는 한국에서는 최초라 할 수 있으며, 후속 연구·사업에 시사점을 줄 수 있을 것으로 자평한다.

자료 생산, 아카이빙과 더불어 현대한국구술자료관은 교육·연구에도 지속적인 관심을 기울였는데 그 대표적인 활동이 '구술사 시민강좌'와 '전문가 워크숍'이었다. 구술사 교육이 활성화되지 않은 상황에서 개최한 구술사 시민강좌(총 6회)는 대중적으로 많은 호응을 받은 바 있다. 이러한 활동을 통해 현대한국구술자료관은 자료 '보관소'를 넘어 구술사 관련 교육·연구를 동시에 수행하는 종합적인 구술사 연구 센터로 발돋움하려 했다.

이미 1980년대 초 월터 옹(Walter J. Ong)은 전자시대는 '이차적인 구술성', 곧 전화, 라디오, 텔레비전에 의해 형성되면서도 그 존립을 쓰기와 인쇄에 힘입는 구술성의 시대라고 했다(옹, 2009: 11-12). 영상, 미디어, 컴퓨터 기술의 발달은 구술성의 확장과 더불어 구술사와 연관된 다양한 영역의 확장을 가져 올 것이다. 현대한국구술자료관은 디지털 시대의 구술 자료 아카이브로서 그 변화의 속도를 따라가기 위해 고군분투해왔다. 또 다른 10년은 지난 시간보다 더 빠른 속도로 전개될 것이다. 새로운 자료의 생산·수집뿐만 아니라 대중 속으로 들어가는 지속적인 노력과 변화를 통해 구술자료관의 가치를 입증해야 한다. 사람들이 찾지 않는 아카이브는 그야말로 자료의 '무덤'이다.

참고문헌

국사편찬위원회, 2009, 『구술자료 만들기: 수집, 정리, 활용』.

김경일 외, 2007, 「현대사 주요 인물 구술생애사 수집 및 자료관 운영」, 『2007년도 한국학기획사업단 정책과제 결과보고서』, 한국학중앙연구원 한국학기획사업단.

김귀옥·허영란, 2005, 「구술사 연구 현황과 구술사 아카이브즈의 구축」, 『한국기록학회 학술심포지엄 자료집』.

김귀옥, 2006, 「한국 구술사 연구 현황, 쟁점과 과제」, 『사회와 역사』, 제71집.

김귀옥, 2014, 『구술사연구: 방법과 실천』, 선인.

김귀옥, 2016, 「한국 현대사 연구에서 구술사 연구의 탄생과 역할, 과제」, 『구술사연구』, 제7권 2호.

손동유·권용찬, 2013, 「체계적인 구술기록 생산을 위한 제언」, 『한국기록관리학회지』, 제13권 1호.

스미스, 리차드 캔디다(Smith, Richard Candida), 2016, 「대학 기반 구술사는 무엇을 할 수 있을까? 버클리의 경험」, 리치, 도날드 A.(Ritchie, Donald A.) 엮음, 손동유 외 옮김, 『현대 구술사연구의 현장』, 선인.

오항녕, 2007, 「역사교육의 또 다른 지평, '아카이브'」, 『역사교육』, 제101집.

옹, 월터 J.(Ong, Walter J.), 2009, 이기우·임명진 옮김, 『구술문화와 문자문화』, 문예출판사.

위트먼, 글렌(Whitman, Glenn), 2016, 「21세기의 학생들을 구술사로 동기부여하기」, 리치, 도날드 A.(Ritchie, Donald A.) 엮음, 손동유 외 옮김, 『현대 구술사연구의 현장』, 선인.

윤택림·함한희, 2006, 『새로운 역사 쓰기를 위한 구술사 연구방법론』, 아르케.

윤택림, 2015, 「기관구술채록의 진단과 과제: 국사편찬위원회 구술채록사업을 중심으로」, 『구술사연구』, 제6권 1호.

윤택림, 2019, 『역사와 기록연구를 위한 구술사 연구방법론』, 아르케.

이용기, 2002, 「구술사의 올바른 자리매김을 위한 제언」, 『역사비평』, 통권 제58호.
이용기, 2009, 「역사학, 구술사를 만나다: 역사학자의 관점에서 본 구술사의 현황과 과제」, 『역사와 현실』, 통권 제71호.
이희재, 2004, 「아카이브의 효율적인 운영과 정리에 관한 연구」, 『한국문헌정보학회지』, 제38권 4호.
장용경, 2009, 「국사편찬위원회 구술 자료 수집사업 소개」, 국사편찬위원회, 『구술 자료 만들기: 수집, 정리, 활용』.
정연경·최윤경, 2017, 『구술 아카이브 시스템의 구축과 활용』, 아르케.
정혜경, 2014, 「구술사 아카이브의 시작과 끝: 기획」, 한국구술사연구회, 『구술사 아카이브 구축길라잡이Ⅰ』, 선인.
정혜경, 2015, 「구술사: 기록에서 역사로」, 『한일민족문제연구』, 제28권.
한국구술사연구회, 2005, 『구술사: 방법과 사례』, 선인.
한국구술사연구회, 2014, 『구술사: 아카이브 구축길라잡이 1: 기획과 수집』, 선인.
한국구술사연구회, 2017, 『구술사: 아카이브 구축길라잡이 2: 관리와 활용』, 선인.
한국기록학회 엮음, 2008, 『기록학 용어 사전』, 역사비평사.
함한희, 2010, 「구술사연구의 새로운 패러다임 모색」, 『구술사연구』, 제1호.
허영란, 2013, 「한국 구술사의 현황과 대안적 역사쓰기」, 『역사비평』, 통권 제102호.

제02장

현대한국구술사연구 사업 수집 자료의 특성
–구술자의 특성을 중심으로–

송 치 욱

1. 머리말

지난 2009년 4월부터 2019년 3월까지 10년간 진행된 "현대한국구술자료관 구축연구"(연구책임자 김원)의 결과, 현재 "현대한국구술자료관"(이하, "자료관")이 구축되어 구술자료를 온·오프라인으로 제공하고 있다. 자료관의 구술 자료들은 "현대 한국 구술사 연구 사업"의 일환으로 같은 기간 진행된 4개 수집연구단으로부터 이관 받은 것이다. '정당정치' 분야(과제명: "세대로 본 역동의 한국정당정치사 – 산업화·민주화 세대의 증언")는 명지대 연구단, '현대사와 군' 분야(과제명: "한국 현대사와 군") 는 서울대 연구단, '경제외교' 분야(과제명: "고도성장기(1960~70년대) 경제외교사 구술아카이브 구축")는 한국외대 연구단, '종교와 민주화' 분야(과제명: "현대 한국사 발전의 내면적 동력을 찾아서 – 민주화와 산업화를 이끈 종교인 구술자료 수집과 연구")는 한신대 연구단이 맡았다.[1] 지난 10년간의 연구결과, 이 4개 주제의 구술자 총491명의 구술,

1) 이들의 수집사업에 대해서는 총서의 다른 권에서 자세하게 다룰 것이므로, 그 사업에 대한 소개는 생략한다.

총 3,368시간의 구술자료가 수집되었다.[2] 그리고 수집연구단들의 자료 외에 자료관이 별도로 수집하여 관리·서비스하고 있는 자료는 "건국 60주년: 한국인의 얼굴"(수집기관: 한국학중앙연구원 현대한국연구소) 사업으로 수집된 자료와 한국청년연합(KYC)이 합천에 거주하는 원폭피해자를 대상으로 수집한 자료이다.

자료관은 수집된 구술자료를 온라인과 오프라인으로 공개하여 현대사 주역들의 생생한 목소리와 경험을 보존하고, 학계와 국민들에게 제공하는 것을 목적으로 구축된 만큼, 2010년에 관리시스템을 구축하고, 2011년에는 서비스시스템을 구축한 후 2012년 11월부터 온라인 서비스를 시작했다.

이 글은 이렇게 수집된 구술 자료의 특징을 살펴보기 위한 것이다. 구술 자료의 특성을 파악하기 위해서는 다양한 방법을 이용할 수 있겠지만, 이 글에서는 성별, 출신 지역, 생년, 주요 경력 등 구술자의 특성에 주목할 것이다. 구술자의 특성만으로 구술 자료의 성격을 모두 드러내기에는 한계가 있겠지만, 자료관의 자료들이 생애사를 중심으로 수집된 만큼 구술자의 경력에 따른 경험들이 구술 자료의 특성에 반영될 수밖에 없다. 현재 자료관의 구술은 정치인, 군인, 종교인, 경제나 외교 관료나 기업인들로부터 이루어졌다. 살아온 시기를 보여주는 출생년, 성장한 환경을 보여주는 출신지역, 성별, 구술자료의 규모를 알 수 있는 면담횟수 등은 자료들의 기본적이 특성을 짐작하게 해줄 것이며, 정치인의 경우 출신직업, 선출횟수, 역임최고지위 등, 군인의 경우 군종, 예편시 계급, 전쟁경험 등, 종교인의 경우 종교의 종류와 신분, 경제나 외교 관료의 경우 관료인지 기업인인지, 외교분야인지 경제분야인지의 분류가 구술자료의 특징을 짐작하게 해주는 지표라고 할 수 있다.

---

2) 이 통계는 전체비공개 자료, 녹취록이 번역되지 않아 서비스가 불가능한 외국인 구술자료 등 향후 자료로 활용할 수 없는 것을 제외한 것이다.

한정된 지면에서 구술자료의 모든 특성을 지표화하여 분류하고 분석하기엔 한계가 있다. 따라서 이 글에서는 500여명에 이르는 구술자의 특성을 대체적인 기준으로 분류하여, 지금까지 수집된 자료의 모습을 대략적으로나마 파악하는데 도움을 주고자 한다.[3)]

2. 현대한국구술자료관의 자료 현황

1) 전체 현황: 총 3,400여 시간의 구술자료 수집

아래는 지난 10년간의 구술자료 현황이다. 자료관은 총 491명의 구술자, 총 3368여 시간의 구술 자료를 이관 받아 관리하고 있다. 한 해 평균 50여 명, 340여 시간씩 수집했다.

〈표 1〉 연차별 구술자료 수집 현황

구분	2009년 (1차년)	2010년 (2차년)	2011년 (3차년)	2012년 (4차년)	2013년 (5차년)	2014년 (6차년)
이관 인원	45	68	65	57	63	53
이관 시간	267:25:36	359:06:33	328:38:28	409:36:21	388:48:23	399:31:51
현재 서비스 시간	252:36:05	346:31:58	307:07:50	231:01:01	303:15:29	204:02:07
구분	2015 (7차년)	2016년 (8차년)	2017년 (9차년)	2018년 (10차년)	계	비고
이관 인원	50	42	28	20	491	

3) 4개 수집연구단 외에 자료관에서 자체적으로 수집 정리한 〈건국60주년〉과 〈원폭의 기억〉은 이 글의 분류 대상에서는 제외한다. 〈건국 60주년〉은 한국학중앙연구원이 다른 사업을 통해 수집된 자료를 관리 서비스 하고 있는 것이라, 〈현대한국구술사 연구 사업〉과 그 성격이 다르고, 〈원폭의 기억〉은 자료의 양이 많지 않고, 생애사이기 보다는 사건을 중심으로 수집된 것이라, 여기서 그 자료의 특성을 분류하는 것이 큰 의미가 없다고 판단했다.

구분	2015 (7차년)	2016년 (8차년)	2017년 (9차년)	2018년 (10차년)	계	비고
이관 시간	399:20:53	413:56:33	244:21:49	157:12:47	3367:59:14	
현재 서비스 시간	205:38:38	101:18:51	42:46:00	66:36:05	2060:54:04	

※ 수집량은 각 연구단의 계획에 의한 것이며, 2017년과 2018년에의 수집량이 적은 것은, 기존에 수집한 자료에 대한 분석과 연구를 위해 수집량을 줄인 것이다.

그 중 2020년 1월 현재 서비스되고 있는 시간은 2,060여 시간이다.[4)]동영상 서비스를 위해서는 자막 파일 제작되어야 하고, 명예훼손 등 공개하지 말아야 하는 부분이 없는지에 대한 검토가 필요하다. 그리고 자막제작을 위해서는 예산이 뒷받침되어야 하고, 시간을 두고 공개를 요청한 자료에 대해서는 일정 시간이 지나야 공개가 가능하다. 자료관은 자료에 대한 지속적인 관리와 점검 등을 통해서 지속적으로 서비스의 양을 늘여나가고 있다.

2) 분야별 현황

총 수집된 491명의 구술자를 분야별로 살펴보면, 정당정치(명지대)는 143명, 경제외교(한국외대) 130명, 한국군(서울대) 108명, 민주화와 종교(한신대) 110명이다. 491명이라는 숫자는 자료의 활용이 가능한 것만을 계산한 것으로, 구술자가 공개를 원하지 않아 자료의 활용이 불가능할 것, 외국어자료로 녹취록 번역을 하지 않아 활용이 불가능한 것 등은 제외한 것이다. 자료의 분야별 수집량(구술자 기준)은 각각 22~29%를 차지하고 있어, 어느 정도 균등하게 수집된 것을 알 수 있다.

4) 이 현황은 변동적이다. 서비스 중이던 자료라 하더라도 사정에 의해 서비스를 중단하는 경우가 있고, 서비스 준비가 완료되는 대로 추가로 서비스할 경우 그 자료의 양은 늘어나게 된다.

〈표 2〉 연차별 구술자 참여 현황과 비율(단위: 명)

구분	2009	2010	2011	2012	2013	2014	2015	2016	2017	2018	계	비율
정당정치	23	22	23	15	15	14	12	9	7	3	143	29%
경제외교	12	12	10	13	20	18	16	14	8	7	130	26%
한국군	5	21	12	14	16	11	9	10	7	3	108	22%
민주화와 종교	5	13	20	15	12	10	13	9	6	7	110	23%
계	45	68	65	57	63	53	50	42	28	20	491	100%

그리고 491명의 구술자 중에는 연구단별 또는 연차별로 서로 중복된 경우가 있다. 그렇지만 여기에서는 중복을 고려하지 않고 구술자 수에 포함하였다. 이는 자료관이 자료를 관리하는 방법에 따른 것인데, 같은 인물일 경우에도 수집연구단이 다르거나, 수집된 연차가 다른 경우, 다른 구술자로 분류하고 관리하기 때문이다.[5)]

3. 수집 분야별 자료 현황과 특징

1) 정당정치(명지대) 분야

(1) 면담 횟수와 여성 구술자 수: 현저하게 낮은 여성 구술자 수

정당정치 분야는 명지대학교 수집연구단이 담당하였으며, 총 143명의 구술자료를 수집하였다. 연차별로는 3명에서 23명까지 편차가 나며, 매

5) 이 전체통계와 이하 수집분야별 통계는 자료관의 관리기준에 의한 것이다. 그래서 각 수집연구단이 집계한 통계와는 다를 수 있다. 이는 수집연구단에서 자료관으로 이관하지 않은 자료를 포함한다든지, 같은 구술자가 연차별로 다르게 구술한 경우, 자료관과 달리 이를 통합하여 계산한다든지 하는 방식의 차이가 있기 때문이다. 이 총서의 다른 권에서 수집연구단이 수집자료의 통계가 이곳과 다르게 제시된다면, 이와 같은 이유 때문이다.

년 평균 14명 이상이 구술에 참여하였다. 면담횟수와 여성구술자의 참여 수는 〈표 3〉과 같다.

〈표 3〉 정당정치 분야 연차별 총면담수와 여성구술자 인원

구분	2009	2010	2011	2012	2013	2014	2015	2016	2017	2018	계
구술자(명)	23	22	23	15	15	14	12	9	7	3	143
총면담 횟수	59	61	49	39	32	43	35	41	22	14	395
여성 구술자	2	1	0	0	0	1	2	1	2	0	9

면담횟수는 총 395번으로 1인당 2.8회 정도 이루어졌다. 면담의 횟수는 구술자와 얼마나 오랫동안 구술작업을 했는지를 보여주는 지표이다. 위 표에는 반영하지 않았지만, 정당정치 분야에서의 면담수는 최소 1회부터 최대 8회까지 이루어졌다.

그리고 여성 구술자수는 9명[6]에 불과했다. 과거 여성 정치인이 별로 없었다는 점을 감안 하더라도 그 비율이 현저하게 낮다는 것을 알 수 있다.

(2) 출신 지역별 분류: 편중되지 않은 지역 분포

정당정치 분야의 출신지역 분류는 〈표 4〉와 같다. 정당정치 분야에서 구술자의 출신지역은 중요하다고 할 수 있다. 대부분의 구술자들이 고향을 기반으로 정치활동을 하고, 또한 그 지역에서 선출되는 경우가 많아, 출신지역은 자료의 수집이 지역별로 편중되었는지 여부를 보여준다. 또한 한국 정치사에서 광주민주항쟁, 부마사태 등 지역에 국한되어 일어

6) 여성구술자는 중복 구술 1인을 합하여 9명이다. 김옥선, 김윤덕(2회), 양경자, 신낙균, 최순영, 김혜경, 유은혜, 전재희이다.

난 경우나, 지역주의 영향으로 출신지역이 바로 정당의 성격을 규정하는 경우가 많아 구술자의 정치적 성향과 경험, 구술내용을 가늠할 수 있는 중요한 지표라고 할 수 있다.

〈표 4〉 정당정치 분야 출신 지역별 분류

구분	2009	2010	2011	2012	2013	2014	2015	2016	2017	2018	계
서울	1	5	3					1	2	1	13
인천				1							1
경기	5	1	2	2	1	2	2	1			16
부산	1		1		2	1	1		1		7
경남	1	3	1	2	2	1			1		11
울산				1							1
대구				1		1					2
경북	2	6	2	2		3	2		2		19
광주	1				1		1				3
전남	3	2	2	2	5	1	2		1		18
전북	2	3	3	3	1	1		3			16
대전			1			1					2
충남	4		3		1	2	4				14
충북	1	1			1	1		1			5
강원	1	1	1	1	1					2	7
제주								2			2
함경도	1										1
평안도			1								1
황해도			2					1			3
외국			1								1
합계	23	22	23	15	15	14	12	9	7	3	143

광역별로 분류해서 보면 수도권(서울·경기·인천 지역) 출신이 30명, 경상권(부산·경남·울산·대구·경북 지역) 출신이 40명, 전라권(광주·전

남·전북 지역) 출신이 37명, 충청권(대전·충남·충북 지역) 출신이 21명, 강원 7명, 제주 2명, 북한(함경·평안·황해 지역) 출신이 5, 해외 출신이 1명이었다. 이러한 점은 구술자료들이 지역적 환경에 따른 특성이 어느 정도 고르게 반영되었을 것임을 짐작하게 한다.

(3) 출생년대별 현황

구술자들의 출생년대는 그들이 살았던 정치적, 사회적 환경을 짐작하게 해 주는 지표로서 그들의 구술 또한 시대적 상황을 어느 정도 반영할 수밖에 없다. 특히 정당정치분야는 구술자들이 겪은 청장년기의 정치사회적 경험이 구술내용에 많이 반영될 수밖에 없다는 점에서 중요하다. 그 현황은 〈표 5〉와 같다.

〈표 5〉 정당정치 분야 출생년대별 현황

구분	2009	2010	2011	2012	2013	2014	2015	2016	2017	2018	계
1910년대 생	2	1									3
1920년대 생	9	8	6			1					24
1930년대 생	12	8	9	9	7	9	5	3			62
1940년대 생		5	6	6	5	2	5	5	3		37
1950년대 생			2		2		2	1	3	1	11
1960년대 생					1	2			1	2	6
합계	23	22	23	15	15	14	12	9	7	3	143

1930년대 생이 절반에 가까운 62명(43%)이며, 그 다음으로 1940년대 생이 37명, 1920년대 24명 등이었다. 가장 출생년이 빠른 구술자는 1913년이었는데, 제2대 민의원을 거친 송방용이었다. 가장 출생년이 늦은 구술자는 1968년생으로 정당인 류지영이었다. 주목할 것은 우리 사회의 원로 정치인이라고 할 수 있는 1910~30년대 출생 구술자가 89명

으로 62% 넘게 차지하고 있다는 점이다.

(4) 출신 직역별 현황

정치인에 있어 출신 직역은 그 사람의 삶의 경험을 대변하고, 구술 생애사의 많은 부분을 차지하는 것이라고 할 수 있다. 한국의 정치인들이 젊어서 정당에 가입해 정치인이 되는 경우도 있지만, 자신의 분야에서 성공한 후 정치인으로 전향하는 경우도 많아, 그 출신 직역을 구술 자료의 성격을 살펴보는 중요한 지표라고 할 수 있다. 그 현황은 〈표 6〉과 같다.

〈표 6〉 정당정치 분야의 출신 직역 현황

구분	2009	2010	2011	2012	2013	2014	2015	2016	2017	2018	계
정당인	7	5	4	2	4	3	2	1	2	1	31
교육자	3		2			1					6
학자		5	1	1	1	2		2	1		13
언론인	1	3	4	5	4		1	1			19
군인	3	3	3	1		1	2				13
법조인	3	2	1	2		1	1	2		1	13
공무원	2		1			1		1	2		7
경제, 기업인	2		1	2	1	1	1	1			9
재야 사회운동	2	4	6	2	5	4	3	1	2	1	30
기타							2				2[7]
합계	23	22	23	15	15	14	12	9	7	3	143

143명의 구술자 중 가장 많이 차지한 직역은 정당인 출신으로 31명이

7) 기타로 분류한 구술자는 약사이자 변리사인 이상희 전 과기처장관과 소설가 김홍신이다.

고, 사회운동가 출신이 30명으로 이 두 분야의 출신이 43%가량을 차지했다. 그 다음으로 언론인 19명, 군인과 법조인 각 13명 정도로 나타났다. 분류의 과정에서 학생운동 직후 정치인의 권유로 정당에 참여한 경우나, 기자나 교수를 하면서 사회활동에 참여하는 경우 등 분류가 명확하지 않은 점이 있다. 이러한 출신 직역의 분포는 구술자의 특성이나 구술 내용을 어느 정도 예상하도록 해 준다는 점에서 중요한 지표라 할 수 있다.

(5) 선출횟수 및 비선출 구술자 현황

정치인에 있어 선거에 나가 국민에 의해 선출된 것은 매우 중요하다. 그리고 선출직에 출마한 정치인의 구술내용 중 많은 부분이 선거와 관련된 내용일 수밖에 없다. 그리고 선출되지 않은 구술자의 경우는 국회의원 등의 경력을 가지고 있지는 않지만, 당직자나 보좌관, 사회운동가로서 당대의 정치상황에 대해 주요한 구술을 해주었을 것이라는 추측을 가능하게 해주기에, 이 또한 구술 자료를 파악하는 중요한 지표일 수 있다. 그 현황은 아래 〈표 7〉과 같다.

〈표 7〉 선출횟수 및 비선출 구술자 현황

구분	2009	2010	2011	2012	2013	2014	2015	2016	2017	2018	계
구술자 (명)	23	22	23	15	15	14	12	9	7	3	143
선출수	68	48	29	51	35	35	29	32	22	7	356
비선출 구술자	2	6	11	0	4	2	0	1	0	1	27

선출횟수는 국회의원 선거를 통한 것이 대부분이며, 일부 지방자치단체장이나 지방의회선거에서 선출된 것 또한 포함하였다. 위 자료는 자

료관의 구술자가 평균 2.5회 가량의 선거에서 선출된 경험을 가지고 있다는 것을 보여준다. 가장 많이 선출된 구술자는 7회로 이기택 전 의원, 오세응 전의원이며, 6회 선출된 구술자는 김상현, 김원기, 허경만, 김수한 전 의원으로 김원기, 김수한은 국회의장을 지냈으며, 허경만은 국회의원 4번 선출과 도지사 2번 선출이 합하여진 것이다.

2) 경제외교 분야(한국외대)

(1) 면담 횟수와 여성구술자 수

경제외교 분야는 명지대학교 수집연구단이 담당하였으며, 총 130명의 구술자료를 수집하였다. 연차별로는 7명에서 20명까지 편차가 나며, 매년 평균 13명 가량이 구술에 참여하였다.

〈표 8〉 면담횟수 및 여성 구술자 현황

구분	2009	2010	2011	2012	2013	2014	2015	2016	2017	2018	계
구술자(명)	12	12	10	13	20	18	16	14	8	7	130
총면담 횟수	30	29	29	59	54	52	50	58	33	22	416
여성 구술자	0	2	0	0	0	0	0	0	0	0	2

면담 횟수는 416번으로 1인당 3.2회 이루어졌다. 그리고 경제외교분야에서의 면담수는 최소 1회부터 최대 33회까지 이루어졌다. 33회는 2012년의 외무부 차관을 지낸 오재희의 구술로, 그와의 구술이 2011년도에 이루어진 7회와 함께 총 40회(약 59시간) 이루어진 구술이다. 그외 구술에서는 9회 이루어진 구술이 있다.

그리고 여성 구술자의 참여수는 2명[8]에 불과해 과거 경제, 외교 관료

8) 참여 여성 2명은 모두 파독간호사로 김말자 구술자와 하영순 구술자이다. 이들의 구술시간도 각각 53분과 68분으로 분량 또한 적다.

나 기업인들 중 여성 구술자의 비율이 매우 낮다고 할 수 있다.

(2) 출신 지역별 분류

경제외교 분야의 출신지역 분류는 〈표 9〉와 같다. 경제외교분야에서 출신지역이 커다란 의미를 가지고 있다거나, 구술내용을 짐작하게 할 단서를 제공하고 있다고 말하기는 어렵다. 그렇지만 구술자들의 출신지역 현황은 다른 지표들과의 연관 속에서 재해석 될 가능성이 있기에 여기에 정리해 둔다.

〈표 9〉 경제외교 분야 출신 지역별 분류

구분	2009	2010	2011	2012	2013	2014	2015	2016	2017	2018	계
서울		2	1	2	5	2	1	3	4	2	22
인천			1								1
경기	1	2			2		1			1	7
부산			1				1				2
경남		1	2	2	3	4	3	3	1		19
울산											0
대구			1	1	1						3
경북	5		1	2		2	3	3			16
광주					4						4
전남	1	1					1		1	1	5
전북	1	1		2	2	1	1				8
대전								1			1
충남	1	1		1		1	1	2	1	2	10
충북		1	1		1	1	2	2	1	1	10
강원	2	1	1	2	1	2	2				11
제주		1									1
함경도		1	1		1	1					4
평안도				1		1					2

구분	2009	2010	2011	2012	2013	2014	2015	2016	2017	2018	계
황해도	1					2					3
외국						1					1
합계	12	12	10	13	20	18	16	14	8	7	130

수도권(서울, 경기, 인천) 출신이 30명, 경상권(부산, 경남, 대구, 경북)이 40명, 전라권(광주, 전남, 전북) 17명, 충청권 21, 강원 11, 제주 1, 함경도 등 이북지역이 9, 해외 1명이다. 비교적 균등하게 분포되어 있으며, 수도권과 경상권의 비율이 53.8%로 약간 높은 편이다.

(3) 출생년대별 현황

경제외교분야 구술자들의 출생년대별 현황은 〈표 10〉과 같다. 경제외교분야의 경우는 경제관료, 기업인들이 대다수인 점을 고려하면, 출생년대는 그들의 연령에 따른 경제사회적 환경을 짐작하게 해주는 좋은 지표라고 할 수 있다.

〈표 10〉 경제외교 분야 출생년대별 현황

구분	2009	2010	2011	2012	2013	2014	2015	2016	2017	2018	계
1910년대 생											0
1920년대 생	3	4	2		4	4					17
1930년대 생	8	6	8	12	14	13	10	8	3	3	85
1940년대 생	1	2		1	2	1	6	6	5	3	27
1950년대 생										1	1
1960년대 생											0
합계	12	12	10	13	20	18	16	14	8	7	130

총 130명 중에서 65%에 이르는 85명이 1930년대 생이었다. 다음으

로 1940년대가 21%(27명), 1920년대가 13%(17명)였다. 가장 고령의 구술자는 1922년도 생의 UN대사를 역임한 윤석현과 경제기획원 차관보를 지낸 이기홍이다. 그리고 출생년이 가장 늦은 구술자는 중동건설에 참여한 건설기업인인 이종빈이다. 이 분야의 원로들이라고 할 수 있는 1930년대 이전 출생자들이 78%(102명)으로 높게 차지하고 있다.

대부분의 구술자가 1930년대를 전후하여 태어났다는 점, 그들이 군복무와 대학 졸업 후인 30대부터 본격적인 활동을 시작했다는 점을 고려하면, 이 구술자료들이 1960~70년대 경제개발기의 경험을 담고 있을 것이라고 짐작할 수 있다. 이는 한국외대 수집연구단의 연구주제와도 일치되는 것이다.

(4) 출신 직역별 현황

경제외교분야에 있어서 중요한 지표는 출신 직역이라고 할 수 있다. 이 분야의 구술자는 크게 관료와 과학기술인, 기업인으로 나눌 수 있으며, 관료는 경제관료와 외교관료로 나눌 수 있다. 그외 파독 광부와 간호사들도 있다. 그 현황은 〈표 11〉과 같다.

〈표 11〉 경제외교 분야의 출신 직역 현황

구분	2009	2010	2011	2012	2013	2014	2015	2016	2017	2018	계
경제관료	8	1	4	7	12	6	5	7	1	1	52
경제학자	1	2	2			1					6
외교관료	1	4	3	2		6		1			17
외교학자						1					1
경제외교관료				1		1(기)					2
과학기술관료	1	1		3	4		2		2		13
과학·기술인		2			3		3		1		9
기업인					1	2	6	6	4	6	25

구분	2009	2010	2011	2012	2013	2014	2015	2016	2017	2018	계
파독	1(광)	2(간)									3
기타			1(농)			1(기)					2
합계	12	12	10	13	20	18	16	14	8	7	130

※ (기)-기자, (광)-광부, (간)- 간호사, (농)-농업인

경제관료출신 구술자가 가장 많은 52명이며, 기업인이 25명(별도 분류를 하지 않았으나, 이 기업인도 경영자와 기술인으로 나눠질 수 있음), 외교관료가 17명 과학기술관료가 13명에 이른다. 이중 특이한 구술자로는 2009년의 파독광부(박철규), 2010년의 파독간호사(하영순, 김말자), 2011년의 농촌지도자(하사용_비닐하우스 촉성재배)를 꼽을 수가 있다. 그리고 2014년에는 두명의 기자출신이 포함되었다. 한명은 기자출신으로 언론비서관을 지냈고, 다른 한명은 외국의 특파원으로 당시의 경제외교에 대해 구술하였다. 그리고 2016년의 경제관료로 분류된 7명은 모두 대한무역진흥공사의 직원 출신으로 구술을 한 것이다. 이들 구술자 중 경제관료나 과학기술 관료로 국회의원으로 정치에 참여한 구술자가 9명, 경제나 외교, 과학기술 관련 부처의 장관을 역임한 구술자는 16명에 이른다.

3) 한국군 분야(서울대)

(1) 면담 횟수와 여성구술자 수

한국군 분야는 서울대 수집연구단이 담당하였으며, 총 108명의 구술자료를 수집하였다. 연차별로는 5명에서 16명까지 편차가 나며, 매년 평균 11명 가량이 구술에 참여하였다.

〈표 12〉 면담횟수 및 여성 구술자 현황

구분	2009	2010	2011	2012	2013	2014	2015	2016	2017	2018	계
구술자(명)	5	21	12	14	16	11	9	10	7	3	108
총면담횟수	16	50	32	56	55	46	44	48	30	15	392
여성구술자	0	1	0	0	0	2	0	0	0	0	3

면담 횟수는 388번으로 1인당 3.6회 정도 이루어졌다. 그리고 한국군 분야의 면담수는 최소 1회부터 최대 9회까지 이루어졌다.

그리고 여성 구술자의 참여수는 3명에 불과한데, 군인의 대다수가 남성인 것을 감안하면 당연한 결과일 수 있다. 3명의 여성[9]은 간호사관 2명과 한국전쟁 당시 제주도에서 중학생 병사로 해병대로 입대한 1인이 있다.

(2) 출신 지역별 분류

한국군 분야의 출신지역 분류는 〈표 13〉과 같다. 한국군 분야에서 구술자의 지역적 특징은 크게 중요하게 생각되지 않을 수 있다. 그러나 지역별로 분류해 보면, 다른 분야에 비해 특정지역이 편중되어 나타나는 것을 볼 수 있다.

〈표 13〉 한국군 분야 출신 지역별 분류

구분	2009	2010	2011	2012	2013	2014	2015	2016	2017	2018	계
서울		1	2		2	1	2	4	3		15
인천	1										1

9) 여성 3명은 간호장교 출신 박종숙과 안상정 구술자, 그리고 한국전쟁 때 제주에서 해병대 여군으로 참전한 문인순 구술자이다.

구분	2009	2010	2011	2012	2013	2014	2015	2016	2017	2018	계
경기			2		5	2	1	2			12
부산	1					1	1	1			4
경남				1		2	3	2			8
울산				2							2
대구		2	1						1		4
경북		1	1						3	2	7
광주											0
전남		2		1						1	4
전북		2		1		1					4
대전											0
충남	1			1	1	3	1				7
충북				2	1			1			4
강원		1			1						2
제주		4		1							5
함경도	2	2	4		1						9
평안도		4	2	2	1	1	1				11
황해도		1		2	2						5
외국		1		1	2						4
합계	5	21	12	14	16	11	9	10	7	3	108

광역별로 분류하면 수도권(서울·경기·인천 지역) 출신이 28명, 경상권(부산·경남·울산·대구·경북 지역) 출신이 25명, 전라권(광주·전남·전북 지역) 출신이 8명, 충청권(대전·충남·충북 지역) 출신이 11명, 강원 2명, 제주 5명, 북한(함경·평안·황해 지역) 출신이 25, 해외 출신이 4명이었다.

특이한 점은 북한 지역 출신이 매우 많다는 점이다. 함경도 9명, 평안도 11명, 황해도 5명으로 전체 108명중 23%에 해당한다. 이는 구술자들이 해방 전 이북지역에서 태어나고 생활하다가 해방 이후 소련군이 진주하면서 생활의 변화가 생겨 월남하였고, 경제적인 빈곤 문제로 사관학교 등 군에 입대하였다는 서사를 공통적으로 가지고 있음을 짐작하게 한다. 이러한 점은 그들이 대부분 1920년대 생(21명)이라는 점, 30년대 생도 모두 1935년 이전 출생이라는 점을 봐도 초기 한국군의 형성에 이북 출신들이 많이 참여한 것임을 알 수 있다.

(3) 출생년대별 현황

한국군 분야에서도 출생년대는 구술자료의 성격을 파악하는 주요한 지표라고 할 수 있다. 한국군 분야에서 식민지시기 태평양전쟁, 해방 이후의 창군과 한국전쟁, 베트남 전쟁, 파병 등 전쟁과 관련한 구술은 주요 수집 대상일 수밖에 없으며, 출생연대에 따라 그 경험이 달라질 수밖에 없기 때문이다. 그 현황은 〈표 14〉와 같다.

〈표 14〉 한국군 분야 출생년대별 현황

구분	2009	2010	2011	2012	2013	2014	2015	2016	2017	2018	계
1910년대 생											0
1920년대 생	4	13	9	8	8	3					45
1930년대 생	1	8	3	2	4	3	7	10	1	1	40
1940년대 생				4	4	5	2		6	2	23
1950년대 생											0
1960년대 생											0
합계	5	21	12	14	16	11	9	10	7	3	108

1920년대생이 가장 많은 45명(41.7%)이며, 1930년대생이 40명(37%), 1920년대생이 23명(21.3%)이다. 1920~40년대생의 구술자로 몰려 있다는 것이 이 분야 구술자료의 특징이기도 하다.

(4) 군종 현황

육군, 해군(해병대), 공군 등 군종의 현황은 군사분야에 있어 구술자의 특성과 구술내용을 알수 있게 하는 중요한 지표다. 군종 현황은 다음 〈표 15〉와 같다. 해병대는 해군에 속하나 오히려 해군에 비해 많은 수를 차지하여 별도로 분류하였다. 그외 전쟁기 유엔사 민사처 출신(유), 간호장교(간), 국방관련 연구소 연구원(연) 등을 기타로 분류했다.

〈표 15〉 한국군 분야 군종 현황

구분	2009	2010	2011	2012	2013	2014	2015	2016	2017	2018	계
육군	4	15	7	7	12 (항1)	7	9	10	6	3	80
해군		2	4	1							7
해병대		3		4	3	2					12
공군	1	1		2							4
기타			1(유)		1 (육 → 공)	2(간)			1(연)		5
합계	5	21	12	14	16	11	9	10	7	3	108

가장 많은 군종은 육군이다. 이는 군인의 수나 과거 발전하지 못했던 공군이나 해군을 고려해 보면 당연한 것이다. 그 다음으로 해병대가 12명을 차지하고 있었다. 그외 해군이 7명, 공군이 4명을 차지하고 있는데, 2013년도의 김창규 구술자는 육군항공대에서 공군으로 군종이 바뀌었으며, 간호장교 2명, 유엔사 민사처에서 군경험을 한 서영훈, 국방과학연구소의 1인으로 구성되어 있다. 그리고 2010년의 문인순 구술자는 한국전 시기 제주도에서 해병대로 입대한 경험을 구술하고 있다.

(5) 참전 경험

'한국현대사와 군'이라는 수집연구단의 주제를 가장 잘 드러낼 수 있는 것은 참전 경험이라고 할 수 있다. 전쟁은 한국현대사의 매우 굵직한 사건이었고, 대부분이 군인이었던 이 분야의 구술자들은 참전하였고, 그 경험을 구술로 남기고 있다. 그 참전 경험은 또한 앞에서 분류한 군종에 따라 특징지워질 수 있을 것이다. 그 현황은 〈표 16〉과 같다.

〈표 16〉 구술자의 참전 경험

구분	2009	2010	2011	2012	2013	2014	2015	2016	2017	2018	계
태평양전		1									1
한국전	3	16	9		3						31
태평양전 + 한국전		2	1								3
베트남전				4	4	6	5	4	2	1	26
한국전 + 베트남전		2	2	10	8	5	1		1		29
없음	2				1		3	6	4	2	18
합계	5	21	12	14	16	11	9	10	7	3	108

한국전에 참전한 경험을 가진 구술자가 31명으로 제일 많고 한국전과 베트남 전에 함께 참여한 구술자는 29명에 이르며, 베트남전만 참전한 구술자는 26명이다. 따라서 한국전에 대한 구술 경험은 총 63명의 구술자가 해 주었으며, 베트남전에 대해서는 55명, 해방전의 학도병 등 태평양전에 참전한 경험은 4명이 해 주었다. 그리고 2009년부터 2018년도까지의 참전경험별 구술자료를 분류해 보면 초기에 수집된 구술자료들이 태평양전과 한국전의 경험을 많이 가지고 있고, 후반에 갈 수록 베트남전의 경험을 가진 구술자가 많은 것이 나타난다. 이는 수집연구단에서의

구술수집이 연령별로 이루어졌음을 짐작할 수 있게 해 준다.

4) 종교민주화 분야(한신대)

(1) 면담 횟수와 여성구술자 수

종교민주화 분야는 한신대 수집연구단[10]이 담당하였으며, 총 108명의 구술자료를 수집하였다. 연차별로는 5명에서 16명까지 편차가 나며, 매년 평균 11명 가량이 구술에 참여하였다.

〈표 17〉 종교민주화 분야 면담 횟수와 여성구술자 수

구분	2009	2010	2011	2012	2013	2014	2015	2016	2017	2018	계
구술자(명)	5	13	20	15	12	10	13	9	6	7	110
총면담 횟수	13	32	32	31	37	42	30	27	15	10	269
여성 구술자	0	2	0	3	2	0	0	1	3	1	12

면담 횟수는 269번으로 1인당 2.5회 정도 이루어졌다. 그리고 종교민주화 분야의 면담수는 최소 1회부터 최대 14회(김상근 목사)까지 이루어졌으며, 10회가 넘는 구술 면담(고민영 목사)도 있었다.

그리고 여성 구술자의 참여수는 12명인데, 이는 다른 분야에 비해 많다고 할 수 있다. 이는 종교민주화 분야 활동에 여성인이 많았다는 점을 반영하기도 하는데, 기독교여성운동, 5.18민주화운동 등의 유족, 사회운

10) 한신대연구단은 당초 동국대와 함께 콘소시움으로 참가했다(1단계인 3년차까지). 2단계부터는 한신대에서만 참여했으며, 불교분야에 한해 동국대에서 구술 수집을 맡았다.

동가(목사, 수녀, 비구니 등 포함) 등 다양하게 참여했다.[11)]

(2) 출신 지역별 분류

종교민주화 분야의 출신지역 분류는 〈표 18〉과 같다. 이 분야도 출신 지역이 커다란 의미를 가지고 있다거나, 구술자료의 특징을 잘 보여준다고 말하기는 어렵다. 그렇지만 구술자들의 출신지역적 현황이 지역에 한정된 사건과 관련을 맺을 가능성이 있을 수 있음으로 무의미하다고 할 수는 없다.

〈표 18〉 종교민주화 분야 출신 지역별 분류

구분	2009	2010	2011	2012	2013	2014	2015	2016	2017	2018	계
서울	2	1	4	1	1	2		2	2		15
인천		1	1		1						3
경기			3				1	1			5
부산		1	1				1	1			4
경남	1	1	2	1		2	2		1	1	11
울산											0
대구											0
경북		1	1	2	2			2	1	1	10
광주				1							1
전남		2	1	5	5	1	3	3		1	21
전북		2	3		2	3				3	13
대전					1						1
충남	1	1	2	1			3		2		10
충북		1		1							2

11) 참여한 여성구술자는 윤순녀(노동사회운동), 이영숙(수녀), 안성례(5.18피해자대책위), 이미경(여성운동, 국회의원), 백숙자(교수), 명성(비구니), 김지선(노동운동), 해성(비구니), 유근숙(목사), 나선정(목사), 명노선(목사), 윤미향(여성운동)이다.

구분	2009	2010	2011	2012	2013	2014	2015	2016	2017	2018	계
강원		1					2				3
제주											0
함경도						1					1
평안도			1	2			1				4
황해도			1			1				1	3
외국	1	1		1							3
합계	5	13	20	15	12	10	13	9	6	7	110

수도권이 23명, 경상권 25명, 전라권 35명, 충청권 13명, 강원 3명, 이북 8명, 해외 3명[12]이다. 비교적 골고루 분포되어 있으나, 특징적인 것은 전라권 출신자의 비율이 다른 주제에 비해 높다는 점이다.

(3) 출생년대별 현황

출생년대에 따라 현대사의 여러 사건들과 시대별 민주화운동에 대한 경험이 다를 수 있어, 이 지표는 구술 자료의 특성을 보여주는 지표 중 하나라고 할 수 있다. 그 현황은 아래 〈표 19〉와 같다.

〈표 19〉 종교민주화 분야 출생년대별 현황

구분	2009	2010	2011	2012	2013	2014	2015	2016	2017	2018	계
1910년대 생											0
1920년대 생	1	1	2	2							6
1930년대 생	1	5	4	2	3	2	2		1		20
1940년대 생	3	5	8	6	6	2	6	2	2	2	42

12) 해외 출신은 일본에서 태어나 해외민주화운동돕기, 광주민주화운동 관련 비디오 만들기 등을 했던 박상증 구술자(목사)와 러시아태생이면서 만주에서 많은 생활을 했고 크리스천아카데미 총무를 맡은 이상철 구술자(목사)와 만주에서 태어나 민주화운동가인 문동환 구술자(목사)이다.

구분	2009	2010	2011	2012	2013	2014	2015	2016	2017	2018	계
1950년대 생		2	6	5	2	5	3	4	1	3	31
1960년대 생					1	1	2	3	2	2	11
합계	5	13	20	15	12	10	13	9	6	7	110

전체 110명의 구술자 가운데 1940년대생이 42명(38.2%)로 가장 많고, 50년대생이 31명(28.2%), 30년대생(20명, 18.2%), 60년대생(11명, 10%), 20년대생(6명, 5.4%)[13] 순으로 나타났다. 가장 고연령자는 1921년생인 문동환(목사)이며, 가장 늦은 출생자는 1965년생인 윤미향(여성운동가), 이준모(목사)이다.

이 분야는 1930년대 이전 출생자가 24%가량(26명)으로 다른 분야에 비해 비율이 적다. 이는 '민주화'라고 하는 수집 주제의 특성상 산업화 시기보다 민주화 시기의 경험을 많이 담을 수밖에 없는 주제의 특성을 보여준다고 하겠다.

(4) 종교별 현황

종교민주화분야의 구술자 특징과 구술 내용을 추측해 볼 수 있게 하는 대표적인 지표로는 종교의 종류이다. 그리고 그 성직자이냐 아니냐의 문제 또한 중요한 지표이다. 그 현황은 〈표 20〉과 같다. 종교별로 묶었으며, 그 종교별로 목사나 신부, 승려 등은 괄호 속에 그 숫자를 넣었다.

13) 1920년대 출생자는 박형규(목사), 이상철(목사), 이문영(교수), 월운(스님), 류연창(목사), 문동환(목사)이다.

〈표 20〉 종교민주화 분야 종교별 현황

구분	2009	2010	2011	2012	2013	2014	2015	2016	2017	2018	계
기독교 (목사)	3 (2)	5 (4)	10 (6)	11 (4)	8 (4)	7 (6)	8 (7)	5 (5)	4 (4)	5 (1)	66 (47)
천주교 (신부, 수녀)	1 (1)	2 (1)	1 (1)		1			1 (1)			6 (4)
불교 (비구, 비구니)	1	6 (3)	9 (5)	4 (2)	3 (2)	2 (1)	5 (4)	3 (3)	2 (2)	2 (1)	37 (23)
원불교 (교무)						1 (1)					1 (1)
합계	5	13	20	15	12	10	13	9	6	7	110

기독교가 66명으로 가장 많고, 불교가 37명, 천주교가 6명이었다. 이 중 목사는 47명, 신부 3명, 수녀는 1명, 불교의 스님은 23명(이중 비구니는 2명)이다. 원불교의 종교인으로 참여한 1명 또한 교무였다. 이렇게 보면 이 분야의 대부분의 구술자는 목사나 스님 등 성직을 맡은 사람이라고 할 수 있으며, 구술자료의 성격이나 민주화운동에 참여한 종교인들의 특성을 짐작할 수 있게 한다.

4. 구술자가 중복된 자료의 현황

여기서 다루고 있는 자료관의 자료는 총491명의 구술자료이다. 앞서도 밝혔듯이 이는 한 구술자에 대해 연차별 구분에 의해, 또는 서로 다른 연구단들이 구술을 진행하여 같은 구술자라 하더라도 다른 구술 자료로 분류된 자료들까지 포함된 것이다.

이렇게 중복으로 계산된 자료에는 단순히 연차를 넘어 구술된 경우도 있지만, 자료관에 소장된 자료에는 같은 구술자에 수집주제가 다르거나 면담자가 다른 경우가 있다는 점이다.[14] 이는 구술자들이 우리 현대사의 엘리트들이 많다는 점 때문에 생기는 특성이기도 하다. 특히 우리 현대사의 특성상 군 출신의 관료가 많을 수밖에 없는 것이다. 〈표 21〉은 그런 성격의 자료 현황이다. 여기에는 단순히 연차로 구술된 것은 제외하였다.

〈표 21〉 교차 구술 수집 자료 현황[15]

구술자	수집분야	면담자	수집년도	구술시간 (시간:분)	면담횟수	면담시기[16]
장경순	한국군	오제연	2010	6:37	3	'11년 1월
	정당정치	이종훈	2010	9:32	5	11~12월
이문영	정당정치	조영제	2009	6:58	4	
	종교민주화	이국헌	2011	2:29	2	
김영진	종교민주화	박양식	2013	7:39	3	6~11월
	정당정치	손동유	2013	9:09	3	9~11월
서경석	정당정치	조영재	2011	7:34	3	
	한국군	노영기	2013	12:00	5	

14) 이런 자료를 중복 구술 자료라고 할 수는 없을 것 같다. 구술 자료의 특성상 수집주제나 면담자에 따라 그 내용이 달라질 수 있으므로 '중복'이라는 용어가 적절하지 않은 것 같다. 여기서는 교차 구술이라는 임의적인 용어를 사용한다.

15) 이 표의 수집년도는 사업년도이다. 사업은 당해 4월부터 이듬해 3월까지이다. 그외 한국군 분야의 정규호(2013~4), 문영일(2014~5), 이정린(2015~6), 한용원(2015~6), 김재창(2017~8), 경제외교분야 백영훈(2009~10), 이충구(2015~6), 황병주(2015~6), 신홍순(2016~7), 종교민주화 분야 인명진(2010~1), 이삼열(2011~2) 등의 자료는 각각 다른 해에 구술이 이루어져 2개의 구술 자료로 분류되었으나, 같은 면담자에 연속성을 가진 자료라고 할 수 있다.

16) 같은 해에 진행된 구술자료의 순서를 제시하기 위한 것으로 해당 자료만 표시한다.

구술자	수집분야	면담자	수집년도	구술시간 (시간:분)	면담횟수	면담시기[16]
홍대식	한국군	김태우	2010	6:52	3	
	한국군	노영기	2012	1:56	1	
배상호	한국군	김태우	2010	3:59	2	
	한국군	이동원	2012	1:47	1	
이대용	한국군	오제연	2012	18:31	9	
	경제외교	이은희	2014	10:25	7	
차상필	경제외교	김명훈	2013	1:30	1	
	경제외교	이은희	2014	3:37	2	
백영훈	경제외교	노명환	2009	13:03	5	'09년8월~ '10년 1월
			2010	2:27	1	
	정당정치	이종훈	2010	4:37	2	11년 1월
오재희	경제외교	여호규	2011	13:16	7	
	경제외교	홍현웅	2012	45:52	33	
전상진	경제외교	김명훈	2011	3:57:00	2	
	경제외교	이현진	2014	5:07:30	3	
서경석	정당정치	조영재	2011	7:34	3	
	한국군	노영기	2013	12:00	5	
김운용	한국군	오제연	2011	8:47	5	
	정당정치	조영재	2012	3:39	2	
유철진	경제외교	이은희	2013	18:07:56	7	
	경제외교	임성욱	2017	5:15:42	3	
권호경	종교민주화	엄홍빈	2009	3:15:19	2	
	종교민주화	연규홍	2011	4:41:01	3	
함세웅	종교민주화	연규홍	2009	4:04:16	3	
	종교민주화	연규홍	2011	1:52:02	1	
박종렬	종교민주화	박양식	2011	5:17:27	2	
	종교민주화	이상구	2015	5:06:12	2	

장경호, 서경석 등 많은 수가 한국군과 정당정치 또는 경제외교 분야

의 구술이다. 이는 우리 현대사에서 군출신이 정치인이 되거나 관료가 되었던 경우가 많았다는 점을 반영하는 것이기도 하다. 또한 민주화운동과 정당정치 분야 또한 그 유사성이 있기에 교차로 구술되었다. 그외 경제외교분야 차상필, 유철진, 오재희, 한국군 분야 홍대식, 배상호, 종교민주화 분야 권호경, 박종렬은 같은 주제로 구술하였지만 면담자가 다른 경우라 엄밀하게 다른 구술 자료라고 할 수 있고, 종교민주화 분야 함세웅은 구술자와 면담자가 같지만 해를 걸러 구술이 진행되어 연속된 구술이 아니라고 할 수 있다.

5. 맺음말

지금까지 현대한국구술자료관이 소장하고 있는 구술자료의 성격을 파악하기 위해 여러 가지 지표를 통해 구술 자료를 계량화하여 그 특징을 살펴보았다. 전체현황과 함께 각 분야별로 면담횟수, 성별, 출생연도, 출신지역을 비롯하여 주제별로 의미 있을 만한 지표를 제시해 보았다.

모든 분야가 여성 구술자의 비율이 낮았으며(491명 중 25명, 5%), 비교적 고른 지역분포, 종교민주화 부분을 제외하고는 1930년 이전 출생자의 비율이 높은 것(전체 491명중 302명, 62%)이 특징이라고 할 것이다. 특히 여성 구술자의 비율이 현저하게 낮다는 점은 한국현대사의 발전에 있어 여성의 역할 또한 매우 컸음에도 이를 담지 못하고 있다는 문제점이 있다. 이는 향후 현대한국구술자료관이 보완해야할 과제라고 할 수 있다.

앞서도 밝혔듯이, 이 글은 이를 통해 구술 자료의 대체적인 성격을 드러내기 위한 것으로, 몇 가지 지표를 통한 계량화는 많은 한계를 가진 것으로, 구술 자료의 아주 일부분의 특징만을 보여주고 있는 것이 사실이다.

그러나 여기서 제시한 몇 가지 지표는 구술자가 대체로 어떤 사람인지를 짐작하게 해 주는, 그래서 그 사람의 생애사가 어떻게 구술되었을 것인가를 예측 가능하도록 시도했다는 점에서 작게나마 의미가 있을 것이다. 계량화의 지표를 분류하는 작업 또한 필자의 주관적인 요소가 많이 개입되어 있음을 또한 부정할 수 없지만, 구술자료의 전체적인 면을 살펴보면서, 그 중 특징적인 몇개의 구술자료가 있다면 그 또한 그러내고자 하였다. 그리고 자료의 특징을 드러낼 수 있는 더 많은 지표가 있으며, 필자의 노력이 더 필요한 것임을 또한 지적한다. 이 또한 향후 작업을 통해 보완할 수 있기를 기대한다.

참고문헌

현대한국구술자료관(https://mkoha.aks.ac.kr/IndexMain.do)

현대한국구술자료관 관리 시스템(http://223.194.62.38:8080/jsp/login/login.jsp;jsessionid=914365179B43006443D7E42927D43701)

제 Ⅱ 부

현대한국구술자료관
구술 자료 아카이브 구축

제01장

자료관 관리 규정의 특징과 구술 자료 생산 과정에서 자료관의 역할

윤 충 로

1. 머리말

구술 자료는 생산 주체, 생산 과정이 복잡하고, 생산 매체도 다양하다. 또한 저작권의 범위, 보존·활용, 자료 서비스 등에서도 고려할 요소가 많다(이정연, 2009: 164). 일례로 생산 주체의 경우 단순히 구술 자료 생산을 발주한 기관뿐만 아니라 면담자, 무엇보다도 구술자가 포함된다. 생산물도 각종 서식, 영상·음성, 녹취록뿐만 아니라 사진·문서·박물류 등 다양한 매체의 딸림자료를 포괄한다. 따라서 구술 자료는 매체별 분류가 아닌 구술자를 중심으로 조직되며, 보존·관리에 각별한 주의가 요구된다. 구술 자료는 기획(발주)-구술 면담-자료화-자료 검수-정리·보존 등의 복합적인 과정을 거쳐 하나의 자료로 탄생하고 활용·서비스된다. 최근 구술 아카이브는 "단순한 자료보관기관의 역할을 넘어 기획부터 활용까지 모든 과정을 주관해 연구 활성화에 기여"하는 종합 연구센터의 기능을 요구받고 있으며, 현대한국구술자료관은 이러한 모색의 첫발로 평가되기도 한다(정혜경, 2015: 257).

하지만 구술자료관의 기능적 확장이 전통적인 기록관 기능의 축소를 의미하는 것은 아니다. 현대한국구술자료관 구축 연구가 시작된 2009년은 사실 구술 자료 아카이브 구축의 출발기였다. 구술 자료뿐만 아니라 기록학의 학문적 토대도 약했고, 아카이브의 개념 또한 엄밀히 구축되지 않았던 시기였다. 이러한 상황에서 시작된 현대한국구술자료관 구축은 구술자료관에 관련한 기본 개념뿐만 아니라 기능·역할, 대외적 네트워크 형성·구축 등 모든 것을 새롭게 만들어가야 하는 작업이었다. 연구 초기 구술자료관의 위상과 특성을 고려하면서 우선적으로 고민할 수밖에 없었던 것은 기본에 충실한, 그야말로 현대한국구술사연구 사업에서 생산된 구술 자료를 제대로 보존·관리, 서비스할 수 있는 '구술자료관'의 구축이었다. 이 장에서는 첫째, 자료관 구술 자료 관리 문제를 살펴본다. 이는 자료관의 목적, 위상, 자료 관리 방안, 서비스 원칙과 방법 등을 포괄적으로 규정하는 구술 자료 관리 규정을 세우는 작업과 관련된다. 둘째, 구술 기록 메타데이터와 기술(description) 요소를 위한 정보원의 구성과 결정이다. 여기서는 출발부터 4개의 생산연구단과 자료관이 결합한 연구였기 때문에 필연적으로 요청될 수밖에 없었던 구술 자료 생산·자료화를 위한 표준화 지침의 설계·구성 요소를 논의한다. 셋째, 생산 구술 자료의 검수·평가와 관련된 사항으로 이는 구술 자료에 대한 형식적·질적 평가, 자료 질의 제고를 위한 일련의 조치 등과 관련된 영역이다. 이러한 요소들은 자료관 관리·운영, 구술 자료 자료화, 정리·관리 영역과 관련되며, 현대한국구술자료관의 특성을 반영하는 요소로 중요성을 지닌다.

2. 기존 연구 검토와 연구 방향·내용

한국에서 구술 기록 관리에 관련한 초기 연구는 권미현(2004), 한국

구술사연구회(2005), 윤택림·함한희(2006), 국사편찬위원회(2009) 등이 있고, 기록학에 관련해 보다 구체적인 연구로는 선영란 외(2006)이 있다. 선영란 외(2006)은 구술 기록 관리 방법론을 수집–등록·분류·기술–전거제어–구술 기록의 물리적 관리와 보존–활용 및 서비스–구술기록 관리 규정의 제정으로 나누어 기술하여 구술 기록 관리의 전반적 흐름을 보여준다. 이는 수집 기획에서 보존, 활용·서비스까지 구술 기록 전반에 대한 관리 방안을 제시했다는 점에서 선도적 의미를 지녔다.

이 장에서 중점적으로 검토하고자 하는 것은 ① 자료관 관리·운영, ② 구술 기록 메타데이터와 기술(description) 요소를 위한 정보원의 구성과 결정, ③ 생산 구술 자료에 대한 검수·평가와 관련된 영역이다.

첫째, 기존 연구에서 자료관과 연동된 구술 자료 관리·운영에 관한 언급은 많지 않다. 권미현(2004), 선영란 외(2006)의 경우는 구술 기록 관리 규정의 중요성에 대해 언급하고 있는데 실제 자료관의 관리·운영에 대한 논의로 나가지는 않는다. 구술 자료의 조직적 생산과 활용 특성에 대한 논의로는 권미현(2007), 이호신(2007) 등이 있지만, 이 또한 조직의 구술 자료 생산 목적, 과정의 특성, 자료화, 활용 등에 대한 폭넓은 논의를 중심으로 하고, 자료관 관리·운영, 이와 연관된 구술 자료 관리 방안을 입체적으로 그려내지는 못하고 있다. 이에 대한 기본 모델은 김경일 외(2007)에서 살펴볼 수 있다. 김경일 외(2007)은 구술생애사 자료관 운영(안)을 제시하고 있는데, 여기에는 구술 자료 관리 규정, 구술 자료의 정리와 기술, 교육, 연구·출판사업 안이 제시되고 있다. 이 장에서는 현대한국구술자료관의 관리 규정을 구체적으로 검토함으로써 구술 자료관 관리·운영에 대한 보다 입체적인 상을 그려갈 수 있는 실마리를 제공하고자 한다.

둘째, ②항은 다른 분야에 비해 연구가 진척된 분야라고 할 수 있다. 디지털 환경 하에서는 검색 도구, 메타데이터와 기술(description)이 중요한데 이는 “문헌과 비문헌을 통합적으로 담은 구술 기록에 대해 문헌 기술 요소를 적용하는 것은 적절하지 않”(정혜경, 2015: 257)기 때문이다. 구술 자료의 메타데이터와 기술, 그리고 이를 위한 정보원에 관련해 참조할만한 연구는 권미연(2004), 이정연(2009), 이정연·유종덕·이종윤(2011), 김은영·강규형(2012), 손동유·권용찬(2013) 등이 있다. 이러한 연구들은 구술 기록의 생산, 등록과 분류, 기술 등을 기록학적 입장에서 접근하여 구술 기록의 효과적인 정리·관리 체계 구축 방안을 모색하고 있다.[1] 이 연구는 기존 연구에서 제시하고 있는 메타데이터와 기술을 위한 기본 정보원을[2] 참조하면서 현대한국구술자료관에서 규정한 자료 서식과 내용을 살펴보고자 한다. 이 과정에서 메타데이터와 기술의 토대가 되는 구술 기록의 기본 정보들이 지닌 구성적 성격을 함께 논의하겠다. 기존 연구들은 대개 기록학적 기준, 형식·내용을 중심으로 구술 기록 관리에 접근한다. 그러나 이 글에서는 구술 기록 생산을 위한 기본 정보원 구성과 적용이 기록학적 논리와 기준뿐만 아니라 사회적·구성적 성격을 지님을 밝히고자 한다. 현대한국구술자료관의 구술 서식 구성 과정은 이를 잘 보여준다. 일례로 자료관의 구술동의서 문구, 구술 자료 활용 및 공개동의서에서 나타나는 개인정보 활용 동의 관련 서식의 변화 등은 수집단과 자료관의 관계, 법·제도의 변화와 이에 대한 수집단·자료관의 대응 등을 포괄하는 동적 과정을 살펴볼 수 있는 기회를 제공한다.

마지막으로 논의할 것은 생산 구술 자료에 대한 검수·평가와 관련된

---

1) 좋은 정리란, “자료 전체의 구조와 윤곽이 한 눈에 들어와야 하는 동시에, 세부 정보에 빠른 접근이 가능해야 하는 것을 의미한다”(김은영·강규형, 2012: 250).

2) 구술자신상기록부, 구술동의서, 구술 자료 활용 및 공개동의서, 면담일지, 면담후기, 녹취문, 영상·녹음 매체 등 구술 자료를 말한다.

내용이다. 구술 자료 생산은 기획–면담–자료화(녹취록 제작, 영상·음성 변환·편집, 면담자·구술자 검독 등)–자료 정리·보존–활용·서비스 등의 복잡한 과정을 거친다. 과정 하나하나가 소홀히 할 수 없는 것이지만, 면담에서 자료화로 이어지는 일련의 과정은 특히 손이 많이 간다. 성공적인 면담을 했더라도 엄밀한 자료화 과정을 거치지 않으면 구술 자료의 질뿐만 아니라 활용도도 떨어질 수밖에 없다. 그렇다면 생산된 구술 자료가 생산기관, 혹은 자료관이 요구하는 적절한 자료 수준을 담보하고 있는지를 어떻게 평가해야 할까? "면담이 끝나고 난 후에는 생산된 구술을 기록으로 검토함으로써 예상했던 것 이상의 또는 그 이하의 가치 유무와 이용성을 판단하는 평가 작업이 필요하다"(선영란 외, 2006: 57–58). 그러나 구술 자료 검수·평가에 관련한 구체적인 기준·내용 등을 찾아보기는 어렵다. 이 장에서는 현대한국구술자료관이 구축·운영하고 있는 구체적인 구술 자료 검수·평가 수칙을 제시하겠다. 이는 기존 구술 자료 관리 관련 논의에서 상대적으로 소홀했던 부분을 보완할 뿐만 아니라, 실제 구술 자료 생산과정의 질을 높이기 위한 논의의 장을 여는데 기여할 것이다.

3. 자료관 구술 자료 관리 규정의 내용과 특성

구술기록을 관리하고자 하는 기관은 실제적 관리에 앞서 구술 자료 관리를 총체적으로 제어하기 위한 기관 차원의 규정을 마련할 필요가 있다(권미현, 2005: 163). '현대한국구술자료관 구술 자료 관리 규정'은 제1장 총칙 포함 총 10개 장 27조로 구성되어 있다. 〈표 1〉은 관리 규정 개요이다.

〈표 1〉 현대한국구술자료관 구술 자료 관리 규정

장	조
제1장 총칙	1조(목적)/ 2조(용어 정의)/ 3조(적용 범위)
제2장 구술 자료 수집	4조(자료관의 구술 자료 수집)/ 5조(구술 자료 생산)
제3장 구술 자료 기증 및 기탁관리	6조 구술 자료 기증 및 관리/7조 구술 자료의 기탁 및 관리
제4장 구술 자료의 평가	8조 구술자료검수위원회/ 9조 구술자료검수위원 구성과 역할/ 10조 구술 자료 평가 유형/ 11조 평가·검수 결과의 조치
제5장 구술 자료 이관 및 등록	12조 자료의 이관/ 13조 이관 자료의 처리/ 14조 자료의 보완과 반려/ 15조 자료 인수/ 16조 자료 등록
제6장 구술 자료 정리와 보존	17조 구술 자료 정리/ 18조 구술 자료 보존
제7장 구술 자료의 폐기	19조 보존 기간/ 20조 자료의 폐기
제8장 구술 자료 공개, 서고 출입 및 열람, 대출	21조 구술 자료 공개/ 22조 구술 자료 공개 형태와 열람/ 23조 구술 자료 대여/ 24조 구술 자료의 촬영/ 25조 이용 제한
제9장 구술 자료의 활용과 저작권	26조 저작권/ 27조 구술 자료의 활용과 저작권
제10장 구술 자료의 공개 제한	28조 비공개 대상
부칙(시행일)	2010년 11월 1일 시행/ 개정안 2016년 12월 20일

자료관 관리 규정은 "효율적인 자료 관리와 운영에 필요한 사항을 정하는 것을 목적"(제1장 1조)으로 한다. 자료관에서 수행하는 '구술 자료 관리'는 "구술 자료의 기획, 수집, 평가, 이관, 등록, 정리, 보존, 폐기, 구술 자료 활용 이용을 위한 제반 활동"(제2조 2)을 말한다. 이제부터 자료관 관리 규정의 특징적인 항목을 2, 4, 6, 7, 8, 9, 10장을 중심으로 살펴보겠다.

먼저 제2장 자료관의 구술 자료 수집은 생산과 기증으로 나뉜다. 이

중 생산은 1. 한국학진흥사업단 현대한국구술사연구 사업 공동생산단의 자료 생산, 2. 자료관 자체 자료 생산, 3. 수탁 구술 자료 생산으로 세분화된다. 가장 먼저 이 사업의 근간이 되는 현대한국구술사연구 사업의 구술 자료를 밝혔고, 자료관의 독자적인 자료 생산, 자료관 발주를 통한 자료 생산의 가능성을 열어두었다.[3)]

현대한국구술자료관 관리 규정의 특징 중 하나는 구술 자료의 평가(제4장)를 명시하고 있다는 점이다. 검수·평가는 구술 자료의 형식적·질적 수준을 높이기 위한 필수 과정이라고 할 수 있다. 그 중요성에도 불구하고 구술 자료 검수를 체계적·상시적으로 진행하고 있는 기관·단체는 거의 없다고 해도 과언이 아니다. 자료관은 검수 결과에 의거하여 자료에 대한 후속조치(자료 보완을 위한 반려, 자료 이관)를 진행한다.[4)]

제6장 '구술 자료 정리와 보존'은 자료관의 아카이브 형태를 보여준다. 기본적으로 구술 자료는 아날로그와 디지털로 구분하여 '구술자별'로 정리한다. "아날로그 형태 자료는 최대한 원본성이 훼손되지 않도록 보존하고, 주기적으로 자료 점검을 실시"하며, "아날로그 원본을 디지털화하여 2개 이상의 복본을 두고 보존"하는 것을 원칙으로 한다.

제7장 '구술 자료의 폐기'는 2016년 12월 20일 개정하여 도입된 규정이다. 자료관의 구술 자료 보존 기간은 원칙적으로 '영구'(제19조 보존기간)다. 자료관은 관리 규정을 만들면서 자료의 폐기는 기본적으로 염두에 두지 않았다. 그러나 구술자가 구술 자료 폐기를 요청하는 경우가 발생하여 '폐기'의 건을 심각하게 고려할 수밖에 없는 상황이 발생했다. 자료관은 숙고 끝에 구술자의 의견, 자료에 대한 권리를 존중하는 방향에서 자료 폐기를 결정했다. 이 과정에서 자료 관리 규정에 제7장 항목을

---

3) 1단계 사업에서 자료관은 실제로 직접 구술 자료 생산을 진행한 바 있다. 이에 대한 내용은 1부 1장 참조.

4) 구술 자료 검수 평가와 관련된 보다 자세한 내용은 본 장의 5절 참조.

추가했고, 그 내용은 다음과 같다.

제7장 자료의 폐기

제19조(보존기간) 원칙적으로 본 자료관의 구술 자료 보존 기간은 '영구'로 한다.

제20조(자료의 폐기) 구술자의 요청, 구술 자료의 훼손, 혹은 망실 등의 불가피한 상황이 발생할 경우 전문가 자문을 거친 후 한국학중앙연구원장의 승인을 거쳐 자료를 폐기할 수 있다. 단, 자료가 폐기 되었을 경우 그 내용을 한국학진흥사업단에 통보해야 한다. 〈개정 2016년 12월 20일〉

자료관 자료는 한국학중앙연구원에 귀속됨으로 이의 최종 폐기는 원장의 승인을 거치고, 사업 주관처인 한국학진흥사업단에 이를 통보하도록 규정했다. 이미 이관을 마친 자료의 폐기는 자료의 유동 가능성 및 사회적·개인적(구술자) 관계망의 복잡성을 보여준다. 구술 자료는 구술자와의 지속적인 관계성을 고려하지 않으면 자료의 보존·활용 등에 제약을 받을 수 있는 민감성을 지님을 잊어서는 안 된다.

제8장 '구술 자료 공개, 서고 출입 및 열람(촬영), 대출'에서는 구술 자료 공개·비공개 원칙을 중심으로 자료관 관리 규정의 특징을 살펴보겠다. 제8장 21조는 자료관 구술 자료 공개원칙을 다음과 같이 밝히고 있다.

1. 구술자가 작성한 '구술 자료 공개·활용동의서'와 '구술 자료 검독확인서'에 의거하여 자료를 공개한다.
2. 자료관은 구술자가 공개에 동의했을 경우에도 구술 내용의 공개로 개인적·사회적 차원에서 문제가 발생할 수 있다고 판단되면, 구술자료평가자문위원회를 거쳐 자료의 비공개, 공개 보류를 결정할 수 있다. …(제21조)

자료관은 구술자가 직접 작성한 '구술 자료 공개·활용동의서'와 '구술

자료 검독확인서'에 의거하여 구술 자료를 공개한다. 공개 형태는 디지털 아카이브를 활용한 웹 서비스, 한국학중앙연구원 내 현대한국구술자료관에서의 자료 열람으로 구분된다. 구술자의 동의·확인을 거쳤다 하더라도 구술 내용의 공개로 개인적·사회적 문제(제3자 명예훼손, 인격권 침해, 사회적 문제 등)가 발생할 수 있다고 판단되면 구술자료평가자문위원회를 거쳐 공개 자료의 비공개, 부분적 비공개, 공개 보류 등을 결정할 수 있다.

제9장은 구술 자료의 권리 관계에 관한 규정이며, 그 전문은 다음과 같다.

제26조(저작권) ① 한국학진흥사업단 현대한국구술사연구사업 공동연구단에서 생산된 자료의 저작권은 기본적으로 수집단에 귀속되며, 자료관은 자료의 공개·활용, 서비스 권한을 갖는다.

② 한국학진흥사업단 현대한국구술사연구사업 자료 생산 연구단이 구술 자료의 저작권을 양도할 경우 그 권리는 최종적으로 한국학중앙연구원에 귀속된다.

③ 자료관이 수집·생산한 구술 자료의 최종적 저작권은 한국학중앙연구원에 귀속된다.

④ 기증 자료의 경우 기증자 요구 시 한국학중앙연구원과 기증자가 공동 저작권을 갖도록 하고, 세부적인 내용은 기증자와 자료관이 협의하여 결정한다.

제27조(구술 자료의 활용과 저작권) ① 한국학중앙연구원은 구술자의 동의를 얻은 구술 자료를 연구·출판·전시 등 공익 목적에 활용할 권한을 갖고, 가공된 구술 자료에 대한 저작권을 갖는다.

② 디지털 아카이브를 웹(web) 서비스할 경우 공개된 웹 콘텐츠의 저작권은 한국학중앙연구원에 있으며, 이를 활용할 경우는 그 출처를 명확히 밝혀야 한다.

자료관은 현대한국구술사연구사업의 결과물을 아카이빙하고 관리·서비스한다. 사업 성격상 생산된 구술 자료의 저작권은 기본적으로 자료 생산 연구단에 귀속된다. 자료관은 자료의 공개·활용, 서비스 권한만을 갖는다. 구술 자료에 대한 저작권을 자료관으로 가져올 경우 그 최종 소유권은 한국학중앙연구원에 귀속된다.

제10장의 구술 자료 공개 제한은 제8장 21조 '부분적 비공개', '비공개'의 경우를 구체화한다.

제10장 구술 자료의 공개 제한

제27조(비공개 대상) 다음 각 호에 해당하는 내용을 포함하는 구술 자료는 해당 구술 자료의 비공개 또는 해당 내용을 부분적으로 비공개할 수 있다.

1. 구술자의 제한 요청사항
2. 국가보안법과 관련된 내용으로 현재 시점에서 법률 적용의 합법성이 인정되는 내용
3. 구술자가 구술과정에서 의식하지 못하는 사이에 타인 및 관련 단체의 명예를 훼손하거나 정치적으로 위협받을 수 있는 내용 또는 공개 시 신변상의 문제 발생 소지가 있는 내용
4. 현재 민형사 사건으로 조사 중이거나 진행 중인 재판에 관련된 내용으로 공개될 경우 구술자 및 관련된 제3자의 권익을 침해하거나 공정한 재판을 받을 권리를 침해할 경우
5. 死者에 관한 개인정보. 정보공개법에서 말하는 개인에 관한 정보 그 자체에는 해당되지 않으나 死者에 관한 정보를 공개함으로써 유족들의 권익을 침해하거나 감정을 해할 우려가 있을 때에는 개인에 관한 정보보호법에 준하여 비공개로 하는 것이 타당하다.
6. 사생활의 비밀침해로 인격권을 침해하는 경우 비공개한다. 이 경우 구술자의 사생활의 비밀을 침해할 수 있는 요소나 제3자의 사생활 침해요소도 포함한다.

2~6항은 구술 과정에서 발생할 수 있는 다양한 위험성을 보여준다. 2항은 한국 사회의 정치·사회상황을 반영하는 것이며, 3~6항은 구술자의 구술 과정에서 발생할 수 있는 구술자와 제3자 간의 문제다. 이러한 사항에 대해 구술자가 인지하지 못하거나, 혹은 인지하면서도 큰 문제로 생각하지 않아 공개를 허락할 경우 자료관은 이에 대한 비공개, 혹은 부분적 비공개를 통해 혹시 발생할 수도 있는 피해를 미연에 방지할 수 있도록 노력하고자 했다.

4. 구술 자료 표준화 지침의 구성·변화

구술 기록이 일반 문서 자료와 다른 것은 녹취록 이외에 영상, 음성, 사진, 그 외 박물류까지 다양한 형태와 매체로 구성된다는 점이다. 따라서 각각의 요소에 적합한 표준화 방식과 기술요소들이 필요하다(김은영·강규형, 2012: 251). 이를 포괄적으로 규정하고 있는 것이 「현대한국구술사연구사업 결과물 표준화 및 이관 지침 안내」(이후 「표준화 지침」으로 통일)다.[5] 「표준화 지침」은 다음의 12가지로 구성되어 있다.

① 연구결과물 표준화 지침
② 서식
③ 1-18 구술 자료 서식 작성 방식 및 예시
④ 녹취록 작성 지침서
⑤ 면담자 검독 지침서
⑥ 구술자 검독 지침서

5) 여기에서 기준이 되는 것은 2016년 12월 수정된 지침이다.

⑦ 동영상·음성 자료 제작 지침과 산출물 제출 양식
⑧ 면담 후 작업도
⑨ 구술 자료 생산 과정도
⑩ 코드 정의표
⑪ 코드 부여 예시
⑫ 구술 자료 등록, 검수, 이관 안내

①은 표준화 지침 규정으로 제1장 총칙, 제2장 산출물 제작 표준, 제3장 제출물 이관으로 구성된다. ①에서는 자료관 표준화 지침을 포괄적으로 규정하고 ②~⑫항에 걸쳐 이를 자세히 설명한다. ②~③은 서식 양식과 예시를 보여준다. 자료관의 18가지 자료 항목에 대해 16가지 서식을 구비하고 있다.[6] ④는 녹취록 작성 형식을 구체적으로 안내하고 있으며, 구술 자료 검수도 이에 준해 진행한다. ⑤~⑥은 면담자와 구술자의 구술 자료 검독 방법을 상세히 설명하고 있다. ⑦은 동영상·음성파일 제작을 위한 구체적 지침과 더불어 산출물 제출 기준을 제시하고 있다. ⑧은 면담 후 자료화와 이관, 자료 정리 과정, ⑨는 구술 자료 생산 과정을 기획 연구-수집 실행-정리 단계로 나누어 그 흐름을 플로 차트 형식으로 정리해 보여준다. ⑩~⑪은 구술 자료 관리를 위한 자료 코드 정의와 예시다. 코드명은 크게 구술 자료, 생산기관, 과제, 구술자로 나누어 부여된다.

6) 1. 구술 자료 개요, 2. 구술자 신상기록부, 3. 면담자 신상기록부, 4. 예비 질문지, 5. 면담일지, 6. 구술 자료 상세목록, 7. 구술동의서, 8-1. 구술 자료 활용 및 공개동의서(구술자용), 8-2. 구술 자료 활용 및 공개동의서(면담자용), 9. 구술 자료 검독확인서, 10. 구술 자료 비공개 내역서, 11. 예비 구술자 명단, 12. 구술 녹취문, 13. 동영상 자료, 14. 음성 자료, 15. 시청각 자료 서식, 16. 문서 자료 서식, 17. 물건 자료 서식, 18. 구술 녹취문(수정본)으로 구성된다. 이 가운데 13. 동영상 자료, 14. 음성 자료는 서식 대신 ⑦항에서 구체적인 생산물 기준을 제시한다.

전체 자료를 연구결과물의 유형과 형태에 따라 재정리하면 1. 구술 자료, 2. 구술 정보 메타데이터, 3. 권리관계 메타데이터로 구분할 수 있다. 첫째, '구술 자료'는 구술과정에서 직접 생산된 산출물이다. 둘째, '구술 정보 메타데이터'는 메타데이터와 기술(description)의 기본 정보원인 각종 서식이다. 여기에는 구술 참여자와 구술 내용에 대한 정보가 담겨 있다. 마지막으로 '권리관계 데이터'는 구술 연구 내용에 대한 소유 및 활용 권한에 관한 정보를 담고 있다. 〈표 2〉는 각 항의 내용을 전체적으로 보여준다.

〈표 2〉 현대한국구술자료관 연구결과물

자료 분류	구술 자료	구술 정보 메타데이터	권리관계 메타데이터
내용	① 구술 동영상 파일 ② 구술 음성 자료 ③ 구술 녹취문 ④ 구술자 사진 ⑤ 시청각 자료 ⑥ 문서 자료 ⑦ 물건 자료	① 구술 자료 개요 ② 구술자 신상기록부 ③ 면담자 신상기록부 ④ 예비 질문지 ⑤ 면담일지 ⑥ 구술 자료 상세목록 ⑦ 시청각 자료 서식 ⑧ 문서 자료 서식 ⑨ 물건 자료 서식	① 구술동의서 ② 구술 자료 공개 및 활용동의서 ③ 구술 자료 검독확인서 ④ 구술 자료 비공개 내역서

자료관은 4개 생산 연구단의 자료를 취합해 아카이브를 구축했기 때문에 이에 대한 물리적 자료의 표준화는 필수적이었다. '구술 자료'의 표준화에서 가장 먼저 염두에 뒀던 것은 자료의 보존과 더불어 서비스·활용이었다. 단적인 예로 동영상의 경우 1개의 파일이 1시간을 넘지 않도록 했고, 동영상 파일과 더불어 6mm 실물 테이프를 제출케 했다. 또한 동영상 제작기준을 아래와 같이 제시했다.

〈표 3〉 현대한국구술자료관 동영상 제작 기준

자료구분	포맷	상세내역
보존용	MPEG-2 (확장자: .mpg)	-35000Kbps -29.97frame/s -1920*1080Size -Stereo, 48.0Khz
서비스용	MPEG-4 AVC/H.264 (확장자: .mp4)	-768bps -29.97.렌 -854*480Size -Stereo, 44.1Khz
프로그램	소* Vegas Movie Studio HD Platinum 10	

"구술 기록을 기술하기 위한 메타데이터는 구술 기록이 가지고 있는 특성을 온전하게 반영"해야만 한다(이호신, 2012: 124). 구술기록물 내용 정보의 체계화와 메타데이터 기술의 효과적인 '구조화'를 위한 구성 요소로는 구술사 기록물 과정의 프로세스별로 생산되는 기록물의 요소 추출, 표준화된 메타데이터 요소 세트를 기반으로 한 표현(향후 타 기관과 데이터 호환이 가능하도록 설계) 등 다양한 요소가 필요하다(이정연, 2009: 173-174). 김은형·강형규(2012)는 구술 기록을 수집하는 기관마다 개별 기관의 성격과 수집한 구술 기록의 특성이 다르기 때문에 동일한 방법으로 구술 기록을 등록할 수는 없으나 필수 메타데이터 요소(참조코드, 등록일시, 표제, 생산자)는 반드시 포함해야 한다고 논의하는데(김은형·강규형, 2012: 238) 자료관은 이러한 요소를 포함하면서 18가지 자료 항목 각각의 특성에 맞는 표준 서식을 마련했다. 구술 자료 개요(〈서식1〉), 구술자 신상기록부(〈서식 2〉), 면담자 신상기록부(〈서식3〉), 면담일지(〈서식 5〉), 구술 자료 상세목록(〈서식 6〉), 구술녹취문(〈서식 12〉), 시청각 자료(〈서식 15〉, 문서 자료(〈서식 16〉), 물건 자료(〈서식 17〉), 구술녹취문(수정본)(〈서식 18〉)은 모두 필수 메타데이터 요소를 포

함하고 있으며, 각각의 특성에 따른 자료 요소를 갖는다. 각각의 서식은 온라인 관리시스템에 등록되며, 통합적으로 관리된다. '1. 구술 자료 개요'를 중심으로 메타데이터 요소 사례를 살펴보겠다.

〈표 4〉 구술 자료 개요(〈서식1〉) 메타데이터 요소[7]

<table>
<tr><th>요소</th><th>요소명</th><th>세부요소</th><th>내용</th></tr>
<tr><td rowspan="9">저작
(Authori-ty)</td><td>식별기호</td><td>고유 식별체계</td><td>자료관 코드양식에 따른 코드 부여</td></tr>
<tr><td>세부 과제명</td><td>해당 과제 명</td><td>연구단별 과제명</td></tr>
<tr><td rowspan="3">참여자</td><td>구술자</td><td>구술자 이름</td></tr>
<tr><td>면담자</td><td>면담자 이름</td></tr>
<tr><td>검독자</td><td>검독자 이름</td></tr>
<tr><td rowspan="4">기술
(Description)</td><td>면담 차수</td><td>면담 횟수</td></tr>
<tr><td>면담 일시</td><td>면담 일시(횟수에 따라 모두 작성)</td></tr>
<tr><td>구술 장소</td><td>수집지역/ 면담 장소</td></tr>
<tr><td>구술 총시간</td><td>전체 시간을 초 단위까지 표기</td></tr>
<tr><td rowspan="3">내용
(Contents)</td><td rowspan="3">요약
(Summary)</td><td>파일명</td><td>구술 자료 전체 코드명 작성</td></tr>
<tr><td>구술사업 개요</td><td>해당 연구단 전체 구술사업 개요</td></tr>
<tr><td>구술 녹취 개요</td><td>구술 자료 상세목록 제목 항</td></tr>
<tr><td rowspan="6">이용
(Use)</td><td rowspan="3">공개 구분</td><td>전체 공개</td><td>전체 공개</td></tr>
<tr><td>전체 비공개</td><td>공개 불가</td></tr>
<tr><td>부분 공개</td><td>일부 비공개</td></tr>
<tr><td rowspan="3">활용 동의</td><td>동의</td><td>전체 활용 가능</td></tr>
<tr><td>동의 안함</td><td>전체 활용 불가능</td></tr>
<tr><td>조건부 동의</td><td>구술자에 요청에 의한 제한적 활용</td></tr>
</table>

〈표 4〉를 실제 사용하고 있는 구술 자료 서식으로 나타낸 것이 〈표 5〉다.

7) 이 표기의 기본 형태는 이정연(2009: 175-176)을 참조하여 변형함.

〈표 5〉 구술 자료 개요(〈서식 1〉)

<table>
<tr><td>과제명</td><td colspan="5"></td></tr>
<tr><td>자료 번호</td><td colspan="5"></td></tr>
<tr><td>파일명</td><td colspan="3"></td><td>자료 생산일</td><td></td></tr>
<tr><td>구술자명</td><td></td><td>성별</td><td></td><td>면담 일시</td><td></td></tr>
<tr><td rowspan="2">면담자</td><td rowspan="2"></td><td rowspan="2">검독자</td><td rowspan="2"></td><td>총 횟수</td><td></td></tr>
<tr><td>총 시간</td><td></td></tr>
<tr><td>공개 구분</td><td colspan="2">□ 전체 공개</td><td colspan="2">□ 전체 비공개</td><td>□ 부분 공개</td></tr>
<tr><td>활용 동의</td><td colspan="2">□ 동의함</td><td colspan="2">□ 동의 안함</td><td>□ 조건부 동의</td></tr>
<tr><td colspan="3">구술 자료 수집지역</td><td colspan="3">면담 장소</td></tr>
<tr><td colspan="3"></td><td colspan="3"></td></tr>
<tr><td>구술 사업 개요</td><td colspan="5"></td></tr>
<tr><td>구술 녹취 개요</td><td colspan="5"></td></tr>
<tr><td>특기사항</td><td colspan="5"></td></tr>
</table>

고민해 마련한 서식이라고 하더라도 구술자에게 불편을 초래할 수도 있고, 생산 연구단이 구술자와의 관계를 고려해 특정 기록항을 누락하는 경우가 발생할 수도 있다. 그 중 한 예가 구술자 신상기록부(〈서식 1〉) 항목의 '직계가족 상황 및 연락처' 표기 항목이다. 자료관이 구술자 신상기록부 항에 이를 넣은 것은 기초적인 메타데이터와 기록 요소의 충족뿐만 아니라 질병·사망 등 구술자 신상변화에 따른 자료 관리·서비스의 안정성을 함께 고려했기 때문이다. 그러나 구술자가 본인 이외의 가족 연락처를 밝히는 것을 꺼리거나 생산 연구단 또한 그 필요성에 대한 이해가 부족해 이 항목이 누락되는 경우가 종종 발생했다. 자료관은 생산 연구단에 이 항목의 필요성을 설명하고 최대한 직계가족 연락처를 명기하도록 협조를 구했다.[8]

8) 자료관의 입장에서 이는 필수적인 항목임에도 불구하고 구술자가 동의하지 않을 경우 공란이 될 수밖에 없다. 구술자에게 충분한 설명을 해도 공란이 될 경

구술 자료 표준화 관련 서식 가운데 사실 가장 민감한 내용·형식을 지닌 것은 '권리관계 메타데이터'다. 그 시작은 '구술동의서'이며, 구술 자료 생산과정에 따라 '구술 자료 검독확인서'–'구술 자료 비공개 내역서'–'구술 자료 공개 및 활용 동의서' 등의 서류를 만들어 간다. 다른 자료도 마찬가지겠지만 '권리관계 메타데이터'는 구술에 대한 동의, 구술 내용에 대한 구술자 스스로의 확인·평가, 자료 공개·활용에 대한 권리 등 구술 자료 생산과 보존·활용 전반에 걸친 기본적인 권리관계를 규정하고 있기 때문에 특히 신경이 쓰일 수밖에 없다. 여기에서 문제를 더욱 복잡하게 만드는 것은 사회적 환경 변화에 따른 서식 수정의 필요성이다. 수정과정은 단순히 서식의 문구 몇몇 부분을 고치는 형식적·의례적 과정이 아니라 자료관, 자료 생산 연구단, 구술자 등 구술 자료 생산에 관여하는 다양한 주체들의 관계성을 고려해야 하는 복합적·구성적 과정이다. 그 대표적인 사례가 최근 강화된 개인정보보호법, 민감정보에 관련한 법률과 연계된 '구술 자료 공개 및 활용 동의서'의 서식 수정과정이다. 이는 구술 자료에 대한 학문적 접근과 법률적 접근의 상이성과 충돌 가능성, 구술 자료 서식이 지니는 사회적 구성성을 보여준다.

구술 자료에 관련한 법률적 논의는 「생명윤리 및 안전에 관한 법률」(법률 제14438호)의 시행에 따른 기관생명연구윤리위원회(IRB: Institutional Review Board)의 설치와 연구심의, 「개인정보보호법」(법률 제14107호)에 관련해 촉발됐다. 가장 먼저 2015년 10월 서울대학교에 IRB위원회가 만들어지면서 논란이 확산되기 시작했다.[9] IRB는 기본적으로 생명과학적인 관점에서 출발했기 때문에 인문·사회과학적 접근에

우 이는 의도치 않게 '선택' 항목으로 남게 된다.

9) 서울대학교 IRB 규정에 관련해서는 http://irb.snu.ac.kr/04_intro/intro04.htm 참조.

이를 함께 적용하는 것은 문제가 있음이 지적돼왔다.[10] IRB는 각 기관에서 설치하며 연구 내용을 심의 하는 것이지만, 「개인정보보호법」은 더 직접적이다. 개인정보 보호법 제2조 1항은 개인정보를 "살아 있는 개인에 관한 정보로서 성명, 주민등록번호 및 영상 등을 통하여 개인을 알아볼 수 있는 정보(해당 정보만으로는 특정 개인을 알아볼 수 없더라도 다른 정보와 쉽게 결합하여 알아볼 수 있는 것을 포함한다)"라고 정의한다. 또한 본 법의 제23조(민감정보 처리 제한)는 "개인정보처리자는 사상·신념, 노동조합·정당의 가입·탈퇴, 정치적 견해, 건강, 성생활 등에 관한 정보, 그 밖에 정보주체의 사생활을 현저히 침해할 우려가 있는 개인정보로서 대통령령으로 정하는 정보(이하 "민감정보"라 한다)를 처리하여서는 아니 된다"라고 규정한다. 이러한 법률 조항과 문구에 의지해 구술 자료를 자료의 맥락과 분리하여 그 형식적 형태로만 본다면 구술사의 학적 근거 자체가 위태로워진다. 법률 규정의 기계적 적용은 구술 자료의 학술적, 문화적 맥락을 말살시키는 것이다(이호신, 2017b: 209). 이러한 문제에 대응해 자료관은 2016년 초부터 외부 자문, 학술대회 조직 등 여러 대응 방안을 모색했다.[11] 또한 현대한국구술사연구사업 4개 생산연구단과도 이 문제를 공유하고 논의했다. 자료관은 현실적 방안으로 개인정보와 민감정보의 수집·이용 동의를 권리관계 메타데이터 서식

10) 이 문제와 관련해 한국구술사학회는 2016년 「구술사와 연구윤리: IRB와 질적 연구의 도전」이라는 주제로 하계워크숍을 개최했다. 구술사의 측면에서 IRB의 문제점을 밝히는 논의는 이호신(2017a) 참조. 미국의 경우 2018년 1월부터 구술사는 IRB 심의 대상에서 제외됐다. 한국구술사학회 홈페이지 참조(http://www.koha2009.or.kr/notice/view.php?idx=105&page=1&search=&find=).

11) 2016년 11월 3일 국사편찬위원회에서 개최된 한국구술사네트워크 워크숍은 "구술 자료의 윤리적 법적 문제에 대한 이해"를 주제로 〈1. 구술 자료의 수집과 개인정보 보호 및 활용〉, 〈2. 개인정보 보호와 구술기록의 온라인서비스〉, 〈3. 질적 연구와 연구윤리심의〉의 세 발표가 진행됐다.

에 추가하여 법률적 요건에 부응하고자 했다. 〈표 6〉은 수정 전 서식이고, 〈표 7〉은 수정 후 서식이다.

〈표 6〉 구술 자료 활용 및 공개동의서(수정 전)

구술 자료 활용 및 공개동의서

본인은 ○○○○기관의 구술 자료 수집 사업의 취지를 이해하고 아래의 내용에 동의합니다.

1. 구술 자료를 각종 콘텐츠로 만든다.
   (녹음·녹화 테이프 혹은 파일, 녹취록 및 파일을 '구술 자료'로 통칭한다)
2. ○○○○기관과 한국학중앙연구원 현대한국구술자료관에게 구술 자료의 보존·관리, 연구·출판·교육·아카이브 구축 등의 목적을 위해 이를 활용·공개할 권한을 부여한다.
3. 특기 사항 :

년 월 일

구술자 성명: (인)

면담자 성명: (인)

○○○○ 기관 귀중

〈표 7〉 구술 자료 활용 및 공개동의서(수정 후)[12]

과제명:
[개인정보·민감정보 수집 및 이용 동의] 1. 개인정보를 제공받는 자: 각 개별 수집단 명/ 한국학중앙연구원 현대한국구술자료관 구축 연구단 2. 개인정보 수집 및 이용 목적: 구술 자료 수집 및 아카이브 구축, 구술 자료 활용을 위한 개인정보 수집 3. 개인정보 항목: 구술 자료 서식에 포함된 성명·주소·연락처·생년월일, 구술영상·음성 자료에 포함된 개인정보 4. 개인정보 보유 및 이용기간: 영구보존 5. 개인정보의 수집 및 이용에 동의를 거부할 권리가 있으나, 거부할 경우 자료 서비스가 제한될 수 있습니다. ⊙ 본인은 구술 자료 수집 사업의 취지를 이해하고 다음과 같이 개인정보 수집 및 이용에 동의합니다. □ 동의함 □ 동의하지 않음 ⊙ 본인의 구술이 포함하고 있는 법률상 민감정보(사상·신념, 노동조합·정당의 가입·탈퇴, 정치적 견해, 건강 등)에 대한 수집 및 이용에 동의합니다. □ 동의함 □ 동의하지 않음 ⊙ 제3자에게 성명, 생년, 구술영상·음성 자료에 포함된 개인정보를 위 2항의 목적을 위해 제공하는데 동의합니다.(현대한국구술자료관 홈페이지-http://mkoha.aks.ac.kr-를 통한 대국민 서비스 제공, 관련 연구자 및 기관에 제공) □ 동의함 □ 동의하지 않음

12) 이 서식은 구술자용(8-1)과 면담자용(8-2), 2종으로 구성된다.

[구술 자료 활용 및 공개동의서]

본인은 ㅇㅇㅇㅇ기관(수집단)의 구술 자료 수집 사업의 취지를 이해하고 아래의 내용에 동의합니다.

1. 구술 자료를 각종 콘텐츠로 만든다.
   (녹음·녹화 테이프 혹은 파일, 녹취록 및 파일, 구술자 사진, 기타 기증 자료 등을 '구술 자료'로 통칭한다)
2. ㅇㅇㅇㅇ기관(수집단)과 한국학중앙연구원 현대한국구술자료관에게 구술 자료의 보존·관리, 연구·온라인 동영상 서비스·출판·교육·아카이브 구축 등의 목적을 위해 이를 활용·공개할 권한을 부여한다.
3. 특기 사항

년 월 일

구술자 성명: (인)

자료관은 현실적 여건을 고려해 법률에서 요구하는 고지사항을 포함한 서식을 개발하여 활용하도록 했다. 구술 자료 생산·수집과정은 구술자와 면담자의 공동 작업이며, 구술사 관련 윤리 규정의 준수를 통해 구술자를 보호한다.[13] 구술사의 학문적 성격과 역사·사회적 의미를 파악한다면 법률 조항의 형식적 적용이 불러올 부작용과 문제점을 보다 잘 이해할 수 있을 것이다. 형식과 규제보다 중요한 것은 구술자와 구술 자료를 대하는 학계·연구자의 진정성이다. 2016년 개인정보보호법을 둘러싼 학계의 논의와 자료관 서식 수정과정은 연구과정, 그리고 이를 통해 생산되는 다양한 자료들이 지닌 사회구성적 성격을 보여준다.

13) 한국구술사학회 연구윤리규정은 한국구술사학회 홈페이지(http://www.koha2009.or.kr/html/sub3_05.html) 참조.

5. 구술 자료 자료화와 검수·평가

구술 자료의 검수·평가는 자료가 '생산'에서 '등록·관리'로 넘어가는 단계에서 진행된다. 이는 구술 자료의 완성도, 자료의 체계적 등록·관리, 활용에까지 영향을 미칠 수 있다는 점에서 소홀히 할 수 없는 과정이다. 구술 자료 검수·평가의 형태, 유형과 관련해 선영란 외(2006)는 평가의 기본 유형을 내용, 형태, 기술로 나눈다. 여기서 내용 평가는 최종 기록의 내용 가치, 형태 평가는 구술 시 수집된 자료들의 외관 점검, 기술 평가는 면담자의 면담 기술(technique)에 관련된다(선영란 외, 2006: 58-59). 또한 손동유·권영찬(2013)은 주로 구술 자료 생산자의 입장에서 면담과정과 구술 내용에 대한 평가를 제안하기도 한다.[14] 기존 논의에 근거하면 구술 자료의 검수·평가는 대체로 주체의 측면에서 생산자의 자기 평가,[15] 점검 기관의 자료 평가로 나눌 수 있다. 현대한국구술사연구 사업은 자료관과 생산연구단이 분리된 구조였기 때문에 자료관은 후자의 입장에서 구술 자료의 검수·평가를 진행했다.

많은 기관들이 구술 자료 검수·평가의 필요성에 대해서는 적극적으로 인정하지만 이를 실제로 실행하는 곳은 찾아보기 힘들다. 이에는 비용 등 현실적인 문제도 있겠지만 검수체계의 방법·형식 등의 미비도 주요한 요인으로 작용하고 있는 것으로 보인다. 현대한국구술자료관이 구술 자료 생산·자료화 과정에서 다른 기관과 명확히 구별되는 지점 중 하나는 구술 자료 검수 과정이다. 자료관 검수는 '범위'와 '유형'으로 나누어 그 특징을 살펴볼 수 있다. 먼저 '검수 범위'에서 자료관은 구술 자료의 민감성을 고려하여 '선별 검수'는 배재하고 '전수 검수'를 원칙으로

14) 이는 선영란 외(2006)가 제안하는 기술평가 부분과 유사하다.

15) 생산자 측의 평가는 윤리적인 측면에서 구술자에 대한 존중 정도, 사용 장비의 적절성, 구술채록 진행과정, 구술내용, 진행방식 등으로 구성된다.

했다.[16] 검수는 자료관이 생산된 자료에 대해 체계적으로 접근할 수 있는 최초 과정으로 생산 구술 자료, 구술 정보 메타데이터, 권리관계 메타데이터, 이 모든 부분에 걸쳐 이루어진다. 검수 진행은 구술사 연구에 참여한 경험이 있는 박사과정 이상의 연구자, 박사학위를 취득한 해당 분야 전공자로 구성된 구술자료검수위원에 의해 이루어진다. 검수 유형은 크게 '형식·내용검수'로 나뉘며, 그 절차는 〈표 8〉과 같다.

〈표 8〉 검수 절차 진행과정

구술 자료 생산 4개 연구단 자료 온라인 등록(구술 자료 관리시스템)

↓

•형식검수 진행	•내용검수 진행
– 검수 책자 + 자료관 관리시스템에 직접 접속 자료 상태 검수 – 형식검수 확인서 작성	– 검수 책자를 중심으로 내용검수 – 내용검수 확인서 작성

↓

자료관 구술 자료 취합 및 검수 결과 검토 (자료 반려 혹은 이관 결정)

↓

자료화 미비 등 문제가 있을 경우 생산연구단에 자료 반려 수정 진행

↓

생산 연구단 자료 수정 및 수정 자료 관리시스템 재등록

↓

자료관 구술 자료 수정 사항 검토 및 이관 결정

16) 이러한 검수 원칙은 2단계 사업부터 본격적으로 적용되었다. 검수에 대한 원칙이 세워지지 않았던 1단계 사업기간(2009.04~2012.03)의 자료는 현대한국구술사연구 사업 생산 연구단의 자체 자료 점검·검수에 무게를 두었다. 2단계 사업에서 검수체계를 수립, 검수를 진행하게 된 것은 자료의 완성도를 높이려는 한국학진흥사업단, 현대한국구술자료관의 의도가 결합된 것이었다고 할 수 있다.

이제 형식·내용검수의 주요 내용을 살펴보겠다. 먼저 형식검수는 다음과 같은 내용을 중심으로 이루어진다.

- 구술 자료 영상과 음성파일
- 수집 자료 개요, 상세목록, 예비구술자 명단 (HWP, PDF문서)
- 녹취록(HWP): 원본(HWP)과 수정본(HWP)
- 구술자·면담자 신상기록부, 예비질문지, 면담일지, 구술동의서, 공개·활용동의서, 검독확인서(구술자, 면담자), 비공개내역서
- 구술자 사진 및 관련 사진(image 또는 사진 원본), 그 밖의 수집물

형식검수는 구술 자료의 형식적 요건에 관련된 것이다. 구술자료검수위원은 「표준화 지침」을 근거로 형식검수를 수행한다. 〈표 9〉 형식검수 확인서는 형식검수에서 기본적으로 확인할 내용을 보여준다.

〈표 9〉 형식검수확인서

검수대상	과제명: 구술자:				
검수위원	이름		소속		
	연락처		검수일		
검수결과	반려 ■ 이관 □				
검수내용	1차 검수 결과				수정·보완 요청 유·무
■ 구술자료 종류, 형식 확인					
■ 녹취록 상황					
□ 중요 성명, 지명, 사건 등의 오기					

□ 영상과 녹취록 내용의 불일치		
□ 설명 각주의 누락 및 미비		
□ 쉼표, 마침표 등 문장부호 미비		
□ 오탈자 빈도		
□ 부분 녹취누락		
□ 기타(개인정보, 명백한 인신공격 등)		
■ 영상 자료와 녹취록 분량의 불일치		
■ 서류 미비		
■ 번역		
검수의견 〈이관·반려사유 등〉		
자문회의 회부사안		

□ 구술 자료 종류·형식 확인 – 검수 결과: 문제 있는 내용을 기술함 □ 녹취록 상황 – 검수 결과: 양호/불량 * 녹취록 상황 '기타' 부분: 개인정보(전화번호, 주소 등) 유출 우려, 혹은 명백한 인신공격 등은 쪽수/행수, 시간 등을 명기하여 수정을 요청함 □ 영상 자료와 녹취록 분량의 불일치 – 검수 결과: 해당 쪽수/행수, 시간 등을 명기함	□ 서류 미비 – 검수 결과: 해당 서류를 명기함 □ 번역 – 검수 결과: 번역이 필요한 부분의 해당 쪽수/행수, 시간 등을 명기함 □ 검수 의견, 자문회의 회부사안 경우 내용이 많을 경우 별지 사용 □ 수정·보완 결과는 최종적으로 자료관에서 확인 작성함 ※ 수정·보완 요청 유·무: 유/무로 표기

구술 자료의 종류·형식을 확인하기 위해 검수위원은 관리시스템에 접속하여 '구술 자료' 등록 여부를 확인하고, 검수책자를[17] 통해 '구술정보 메타데이터', '권리관계 메타데이터'의 유·무, 작성 상태 등을 파악한다. 각종 서식뿐만 아니라 구술 자료 개요, 구술 자료 상세목록에 대한 구체적인 내용·형식 검토 또한 이 과정에서 이루어진다.

녹취록 검수는 검수위원이 자료관 관리시스템에 원격 접속하여 시스템에 등록된 구술 동영상과 검수책자를 대조하는 방식으로 이루어진다. 중요 성명·지명·사건 등 오기, 설명 각주 누락 및 미비, 부분 녹취누락, 개인정보나 인신공격 내용 유·무 등 녹취록의 형식뿐만 아니라 보완사항까지 살핀다.[18] 해당 사항이 있을 시 기본적으로 녹취록에 직접 표기하고, 대표적인 내용을 검수확인서에 기록한다.

영상 자료와 녹취록 분량 불일치는 영상 혹은 녹취의 누락분을 살펴보기 위한 것이다. 서류 미비는 구술정보 메타데이터, 권리관계 메타데이터 등의 유·무를 표기하며, 번역은 구술자의 외래어를 소리 나는 대로 적고 원어를 병기하는 것이다. 이러한 하나하나의 사안들이 기록되면

---

17) 자료관은 구술 자료 서식, 녹취문 등을 포함한 책자를 제작하여 검수위원에게 전달한다.

18) 이호신은 "녹취문은 구술 기록 그 자체가 아니라 구술 기록의 2차적인 자료"임을 지적하면서 디지털 기록과 구술 기록을 접목시켜 "새로운 정보 환경으로 나갈 것에 대한 구체적인 고민"이 필요하다고 논의한다. 녹취록을 선택사항으로 할 때 이를 대체할 것은 구술 자료 상세목록이다. 상세목록의 개별 항목을 데이터베이스로 구축하고 그 각각을 동영상이나 음성 파일의 타임코드와 연동하여 관리한다면 녹취록이 아닌 영상·음성을 통해 구술 자료에 접근하는 것이 용이할 것으로 본다(이호신, 2017c: 121-122). 자료관 또한 녹취문에 대해 오랜 시간 고민해왔다. 녹취문의 자료화뿐만 아니라 검수에도 많은 시간과 비용이 들어가며, 노력에 비해 디지털 시대에 그 활용의 효율성도 의문시된다. 그러나 자료관은 구술 동영상을 자막파일(SMI)과 더불어 서비스하고 있기 때문에 녹취록은 그 자체의 의미뿐만 아니라 자막파일을 제작하는 원자료로 중요성을 지닌다. 이호신의 논의는 녹취록 작성 방식과 활용, 구술 자료 상세목록의 이용·활용 방식을 재고할 수 있는 기회를 제공한다.

검수위원은 최종적으로 검수의견을 작성한다. 또한 비공개, 혹은 논란의 여지가 있다고 판단되는 부분은 '자문회의 회부사안'으로 정리하여 자료관에서 이를 논의할 수 있도록 한다.

형식검수와 동시에 진행되는 내용검수는 해당 분야 전문 연구자에게 의뢰하여 진행하며, 다음과 같은 두 가지 목적을 갖는다. 첫째, 해당 구술 자료가 지닌 특징, 역사적 가치와 의미를 중심으로 내용 평가를 수행한다. 구술 자료는 보는 입장에 따라 다양한 의미를 지닐 수 있는데 현대한국구술사연구 사업에 참여한 구술자 중 많은 수가 해방 이후 한국사회를 이끌어온 엘리트층에 속한다. 따라서 이들의 구술 내용이 지닌 역사적 특성을 간략하게나마 정리해 두고자 했다. 둘째, 구술 자료의 민감성을 고려하여 자료 생산연구단에서 미처 확인하지 못한 구술 자료 내용을 마지막으로 검토하여 공개/비공개 여부를 결정하기 위함이다. '현대한국구술자료관 구술 자료 관리 규정' 8장 제21조 ②는 "다음의 각 호에 해당하는 내용을 포함하는 구술 자료는 해당 부분에 대한 '부분적 비공개' 또는 '비공개'할 수 있다"고 밝힌다.

1. 구술자와 면담자의 비공개 요청부분
2. 구술 자료의 공개로 제3자의 명예훼손, 인격권 침해, 사회적 문제가 발생할 수 있는 경우 구술자료평가자문위원회의 심의를 거쳐 '부분적 비공개' 또는 '비공개'로 평가된 부분
3. 개인정보에 관한 내용

기존 연구에 비추어 구술 내용이 논쟁적인 사항, 혹은 제3자의 명예훼손 등 사회적 문제가 발생할 수 있다고 판단되는 내용,[19] 개인정보에

19) 제3자 명예훼손, 혹은 인격권 보호는 구술 자료 활용에서 매우 민감한 문제다(이호신, 2017b). 자료관의 검수는 이를 검토할 수 있는 중요한 절차 중 하

해당되는 내용 등에 대해 검수위원이 평가하여 이를 평가서에 밝힌다. 내용검수확인서의 유형은 〈표 10〉과 같다.

〈표 10〉 내용검수확인서

<table>
<tr><th colspan="5">내용 검수 확인서</th></tr>
<tr><td>검수대상</td><td colspan="4">과제명:
구술자:</td></tr>
<tr><td rowspan="2">검수위원</td><td>이름</td><td>(인)</td><td>소속</td><td></td></tr>
<tr><td>연락처</td><td></td><td>검수일</td><td></td></tr>
<tr><td>검수내용</td><td>검수 결과</td><td>쪽수/행수</td><td colspan="2">사유</td></tr>
<tr><td rowspan="3">■ 공개 시 제3자의 명예훼손, 인격권 침해, 역사·사회적 문제가 발생할 수 있는 내용</td><td></td><td></td><td colspan="2"></td></tr>
<tr><td></td><td></td><td colspan="2"></td></tr>
<tr><td></td><td></td><td colspan="2"></td></tr>
<tr><td rowspan="3">■ 기타(각주 요청, 검수 시 발견한 오탈자 등)</td><td></td><td></td><td colspan="2"></td></tr>
<tr><td></td><td></td><td colspan="2"></td></tr>
<tr><td></td><td></td><td colspan="2"></td></tr>
<tr><td>자문회의 회부사안</td><td colspan="4"></td></tr>
<tr><th colspan="5">내용평가
(자료의 역사적 가치, 의의, 특징 등 기술)</th></tr>
<tr><td colspan="5"></td></tr>
</table>

문제가 발견될 시 검수 결과에는 비공개 요청, 혹은 제한공개(연구자 한정 등) 등을 기술하고, 쪽/행 수를 밝힌 후 '제3자 명예훼손 …' 등과 같이 사유를 밝힌다. 형식검수와 마찬가지로 각주가 필요한 부분은 각주를 요청하고, 인명·지명·사건명 등에 대한 기본적 오기는 검수 책자

나라고 할 수 있다.

에 직접 적고, 대표적인 내용을 검수확인서에 표기한다. 검수자가 판단하기 어려운 사항은 자료관 자문회의 회부사안에 적어 이후 논의가 진행될 수 있도록 한다.

자료관의 형식·내용 검수과정은 다음과 같은 측면에서 구술 자료 자료화 과정에 기여한다. 첫째, 생산 구술 자료 간의 형식적 편차를 줄이는 역할을 한다. 이미 언급한 바와 같이 자료관은 18가지의 표준 서식을 바탕으로 자료를 관리한다. 같은 연구단에서 생산된 자료라고 하더라도 면담자, 녹취 풀이자, 자료 정리 과정에서의 차이 등에 의해 자료 형식에 편차가 발생할 수 있다. 「표준화 지침」에 의거한 검수는 자료 사이의 형식적 편차를 줄이고 표준화 수준을 높인다.

둘째, 구술 자료 자료화 과정에서 발생할 수 있는 오류를 최소화할 수 있다. 이는 특히 녹취록에 대한 검수에서 잘 드러난다. 면담자 검수를 거친다고 하더라도 녹취록에는 인명, 지명, 사건명 등에 대한 많은 오기가 있을 수 있다. 검수 과정을 통해 이러한 오류를 발견하면 생산연구단이 이를 수정하며, 자료관은 수정 여부를 다시 확인하는 과정을 거침으로써 자료에 대한 신뢰도를 제고한다.

셋째, 구술 자료의 자료로써의 가치를 높이는데 기여한다. 검수과정에서 주가 필요한 부분이 발견되면 이에 대한 주를 요청하고,[20] 면담자나 구술자의 잘 못된 기억(연도, 사건명, 인명 등)에 대한 설명도 주의 형태로 처리한다. 이는 오류를 바로잡는 것뿐만 아니라 구술 자료의 질을 높이는 데도 중요한 역할을 한다.

---

20) 자료관 구술 자료에 대한 설명 주는 후주 형태이다. 서비스 시스템에서 주를 인식할 수 있도록 하기 위해 주는 〈caption id=cap_1〉홍길동〈/caption〉(1번 주의 사례)과 같은 형태로 처리한다.

6. 맺음말

2000년대 초반 이후 구술사에 관심을 갖기 시작한 여러 공공 기관들은 각기 자신의 성격과 내용에 맞는 구술 자료를 생산·수집해왔다. 또한 구술사에 대한 학계·사회적 관심이 높아 가면서 구술 자료 아카이브의 필요성도 꾸준히 제기돼왔다. 현대한국구술자료관 구축 연구는 구술자료관 구축을 표방하면서 출발한 몇 안 되는 연구 프로젝트 중 하나였다.[21] 새롭게 구축될 아카이브는 단지 자료를 수집·보존·관리하는 기관이 아닌, 정보 제공자, 연구·교육이 결합된 구술사 관련 종합적인 연구센터를 지향했다. 이를 위한 첫 걸음은 구술 자료의 생산·수집, 보존·관리, 자료 이용 및 서비스 등, 아카이브의 구축·운영에 관련한 기본 원칙을 세우는 일로부터 시작됐다.

이 장에서는 자료관 운영의 기본 틀이라고 할 수 있는 구술자료관 구술 자료 관리 규정, 현대한국구술사연구사업 구술 자료 생산을 위한 구술 자료 표준화 지침 구성, 생산된 구술 자료의 검수·평가와 관련된 사안을 다뤘다.

첫째, 현대한국구술자료관 구술 관리 규정은 구술 자료 수집, 기증·기탁관리, 자료 평가, 이관·등록 등 총 10개 장 27조의 내용으로 구성했다. 본 관리 규정의 특징 중 하나는 '구술 자료 평가(제4장)'를 구체적으로 밝히고 있다는 점이다. 또한 예기치 않은 자료의 폐기, 구술 자료에 대한 권리 관계와 공개(비공개) 원칙을 구체적으로 담고 있어 이를 둘러싼 분쟁 발생 가능성을 최소화하고자 했다.

둘째, 구술 자료는 영상, 음성, 사진, 녹취록 등 다양한 매체 자료를

21) 성격을 다르지만 선도적인 사례로는 구술사와 더불어 민중생활사 자료를 중심으로 아카이브를 구축했던 20세기 민중생활사연구 아카이브가 있다. 이에 대해서는 김주관(2005; 2012)참조.

포괄한다. 자료관은 구술 자료의 유형과 형태에 따라 1. 구술 자료(5종), 2. 구술 정보 메타데이터(9종), 3. 권리관계 메타데이터(4종)로 나누어 총 18가지 서식을 만들고 자료의 표준화 체계를 구축했다. 이 글에서는 자료관의 구술 자료 표준화 체계와 더불어 표준화 과정이 기록학적 요소뿐만 아니라 사회·문화적 영향을 함께 반영함을 보여주었다. 이는 기록관리 체계의 구성적 속성을 생각해 볼 수 있는 사례로서 의미를 지닌다.

셋째, 현대한국구술자료관 자료화 과정에서 가장 큰 특징 중 하나는 체계적인 검수 시스템이다. 구술 자료를 발주하여 수집하는 기관들은 많지만 검수를 구술 자료 표준화 지침과 연계하여 구체적인 원칙과 양식을 통해 기록화 과정의 일부로 포함하여 시행하는 경우는 드물다. 자료관은 자료관으로 이관되는 모든 자료에 대해 내용·형식검수를 실시하여 자료화 수준을 높이고자 했다. 구술 자료에 대한 검수는 구술 자료 간의 형식적 편차를 줄이고, 자료화 과정의 오류를 최소화 하며, 자료의 가치를 높이는 등의 긍정적 효과가 있다.

아카이브는 자료의 보존과 관리뿐만 아니라 활용, 나아가 기능과 역할의 확장 가능성을 종합적으로 고려하면서 구축해 가야 한다. 이의 출발점은 자료다. 이 장의 내용은 현대한국구술자료관 구축 연구의 이론·방법, 경험의 축적을 반영한 것이다. 현대한국구술자료관은 매체·장비, 온라인 등 물리적·기술적 환경 변화, 사회문화적 인식의 변화 등에 능동적으로 대응하면서 자료를 생산·수집, 보존·관리할 수 있는 방안을 찾아왔다. 현재 구축된 체계는 현실의 변화, 혹은 예측 가능한 미래의 조건에 맞춰 발 빠르게 변화해 가야 한다. 여기에 현대한국구술자료관의 선도성과 실험적 미래가 달려있다.

참고문헌

국사편찬위원회, 2009, 『구술 자료 만들기』, 국사편찬위원회.

권미현, 2004, 「구술사료의 기록학적 관리방법 연구」, 『기록학연구』, 제10호.

권미현, 2005, 「구술사료의 관리방안」, 한국구술사연구회, 『구술사: 방법과 사례』, 선인

권미현, 2007, 「강제동원 구술 자료의 관리와 활용: 일제강점하강제동원피해진상규명위원회 소장 구술 자료를 중심으로」, 『기록학연구』, 제16호.

김경일 외, 2007, 「현대사 주요 인물 구술생애서 수집 및 자료관 운영」, 『2007년도 한국학기획사업단 정책과제 결과보고서』, 한국학중앙연구원 한국학기획사업단.

김은영·강규형, 2012, 「구술기록의 보존과 활용을 위한 정리방안 연구: 논리적 정리를 중심으로」, 『아시아문화연구』, 제25집.

김주관, 2005, 「생활사 아카이브 구축의 의미와 방법: 20세기 민중생활사 아카이브의 사례를 중심으로」, 『지방사와 지방문화』, 제8권 1호.

김주관, 2012, 「공동체의 기억을 담는 아카이브를 지향하며: 20세기 민중생활사연구단 아카이브의 성과와 과제」, 『기록학연구』, 제33호.

선영란 외, 2006, 『구술기록의 기록학적 관리 방안』, 한국국가기록연구원.

손동유·권용찬, 2013, 「체계적인 구술기록 생산을 위한 제언」, 『한국기록관리학회지』, 제13권 1호.

윤택림·함한희, 2006, 『새로운 역사쓰기를 위한 구술사 연구방법론』, 아르케.

이정연·유종덕·이종윤, 2011, 「여성구술생애기록물 맥락 표현을 위한 메타데이터 구조화에 관한 연구」, 『기록학연구』, 제30호.

이정연, 2009, 「구술사 기록물 아카이브 구축을 위한 메타데이터 모델링 및 표준 요소 개발에 관한 연구」, 『정보관리학회지』, 제26권 1호.

이호신, 2007, 「한국문화예술위원회 아르코예술정보관의 〈예술사 구술채록사업〉 운영 현황」, 『한국무용기록학회지』, 제13권.

이호신, 2012, 「구술기록 관리를 위한 메타데이터 요소 설계: 예술가 구술채록사업 결과물을 중심으로」, 『구술사연구』, 제3권 1호.

이호신, 2017a, 「구술사 연구와 '생명윤리법'의 인간 대상 연구」, 『한국기록학회지』, 제17권 3호.

이호신, 2017b, 「구술 자료의 수집과 서비스에 대한 개인정보 보호법의 도전」, 『한국기록학회지』, 제17권 1호.

이호신, 2017c, 「구술사 연구와 기록관리, 녹취문을 넘어서」, 『구술사연구』, 제8권 2호.

정혜경, 2015, 「구술사: 기록에서 역사로」, 『한일민족문제연구』, 제28권.

한국구술사연구회, 2005, 『구술사: 방법과 사례』, 선인.

제02장

현대한국구술자료관 아카이브 관리시스템 특성과 의의

김 선 정

1. 구술자료 관리시스템의 필요성과 국내외 선행사례 분석

'구술사'란 용어가 이 땅에 들어온 지 근 30년이 다 되어간다. 그동안 학계, 문화계 등 다양한 곳에서 구술자료 수집 혹은 생애사 연구 등 구술사 연구가 활발히 이루어졌다. 중요 기관에서는 물론이고 왠만한 연구사업에서도 구술사 연구 방법론을 채택하는 것이 필수인 것처럼 보인다. 구술사 사업 내용도 책자 발간 중심에서 아카이브 구축으로 변화하였다. 책자 발간을 위한 구술 면담에서 토대 구축을 위한 구술자료 관리와 보존, 활용으로 확대되었다.

초기 사업들은 체계적인 준비과정이나 기획 없이 진행된 경우들이 다반사였다. 시행착오도 많이 겪었다. 구술자료 수집시 제대로 된 준비 없이 레코더(recorder)만 가지고 현장으로 바로 출발하는 식으로 진행했던 경우가 다수였다. 연구 결과물도 구술 면담을 기록한 원자료를 보존하지 않고 대부분 녹취록을 윤문하거나 편집한 자료집을 출판하는 정도였다. 면담을 진행한 녹음·녹화 테이프 등의 원자료들은 기본적인 기술(description)도 없이 일반 종이상자나 비닐봉투에 담겨 창고에 혹은 캐

비넷에 쌓여 있기도 했다. 당연히 구술자·면담자의 정보, 면담일지, 예비질문지 등의 보완자료는 물론이고 구술동의서, 구술자료 공개·활용동의서, 개인정보 수집·이용동의서 등 권리 관계 자료도 없는 경우가 많았다.[1] 원자료의 중요성, 관리와 보존 활용에 대한 인식이 부족했고 그에 따른 방법론 또한 부재했다. 당연히 예산도 없었다.

구술사 연구 사업은 '역사찾기' 혹은 '역사세우기' 일환으로 관련 인사와 인터뷰한 자료를 생산하는 방식으로 여러 기관에서 급증하였지만 제대로 된 매뉴얼, 문서 양식, 동영상 형식 정보조차 없었던 것이 그 당시 상황이었다. 2009년 본 프로젝트가 시작될 무렵 한국의 구술사 연구가 20여 년이 되었지만 구술자료를 체계적으로 관리하는 아카이브는 없었다.

구술 면담 시 생성되는 원자료와 이를 보완해주는 다양한 자료들의 중요성이 부각되면서 자료 유실의 염려로 체계적인 관리·보존의 필요성이 대두되었다. 학계뿐 아니라 관련 단체들이 제대로 된 구술사 아카이브 구축의 필요성을 절감하였다.

2009년 한국학중앙연구원의 '현대한국구술자료관 구축 사업'은 이러한 구술사 아카이브의 필요성과 기술 발달로 인한 인프라의 변화에 기인한 것이었다. 기록 관리, 보존, 활용 방식 등이 전자화되어 디지털 아카이브의 필요성과 요구가 대두된 것이다. 기록은 더 이상 오프라인으로만 관리되지 않고, 자료 이용도 직접 자료관에 가서 열람하는 방식을 벗어나, 인터넷이 지원되는 곳이면 어디에서나 언제든지 가능하게 되었다.

본 연구단은 변화된 사회 환경과 디지털 아카이브의 필요성에 기초하여 효율적이고 체계적인 구술자료 관리시스템 구축을 목표로 하였다. 이를 위하여 기존 아카이브에 대한 선행사례 연구가 필요하였다. 국내와

1) 이러한 점은 2009년 국내 구술자료 수집 및 관리 현황을 조사하기 위해 필자가 직접 몇몇 기관을 다니면서 알게 된 사실이다.

국외의 몇몇 기관들을 직접 방문하여 담당자들의 자문을 구하였다. 국내는 국가기록원[2], 대통령기록관[3], 독립기념관[4], 20세기민중생활단[5], 일제강점하강제동원피해진상규명위원회[6], 한국문화예술위원회 아르코 예술정보관[7], 민주화기념사업회[8] 등과 미국은 미국국가기록청(National Achives and Records Administration)[9], 콜롬비아 대학교 구술사

2) http://www.archives.go.kr/next/search/viewDescClassMain.do

3) http://pa.go.kr/index.jsp

4) 한국독립운동정보시스템 https://search.i815.or.kr/main.do

5) 20세기 민중생활사 연구단(단장: 박현수)은 2002년부터 2008년까지 학술진흥재단으로부터 6년간 지원을 받아 한국 민중들의 생활사를 재구성하고 기록으로 남기는 '20세기민중생활사' 연구를 하였다. 이 사업으로 수집한 구술자료들은 무형문화연구원에서 보존, 서비스하고 있다. http://www.minjung20.org/

6) 일제강점하 강제동원 피해 진상 규명 등에 관한 특별법에 따라, 일제강점하 강제동원 피해의 진상을 규명하여 역사의 진실을 밝히고자 2004년 11월 10일 국무총리 직속으로 발족한 독립기구이다. 2009년 말 임시국회에서 '대일항쟁기 강제동원 피해조사 및 국외강제동원 희생자 등 지원에 관한 특별법안'을 여야 합의로 통과시킴에 따라 2010년 4월 24일로 활동이 중단될 위기에 처했던 위원회의 활동기간을 2012년 말까지 연장시켰다. 2010년 3월 22일 – 대일 항쟁기 강제 동원 피해 조사 및 국외 강제 동원 희생자 등 지원에 관한 특별 법을 제정·시행. 이 법령에 의거한 일제 강점하 강제 동원 피해 진상 규명 위원회와 태평양 전쟁 전후 국외 강제 동원 희생자 지원 위원회를 폐지하고 대일항쟁기강제동원피해조사 및 국외강제동원희생자등지원위원회를 설치하였다. 출처: https://ko.wikipedia.org/wiki/

7) http://artsarchive.arko.or.kr/ 1979.5.21~2005.8.25: 한국문화예술진흥원 예술자료관, 2005.8.26~2009.12.31: 한국문화예술위원회 아르코예술정보관, 2010.1.1~3.22 국립예술아카이브 설립추진위원회, 2010.3.23~2014.5.28: 국립예술자료원, 2014.5.29~2019.3.3: 한국문화예술위원회 예술자료원, 2019.3.4~2020 현재: 한국문화예술위원회 아르코예술기록원으로 공식 기관명이 변경되었다.

8) http://www.kdemo.or.kr/

9) https://www.archives.gov/

연구소(Columbia University Oral History Research Office)10), 캘리포니아 버클리 주립대학 지역 구술사 연구소(University of California, Berkeley Regional Oral History Office: ROHO)11), UCLA 구술사 연구센터(UCLA Center for Oral History Reseach)12), 남가주 대학교 코리안 아메리칸 디지털 아카이브(University of Southern California: USC Korean American Digital Archive)13), 존 에프 케네디 대통령 도서관 및 박물관(John F. Kennedy Presidential Library & Museum)14), 우드로 윌슨 국제연구센터(Woodrow Wilson International Center for Scholars)15), 미국 홀로코스트 기념관(United States Holocaust Memorial Museum)16) 등을 중심으로 조사하였다. 미국은 구술사가 시작된17) 지역이며, 구술사 아카이브가 최초로 진행되어 현재까지 가장 활발하고 체계적으로 구축되어있기에 국외

---

10) https://www.ccohr.incite.columbia.edu/ 2013년에 콜롬비아 대학교의 주요 기관인 '혁신 이론 및 경험의 학제간 연구 센터' (Interdisciplinary Center for Innovative Theory and Empirics: INCITE)와 협력하여 '콜럼비아 구술사 센터(Columbia Center for Oral History: CCOH)'로 기관명을 변경하였다.

11) https://www.lib.berkeley.edu/libraries/bancroft-library/oral-history-center 2014년 캘리포니아 버클리 주립대학 지역 구술사 연구소도 '지역'을 버리고 '밴트로프트 도서관 구술사 연구센터(Oral History Center of The Bancroft Library가 되었다.

12) http://oralhistory.library.ucla.edu/

13) http://digitallibrary.usc.edu/

14) https://www.jfklibrary.org/

15) https://www.wilsoncenter.org/

16) https://www.ushmm.org/

17) '구술사'(oral history)란 용어는 미국 콜롬비아대학교 사학과 교수인 네빈스(Allen Nevins)가 처음 사용한 것으로 알려졌다. 한국구술사연구회, 『구술사: 방법과 사례』, 선인, 2005, 30p. 참조

조사 지역으로 선택하였다.

구술사 관련 기관을 직접 방문하여 담당자들의 자문을 구하기 위해 국내외 기관에 대한 문헌자료 조사를 마친 후 다음과 같은 질문을 구상하였다. 아래 문항들 중 본 고에서는 본 고의 주제인 관리시스템 구축과 관련된 부분만 서술할 것이다.[18]

- 아카이브의 설립 배경과 과정
- 아카이브의 조직 체계와 운영
- 아카이브의 자료 수집 기획과 실행
- 자료화 과정, 관리와 보존(자료 관리, 디지털 시스템 구축 과정)
- 자료의 활용(웹서비스 구축 과정, 연구결과 및 출판물 등)
- 전문가 및 시민 대상 강좌와 교육 프로그램
- 자료 현황, 목록, 소장 도서의 상황 등
- 설립 과정 중 고려해야만 하는 중요 사항, 아쉬웠던 점, 기획 시 미처 고려하지 못했던 일이 나중에 발생 되어 다시 수정해야만 했었던 점 등

국가기록원의 구술자료는 국가기록물 관리시스템에 매체별로 등록되어 관리되고 있었으며 대통령기록관의 구술자료도 대통령기록관리시스템에 매체별로 등록되어 관리되고 있었다. 구술자료만을 따로 구분하여 관리하지 않고 전체 기록물 관리시스템에 등록하여 관리하였다. 구술자료의 종류로는 동영상, 음성, 녹취록, 구술자신상기록부, 면담자신상기

18) 이외 내용은 필자가 2009년 미국의 구술사 관련 기관에 대한 현지 조사 후 작성한 보고서인 「미국 구술자료관 현황조사와 네트워크 구축」(2010)에 자세히 수록되어있으며, 본 서의 제I부 1장 윤충로, 「현대한국구술자료관 연구내용과 특성」에도 간략 소개되어있다.

록부 정도였다. 독립기념관은 구술자료를 오프라인 상태에서 관리하고 있었다. 20세기 민중생활단도 구술자료 데이터베이스(Database)를 구축하였지만 이를 관리하는 시스템은 부재하였고, 한국문화예술위원회 아르코예술정보관도 구술자료를 따로 관리하지 않고 전체 자료 관리시스템에 매체별로 등록하여 관리하고 있었다. 예술자료관은 오프라인 관리로 구술자료를 중성지 상자에 잘 넣어서 보관하고 있었다. 민주화기념사업회는 구술자료 관리시스템은 따로 없었지만, 데이터들을 잘 보존하고 있었고 오프라인으로도 잘 관리하고 있었다.

대부분의 기관이 구술자료 관리시스템은 구축하지 못하고 있었고 디지털화를 진행하거나 데이터베이스를 구축하는 정도였다. 몇몇 기관은 기존의 기록물 관리시스템에 매체별로 등록하여 관리하고 있었다. 구술자료를 매체별로 각기 분리해서 관리하는 것은 여러 가지 한계에 부딪힐 수 있다. 구술자료는 원자료인 동영상이나 음성자료와 그 외의 다양한 구술자료가 서로 보완하여 완결성을 지향하기 때문에 함께 관리되어야 한다. 관리와 서비스의 효율성과 활용적인 측면을 고려할 때 구술자료는 함께 관리되는 것이 이상적이다. 국내 대부분의 기관들이 이러한 구술자료의 특성을 고려한 디지털 아카이브에 대한 인식이 부족하거나, 필요성을 인식하고 있어도 예산이 부족하였기에 실행을 못하고 있었다.

미국의 구술사 관련 기관의 주제는 거대 '역사', 지역, 개인 이렇게 3분류로 나눌 수 있었다. 첫째는 홀로코스트, 베트남전쟁, 제2차 세계대전, 9.11 사건 등 세계사와 미국의 중요 주제, 둘째는 지역의 정체성 구축을 위해 지역의 역사 문화에 대한 주제, 셋째는 역대 대통령이나 유명한 종교 지도자들과 관련한 주제들이었다.

국가 차원으로 설립된 기관 중 대표적인 곳은 국가기록청이다. 중앙행정부가 있는 워싱톤 디씨 (Washington D.C.)의 국가기록청을 중심으로 주제별로 여러 주에 분포되어 있었다. 필자가 방문한 곳은 메릴랜드

주(State of Maryland)의 칼리지팍(College Park)에 있는 기록청으로 '군' 주제와 관련된 아카이브였다.[19] 구술자료는 동영상 자료로 분류되어 주제별로 중성지 상자에 보관하고 있었다.

가장 역사가 깊은 콜럼비아 대학교 구술사 연구소는 1948년 이후 다양한 주제와 분야에 관한 구술자료를 수집하였다. 방대한 자료를 디지털화하여 관리·보존하기엔 엄청난 예산, 인력과 시간이 필요하므로 관리시스템에 대한 필요성은 절실히 느끼고 있지만 엄두를 못내고 있는 실정이었고, 일부 자료만 디지털화하는 중이었다. 필자가 방문할 당시 카네기재단에서 지원받아 진행하던 카네기 관련 구술자료 경우 홈페이지를 통한 구술자료 관리와 서비스를 고려하고 있었다.

캘리포니아 버클리 주립대학 지역 구술사 연구소는 버클리 주립대학 밴크로프트 도서관(Bancroft Library)[20]에 속해있다. 주로 캘리포니아 지역에 관한 구술자료를 수집하고 있으며 이를 디지털화하여 관리하고 있다. 이곳도 한국의 기관과 비슷하게 자체 관리시스템은 없었으며, 녹취록을 도서관 시스템에 등록하여 보존하고 있었다. 디지털화한 자료들은 외장하드에 저장하여 보관하고 있었다.

UCLA 구술사연구센터도 대학 도서관의 한 부서로 도서관 예산을 지원받아 운영하고 있었다. 담당자들은 주로 구술사 연구에 중점을 두고 기획부터 수집까지 관여하고 생산된 결과물은 도서관에서 보존하고 서비스하고 있었다.

남가주대학교 코리안 아메리칸 디지털 아카이브는 남가주 대학교 도

19) 이 곳은 한국전쟁 등 우리나라와 관련한 자료들을 많이 소장하고 있다.

20) 밴크로프트 도서관은 버클리 캘리포니아 대학교의 주요 특별 소장 도서관이다. 밴크로프트는 미국에서 가장 크고 많이 사용되는 원고, 희귀 서적 및 독특한 자료를 소장하고 있는 도서관 중 하나이다. 출처: https://www.lib.berkeley.edu/libraries/bancroft-library/about.

서관내에 아시안 라이브러리(Asian Library)의 한 부분으로 재미한인 1세대의 구술 면담 녹음 테이프를 소장하고 있었다. 2009년 방문 당시 자료를 디지털화 하는 사업에 주력하고 있었다.

존 에프 케네디 대통령 도서관 및 박물관은 보스톤(Boston)에 위치하고 있으며 전시장과 도서관 기록보존소가 한 건물에 잘 배치되어있어 방문자들이 관심 있는 주제에 대해 심도 있게 연구할 수 있었다. 주로 케네디 관련 사건과 인물 중심의 인터뷰를 수집·보존·활용하고 있었다. 필자가 방문할 시 담당자가 없어 참관 정도만 가능하여 관리시스템에 대한 자세한 것은 알 수 없었지만 자료의 기본 정보만 통합 관리시스템에 등록되어있는 것 같았고, 직접 방문하여 일정 양식을 작성한 후 오프라인으로 자료를 이용할 수 있었다. 우드로 윌슨 국제연구센터도 관리시스템이 없었고 녹취록 정도만 파일로 정리하여 관리하고 있었다.

홀로코스트 기념관이 매우 인상적이었는데 관리시스템과 서비스 시스템을 따로 구축하여 운영하고 있었다. 구술자료의 특성을 잘 반영하여 관리를 넘어 서비스까지 고려하여 설계하였다. 관리 기준 항목이나 분류들이 구술자료의 특성을 잘 반영했을 뿐만 아니라 구술자 연령, 지역 등으로 분류하여 홀로코스트 피해자들의 삶을 잘 드러내는 다양한 방식으로 이용자들의 편의를 배려한 세밀한 부분까지 고려하여 구축하였다.

이상의 국내외 사례를 검토하여 장점을 취득하고 단점을 보완하여 현대한국구술자료관 관리시스템의 전체 밑그림을 그리게 되었다.

2. 정보화 전략 계획[21)]

현대한국구술자료관 구축사업은 '현대한국구술사연구사업'의 4개 수집연구단(명지대, 한국외대, 서울대, 한신대)이 수집한 구술자료 즉, 정당정치, 경제외교, 한국사와 군, 민주화와 종교 주제의 자료와 자료관이 자료화를 지원한 원폭 피해자 관련 자료, 현대한국연구소가 2008년도 수행한 건국 60주년 관련 '건국인의 얼굴' 자료 등 자료관이 자체 수집·생산한 베트남전, 재미한인 관련 자료 등을 체계적인 관리체계에 따라 디지털 아카이빙하여, 이를 기관, 연구자, 일반 시민들에게 서비스하는 사업이다.

이를 위해 정보화 전략 계획(ISP: Information Strategy Planning)을 세웠다. 첫째, 현황 분석 등 전반적으로 인식해야할 상황 조사를 토대로 지향해야 할 목표를 설정하고, 둘째, 이를 위한 중장기 계획을 세우고 셋째, 이를 바탕으로 구술자료를 체계적으로 정리, 보존하는 관리시스템과 이용자들이 자유롭게 이용하는 서비스시스템을 각각 개발하여, 이 두 시스템을 연동하는 구술자료 보존센터인 현대한국구술자료관 아카이브 시스템을 구축하였다.

21) 본 장은 현대한국연구소, 「현대한국구술자료관 구축 ISP 제안요청서」, 한국학중앙연구원, 2010.
네이버시스템, 「현대한국구술자료관 구축 ISP 결과보고」, 2010.를 기초로 작성하였다.

〈그림 1〉 구술자료보존센터개념도

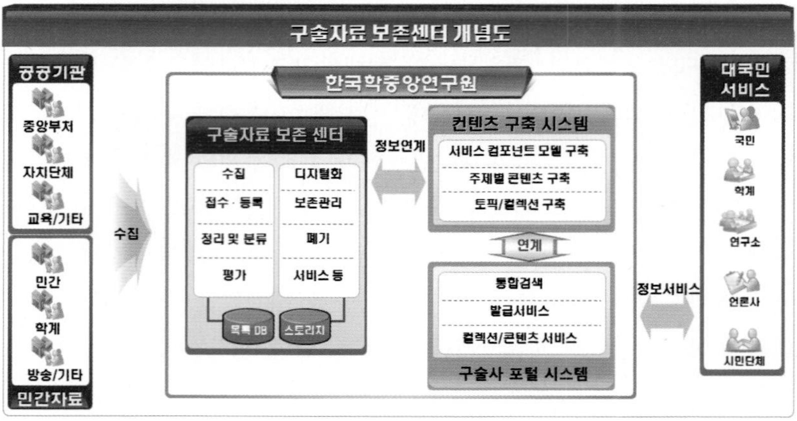

정보화 전략계획은 크게 3분야로 수립되었다. 1. 구술자료관 관리시스템 구현방안, 2. 미래모델 설계 개요, 3. 업무프로세스 설계이다.

먼저 구술자료관 관리시스템이란 각 연구기관 및 외부기관, 연구자, 자료관 등에서 수집된 구술자료를 효율적으로 수집/정리/등록/검수/이관/보존하는 절차를 전자적으로 관리하는 시스템이라 정의한다. 구현방안은 생산 및 기증된 구술자료를 철저히 관리하기 위해 구술자료 관리 업무의 효율성 및 편의성을 향상시키고, 구술자료 전산 관리체계의 정착을 위해 필요한 기능을 개발하는 것을 목적으로 하였다. 구술자료의 체계적인 관리 보존을 위해 구술자료 관리의 안전성과 효율성을 극대화하는 것을 기본 방안으로 수립하였다.

이러한 방안을 토대로 시스템 아키텍쳐를 설계하였다. 시스템 운영 시 발생할 수 있는 부하 및 확장을 고려하고, 특정 벤더(vender)에 종속되지 않는 오픈 소스(open source)와 대중적으로 안정성 및 보안이 검증된 프레임웍(framework)을 사용하였다. 향후 기능 및 시스템 업그레이드(up-grade)를 고려하여, 기능과 연계를 손쉽게 할 수 있으며, 타 시스템과 연계도 염두에 둔 표준화된 아키텍쳐(architecture)를 구성하였다. 이에 따른 적절한 데이터(data), 어플리케이션(application), 하드웨어(hardware), 소프트웨어(software)를 설정하였다.

구술자료 관리시스템의 데이터는 각종 코드 데이터, 구술자료 목록 데이터, 구술자료를 관리하기 위한 작업처리 데이터, 구술자료의 이력 및 작업이력을 관리하는 데이터, 전자파일을 관리하기 위한 데이터, 검색을 위한 색인 데이터로 구성하였다.

하드웨어 부분으로 서버(server)는 신규 시스템 구축에 필요한 투자를 최소화하기 위해 한국학중앙연구원의 운영 중인 기존 시스템의 서버를 활용하는 것을 기본으로 하고 안정성을 위해 이중화 서버 구축을 구상하였다. 증설할 수 있는 스토리지(storage)를 설계하였고, 백업(back-up) 장비 및 광디스크를 이용하는 등 데이터 보호체계를 다중화 하였다.[22]

소프트웨어 부분은 동영상 재생 등 기본 기능을 지원하는 소프트웨어 이외에도 바이러스 검사를 위한 소프트웨어, 백업, 보안을 위한 소프트웨어를 사용하였다.

〈그림 2〉 구술자료관 관리시스템의 아키텍쳐 모델

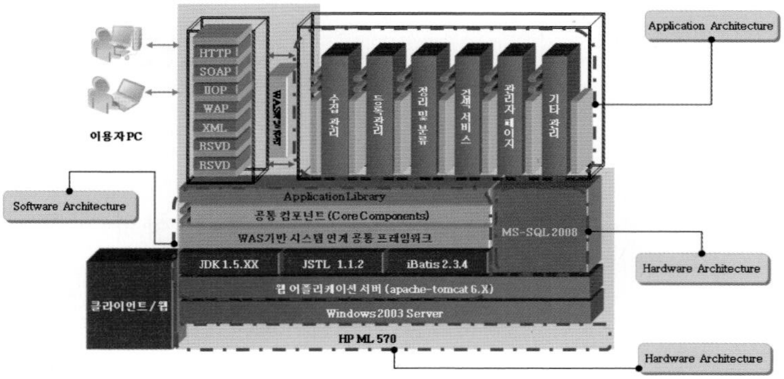

22) 서버 및 스토리지는 노후화 문제로 인해 5년 주기로 교체하고 있다.

시스템의 기능은 수집관리, 등록관리, 정리 및 분류, 검색서비스, 관리자페이지, 기타관리로 구분하여 각 항목을 구성하였다. 자세한 항목은 〈그림 3〉과 같다. 이 기능 중 사용자를 정의해 자료관 담당자와 연구수집단 담당자로 구분하여 자료관에서 사용하는 기능은 수집·등록, 보존관리, 평가, 폐기, 기준관리, 접근관리, 통계, 검색활용, 시스템관리 모듈(Module)로 구성되며, 연구수집단이 사용하는 기능은 수집·등록관리, 검색활용 모듈로 구성하였다.

〈그림 3〉 구술자료관시스템 기능 구성 개념도

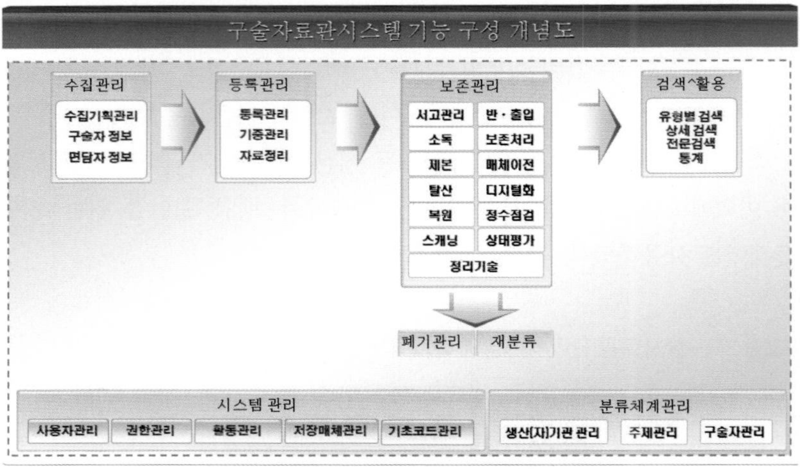

3. 현대한국구술자료관 관리시스템 구축 방향과 목표[23)]

현대한국구술자료관 관리시스템은 구술자료의 안정적이고 체계적인

23) 본 장은 현대한국연구소, 현대한국연구소, 「현대한국구술자료관 관리시스템 1차 구축 제안요청서」, 한국학중앙연구원, 2010.를 기초로 작성하였다.

관리뿐만 아니라 활용까지 염두에 두고 구축되었다. 이를 위해 7개의 목표를 설정하였다.

1) 안정적이고 체계적인 관리

(1) 구술자료의 특성을 고려한 디지털 아카이빙 관리시스템 개발

구술자료는 면담 전 단계인 기획, 면담 전 준비, 면담, 면담 후 정리 등의 과정을 거치면서 다양한 자료들이 생산되고 이들 자료는 맥락적으로 서로 보완하여 완결성을 지향한다. 이러한 특성으로 인해 구술자료는 구술자별로 분류되어 해당 구술자의 모든 자료들을 함께 관리하여야 한다. 각각 따로 분류하여 저장되고 관리된다면 자료의 맥락을 파악하는데 어려움이 있고 효율적으로 관리할 수도 없다.

또한 구술자료는 구술성을 담보하는 자료로 음성, 동영상의 원자료와 이를 보완하는 다양한 보조(딸림)자료로 구성되어있다. 이러한 다양한 자료들을 잘 보존하기 위해 체계적인 아카이빙 시스템이 필요하다. 비디오, 오디오, 이미지, 텍스트 등과 같은 멀티미디어 형태의 구술자료를 연구·활용에 적합하도록 등록, 정리, 검수, 보존 등의 관리를 위해 일반 기록물과 차별화된 관리 항목 및 프로세스를 구축해야 하고, 다른 기관과의 연계를 위해 표준화된 방식을 적용해야 한다.

(2) 5개 연구단의 소통과 협업을 위한 시스템 수립

본 사업의 참여 연구단들이 사업 현황을 정확하게 파악하고 문제점을 도출하여 구술자료 등록부터 검수, 이관까지의 총 과정에 대한 사안을 소통하고 협업할 수 있는 시스템을 구축한다.

(3) 구술자료 질의 제고

구술자료 서비스에 있어서 가장 중요한 것은 구술자료의 질이다. 개인정보나 명예훼손, 내용의 오류 등을 수정·보완하기 위한 검수 과정, 결과 등 다양한 정보를 관리할 수 있는 시스템을 구축한다.

(4) 단계별 평가 및 반영

성공적인 시스템 구축을 위하여 각 단계별 결과를 일정, 방법, 예산, 효율성, 안정화 등을 중심으로 평가한다. 이러한 평가를 통하여 도출된 결과를 반영한다.

2) 보존을 넘어 활용까지 고려한 관리

(1) 보존: 구술자료의 원본성을 유지·관리하기 위한 아카이빙 서비스

현대한국구술사연구 사업을 수행하는 과정에서 생산, 수집, 이관 등으로 보존하는 동영상, 문서, 기록물, 자료 등의 구술자료는 원본 그 자체로 보존 관리되며, 이를 체계적으로 분류 정리하고 관리할 수 있어야 한다.

(2) 자원화: 문화콘텐츠 기획 및 개발을 위한 원소스 자료화 서비스

구술자료는 영화, 드라마, 다큐멘터리, 출판 등 문화콘텐츠 산업의 각 장르에서 개발하는 콘텐츠를 위한 다양한 자료와 자원을 제공할 수 있도록 자료화되어야 한다.

(3) 공유: 구술자료의 표준 DB 구축 서비스

다양한 기관에서 생산, 수집, 이관한 구술자료를 통합할 수 있는 구술자료의 표준 DB를 마련하고, 현대한국구술자료관 시스템 표준 사양을 제시할 수 있어야 한다.

4. 현대한국구술자료관 관리시스템 구축 특성과 내용[24)]

1차년에 실시한 정보화 전략을 분석하여 구축방향을 수립하고 자료관 구축 예산과 인력의 업무환경을 고려하여 적합한 모델을 설계했다. 수행 절차는 〈그림 4〉와 같다.

〈그림 4〉 수행절차

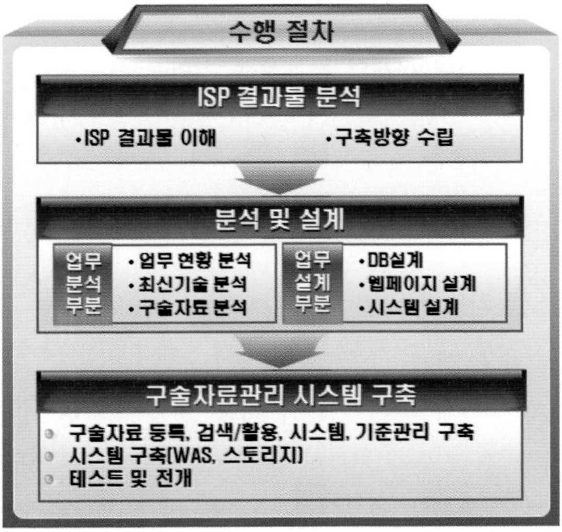

1) 정보화 전략 계획 분석 및 설계

(1) ISP 결과물 분석

성공적인 시스템 구축을 위해 선행 사업에서 진행하였던 ISP 결과물에 대한 명확한 이해 및 요구사항을 수렴하여 업무 프로세스와 시스템 프로세스를 구분하여 구축 방향을 수립하였다.

24) 본 장은 네이버시스템, 「현대한국구술자료관 관리시스템 1차 구축 완료 보고서」, 한국학중앙연구원, 2010.를 기초로 작성하였다.

(2) 업무 분석 및 설계

본 자료관의 구술자료, 업무 현황, 최신 기술 등을 분석하였다. 이를 기반으로 관리항목(메타)를 추출하여 데이터베이스를 설계하고, 정립된 구술자료 관리 업무 프로세스를 기반으로 사용자 중심의 웹페이지를 기획하였다. 또한 안정적 서비스를 위한 시스템 아키텍쳐(WAS, 스토리지)를 설계하였다.

(3) 시스템 구축

업무 분석 및 시스템 설계의 결과물을 기반으로 구술자료 관리시스템의 등록, 검색/활용, 기준, 시스템 관리기능을 구축하였다. 설계된 시스템 아키텍쳐를 기반으로 SW, HW 아키텍쳐 구축하였으며, 안정 및 효율적인 서비스를 위한 충분한 테스트를 수행하였다.

2) 관리시스템 기능 항목별 내용

(1) 업무프로세스 설계

국내 26개의 구술사 관련 기관과 미국 구술사 관련기관의 구술자료 수집 및 관리 현황 조사와 기록학 문헌 연구를 토대로 기존의 연구 성과를 분석하여 구술자료 업무처리 단계별 대상 정보를 정의하고 업무 프로세스와 시스템 구축 프로세스를 구분하여 설계하였다.

단계별 시스템 구축을 위한 정확한 방향을 계획하고, 구술자료 관리시스템 구축을 위한 표준 아키텍쳐 수립 및 업무 프로세스 체계화하였다. 이 프로세스 중 예산상의 이유로 일부 기능만 구현하였다.

〈그림 5〉 현대한국구술자료관 업무프로세스

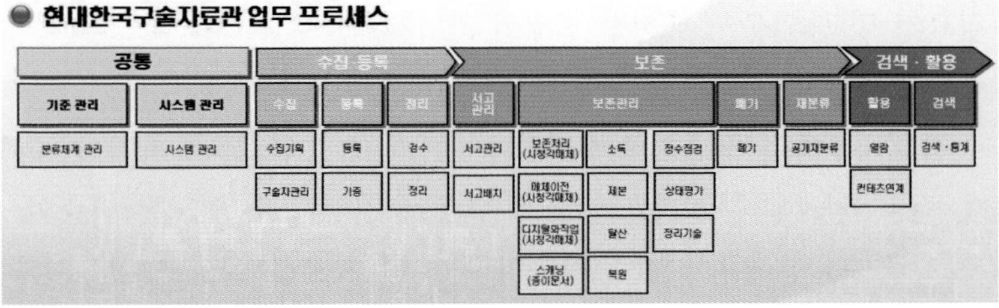

(2) 관리항목 및 기능 설계

관리항목은 크게 등록관리, 검색·활용관리, 기준관리, 시스템관리로 구성하였고, 각 항목의 중요 기능들을 설계하여 구축하였다. 보존관리 기능은 실물 자료 관리를 포함한 항목이다. 이 기능은 현대한국구술자료관 규모 확대 후 필요한 기능이므로 예산과 공간의 문제로 차후로 미루었다. 다음은 각 항목에 대한 기능을 설명한 것이다.

① 등록관리

등록관리의 설계 및 항목은 '구술자료 서식'을 참조하여 구축하였다.

ㄱ. 등록

ㅇ 기본목록 정보

기본목록은 구술자료 철의 개념으로서 구술자료의 기본정보이다. 이 기본 목록을 조회, 등록, 수정, 삭제할 수 있다. 등록된 기본목록 정보는 검수 및 인수 작업이 진행된 이후에는 별도의 수정요청 및 승인을 통해서만 변경이 가능하다.

ㅇ 세부목록 정보

세부목록은 구술자료 건의 개념으로서 구술자료의 세부목록 정보이다. 기본목록을 조회한 후 선택하여 세부목록을 조회, 등록, 수정, 삭제할 수 있다. 구술자료의 세부목록에 관련된 전자파일을 일괄 등록한다.

등록된 세부목록 정보는 검수 및 인수 작업이 진행된 이후에는 별도의 수정요청 및 승인을 통해서만 변경이 가능하다.

○ 등록완료

수집 후 등록된 구술자료를 조회한 후 등록이 완료되도록 하는 기능이다. 등록 완료된 구술자료는 다음 단계로 진행할 수 있도록 자료의 상태를 등록 → 등록완료로 변경하며 등록된 자료를 클로즈(Close)하는 기능이다. 또한 등록완료 이후 검수 작업을 통해 수정 사항이 발생되면 반려 기능을 통해 해당 구술자료는 반려 상태로 변경된다.

ㄴ. 검수, 인계, 인수

○ 인계

등록된 구술자료를 검수하기 위한 상태로 변경하는 상태이다. 인계는 검수위원이 검수할 수 있는 상태로 변경해주는 기능을 제공한다.

○ 형식 검수

형식검수는 등록된 자료의 표준화 여부와 내용을 1회 이상 검수하는 단계로, 등록 완료된 구술자료를 검색하여 기본정보 및 세부정보를 검수한다. 또한 등록된 다양한 구술자료들의 정보를 동영상이나 음성파일의 원자료와 대조하여 검수할 수 있도록 한다. 검수 중 오류내역이 있을 경우 반려 가능한 상태로 변경한다.

○ 내용 검수

내용 검수는 해당 구술자료 주제의 박사학위 이상의 검수자가 내용을 검토하는 것으로 명예훼손 및 개인정보의 유무, 내용 수정 및 보완 등을 목적으로 한다. 등록 완료된 구술자료를 검색하여 기본정보 및 세부정보를 검수한다. 또한 첨부된 전자파일 정보를 동영상이나 음성파일의 원자료와 대조하여 검수할 수 있도록 한다. 검수 중 오류 내역이 있을 경우 반려 가능한 상태로 변경한다.

○ 반려

등록된 구술자료를 검수한 결과, 오류 등이 발생한 경우 해당 내용을 수정할 수 있도록 반려 상태로 변경 해주는 기능이다.

○ 인수

등록된 구술자료를 검수한 결과, 오류 등이 발생하지 않은 경우 해당 구술자료를 실물 이관함과 동시에 실제 구술자료관의 구술자료로 지정하는 기능이다.

○ 자문 대상 선정

인수 완료된 구술자료들 중 자료집, 도구서, 뉴스레터, 뉴스카드 등, 다양한 활용을 위해 자문회의에서 논의할 구술자료를 형식, 내용검수 확인서를 중심으로 검토하여 자문 대상으로 선정한다.

○ 자문 결과 등록

자문회의 결과를 통해 수정·보완할 내용이 있을 경우 자문 내용을 조회한 후 해당 구술자료에 대한 수정·보완 사항을 기록할 수 있도록 한다.

○ 정리 의뢰

등록과정(등록 → 검수 → 인수)이 완료된 구술자료를 조회 후 정리의뢰 대상을 선정하여, 향후 서고배치 작업을 진행하기 위해 자료를 의뢰한다.

○ 수정요청 및 승인

구술자료 인수 이후 향후에 변경이나 보완이 필요한 경우 수정 요청 기능을 통하여 해당 기록물을 수정할 수 있도록 한다. 외부등록기록물의 경우 외부 등록자가 등록한 기록물을 별도로 검색하여, 대상을 선정하고 수정요청사항을 등록할 수 있도록 요청하는 기능을 제공한다.

○ 수정

수정요청 후 수정승인이 된 구술자료를 검색하여, 사용자 권한을 통해 해당 구술자료를 수정할 수 있도록 하는 기능이다. 수정된 구술자료는 변경관리를 통해 변경 이력을 확인해 볼 수 있는 기능도 함께 제공한다.

② 검색·활용 관리

○ 상세 검색

구술자료관 관리시스템에 등록이 완료된 구술자료에 대해 기본정보 및 세부목록을 검색해 볼 수 있으며, 사용자 권한 및 공개구분에 따라 구술자료를 열람할 수 있다.

○ 수집현황 통계

구술자료를 연도별, 유형별 등으로 분류하여 수집현황 통계를 검색하고 파일을 생성할 수 있다

○ 보유현황 통계

수집된 구술자료의 보유현황 통계를 검색하여 파일을 생성 할 수 있다.

③ 기준 관리

○ 기준정보 관리

등록된 기준 정보(분류체계)를 조회, 등록, 수정, 삭제할 수 있으며 엑셀로 저장할 수 있다. 각각의 기준정보(분류체계)는 생산 기관, 주제 정보, 구술자 정보로 구성된다.

○ 생산기관 정보

생산기관 정보는 기본 분류 정보 중 하나로서 구술자료를 생산하는 기관을 등록하고 그 정보를 조회, 수정, 삭제할 수 있다.

○ 주제 정보

구술자료의 기본 분류 정보로서 주제 정보를 조회, 등록, 수정, 삭제할 수 있다. 주제는 한국현대사의 다양한 측면으로 구성하며, 대분류,

중분류, 소분류로 상하 관계를 갖을 수 있다.

④ **시스템 관리**

○ 사용자관리 기능

현대한국구술자료관 관리시스템을 사용할 수 있는 사용자를 등록, 관리할 수 있는 기능이다. 등록된 사용자 정보를 조회하여 수정, 삭제할 수 있다. 사용자 정보는 일괄등록(엑셀) 양식에 맞게 작성 후 일괄적으로 등록할 수 있다. 사용자 암호를 지정할 수 있으며 초기화할 수 있다.

○ 권한관리 기능

사용자별 권한(등록, 수정, 삭제) 및 메뉴(기준관리, 등록관리, 검색) 등의 권한을 사용자의 직급과 업무에 따라 차별 부여할 수 있다. 외부수집 기관 사용자의 경우 등록관리 기능 중 외부사용자 그룹에서 등록된 자료만 등록, 수정, 삭제할 수 있다.

○ 저장매체관리 기능

세부목록에 첨부되는 전자파일의 물리적 위치를 관리할 수 있는 기능으로 물리적 위치 및 디스크 공간(전체, 사용, 가용량)을 확인 할 수 있다.

○ 기초코드관리

구술자료관 시스템에서 사용되어지는 기초 코드를 조회, 등록, 수정, 삭제할 수 있다

(3) 관리 항목 화면

〈그림 6〉 수집관리

〈그림 7〉 등록관리

〈그림 8〉 검색/활용

〈그림 9〉 기준관리

〈그림 10〉 시스템관리

〈그림 11〉 공지사항

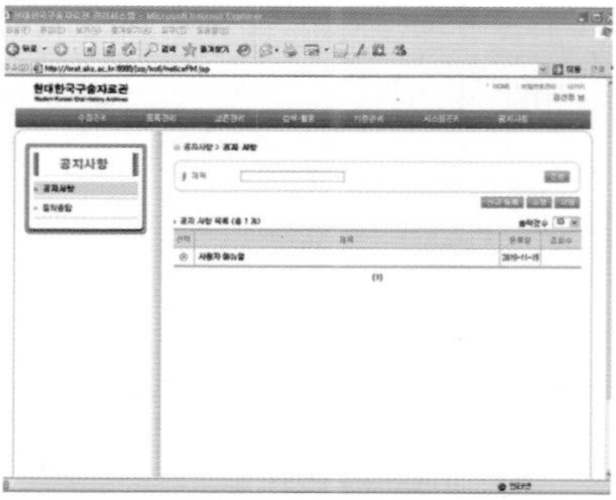

5. 현대한국구술자료관 관리시스템 구축 성과와 의의

1) 구술자료 특성을 고려한 구술사 아카이브 관리시스템 전형 제시

대부분 기관의 기록물 관리시스템이나 업무 관련 시스템은 기관의 목적에 부합하는 기록물 관리를 중점에 두고 설계되었기에 구술자료의 특성을 고려하지 못하고 있다. 이들 기관은 구술자료를 매체별로 분류하여 동영상, 음성자료는 시청각 자료로, 구술자료 개요, 구술자신상기록부, 면담자신상기록부, 면담일지, 예비질문지, 녹취록 정도만 '녹취록'파일로 통합하여 문서 자료로 분류하여 관리하고 있었다. 구술동의서, 개인정보 수집 이용동의서, 구술자료 활용, 공개 동의서와 같은 권리관계 서류는 관리시스템에 등록되지 않는 경우도 허다하였다. 본 연구는 이러한 기존의 한계를 보완 개선하여 구술자료의 특성을 고려한 아카이브 관리시스템을 설계하였다.

구술자료는 면담 전 단계인 기획, 면담, 면담 후 정리 등의 자료화 과정을 거치면서 다양한 자료들이 생산되고 이들 자료는 맥락적으로 서로 보완하여 완결성을 지향한다. 이러한 특성으로 인해 구술자의 모든 자료들은 함께 관리되어야 한다. 각각 따로 분류하여 저장하고 관리한다면 자료의 맥락을 파악하는 데 어려움이 있을 뿐 아니라 관리와 활용도 효율적으로 할 수 없다. 이러한 구술자료만의 특성을 반영하는 새로운 체계의 관리시스템 구축이 필요하였고 현대한국구술자료관 관리시스템은 구술자료의 특성을 담보하고, 자료를 통합적으로 관리하는, 국제 수준의 보존 및 관리 체계 기반을 마련하였다.

2) 구술자료 질의 제고 도모

현대한국구술자료관 관리시스템은 완성된 자료를 등록-분류-정리-보존 하는 일반 기록물 관리 체계와는 달리, 등록된 자료를 형식, 내용의 2차례의 검수를 거쳐야만 이관하는 체계로 구축하였다. 자료의 수정과 보완을 의무적으로 진행해야하는 구조는 결과적으로 자료의 질의 제고를 도모하였다.

3) 소통과 협업의 구조 실현

현대한국구술자료관 관리시스템은 구술자료를 수집, 등록, 검수하는 개인이나 기관이 인터넷이 가능한 장소에서 쉽게 접속하여 자료를 등록하고 수정하는 등 다양한 활동을 할 수 있도록 설계하였다. 이는 구술자료를 수집하는 전 과정, 즉 기획부터 자료 생산 및 정리까지의 과정을 수집 주체와 소통하고 컨설트할 수 있는 구조를 염두에 둔 것이다. 이러한 효율적인 기능은 구술자료의 질을 제고할 뿐 아니라 구술사 네트워크와 구술사 연구 발전에 도움이 될 것이다.

4) 문화콘텐츠 자원등의 활용을 위한 설계

자료관의 관리시스템의 등록 항목 구성은 복잡한 편이다. 자료의 기본정보만 등록하고 파일만 첨부하는 간편한 방식을 지양하고 구술자료의 정보와 내용을 일일이 직접 등록하여 모든 자료를 데이터하는 구조로 설계하였다. 이는 향후 검색과 활용을 염두에 둔 것이다. 문화콘텐츠 분야의 다양한 형식의 콘텐츠 제작 시 구술자료가 원자료로서 자원을 제공할 수 있도록 자료화되어야 하는 것을 고려한 것이다.

구술자료의 특성과 소통과 활용까지 고려한 체계적인 관리시스템의 구축은 자료의 집적과 이용을 원활하게 하여 역사학, 사회학, 인류학, 정치학, 종교학, 기록학 등 학계 발전 뿐 아니라 한국 사회 다양한 분야의 발전 토대 구축하였다는 데 우선적으로 그 의의가 있다고 여겨진다.

그밖에 관리를 하지 못해 유실 위험에 있는 많은 구술자료들의 관리

방안을 마련하는 기반을 제공하고, 구술자료를 수집하는 다양한 기관의 체계적인 관리 모델을 제시하였다는 데에도 의의를 둘 수 있을 것이다.

부록: 구술사 아카이브 관련 참고 문헌[25)]

학술 논문

저자	제목	저널명	발행년도	권	호
강규형, 김은영	구술기록의 보존과 활용을 위한 정리방안 연구	아시아 문화연구	2012	25	–
권미현	구술사료의 기록학적 관리방법 연구	기록학연구	2004	–	10
권미현	강제동원 구술자료의 관리와 활용: 일제강점하강제동원피해진상규명위원회 소장 구술자료를 중심으로	기록학연구	2007	–	16
권용찬, 손동유	체계적인 구술기록 생산을 위한 제언	한국기록관리학회지	2013	13	1
김덕묵	마을기록물의 수집과 활용	기록학연구	2016	0	49
김명훈	디지털 구술 아카이빙에 관한 연구	구술사연구	2013	4	1
김명훈	디지털 구술기록의 생산 및 정리·보존 절차에 관한 연구	한국기록관리학회지	2010	10	1
김선정	「현대한국구술자료관 조감망」, 『기록인(IN)』	국가기록원	2012	–	20
김용, 김혜영, 명현, 엄소영	민간·공동체아카이브 구축을 위한 수집정책 개발에 관한 연구	한국문헌정보학회지	2017	51	2
김은영, 강규형	구술기록의 보존과 활용을 위한 정리방안 연구: 논리적 정리를 중심으로	아시아 문화연구	2012	25	–
김익한	구술 기록의 데이터 요소 분석에 의한 구술기록관리시스템 제안사항에 관한 연구	기록학연구	2019	0	59
김태우	엘리트 구술자료의 성격과 수집 방안	구술사연구	2014	5	1

25) 작성: 성용준(현대한국구술자료관 연구보조원)
2000년 이후 자료만을 수록하였음

저자	제목	저널명	발행년도	권	호
박순철	디지털아카이브시스템의 구축과활동 –20세기민중생활사 아카이브를 중심으로–	영남학	2008	14	–
박정옥	5·18민주화운동 기록물분류표 개발에 관한 연구	민주주의와 인권	2013	13	2
박현숙	설화 아카이브의 현황 분석과 활용 방안	口碑文學硏究	2019	0	55
박혜준	구술 기록의 데이터 요소 분석에 의한 구술기록관리시스템 제안사항에 관한 연구	기록학연구	2019	0	59
배은희	지역 구술기록의 생산과 관리 현황 및 개선방안	한국기록관리학회지	2018	18	2
송주형	구술을 통한 재난 사고의 기록화 : 세월호 참사 관련 구술을 중심으로	기록학연구	2015	–	44
신정아	지역 디지털 아카이브 '경기도메모리' 구축과 운영	한국구술사학회 학술대회	2018	–	05
안상경	'청주아리랑'의 다큐멘터리 제작 사례를 통한 아카이브 구축의 방향성 연구	지방사와 지방문화	2008	11	1
윤택림	기관구술채록의 진단과 과제 : 국사편찬위원회 구술채록사업을 중심으로	구술사연구	2015	6	1
이재성, 이종구	노동아카이브의 형성과 발전방향 모색 – 성공회대 노동사연구소의 '참여형 아카이브' 시도를 중심으로	기록학연구	2014	0	41
이재수	불교 구술 아카이브 구축과 활용	전자불전	2018	20	–
이정연	구술사 기록물 아카이브 구축을 위한 메타데이터 모델링 및 표준 요소 개발에 관한 연구	정보관리학회지	2009	26	1

저자	제목	저널명	발행년도	권	호
이정연	디지털 구술 아카이브, 역사 데이터의 또 다른 해석을 위하여 – 정연경, 최윤경 저. 『구술 아카이브 시스템의 구축과 활용』(젠더와 기억 총서, 아르케, 2017)	구술사연구	2017	8	2
이정연, 이정연, 유종덕, 이종윤	여성구술생애기록물 맥락 표현을 위한 메타데이터 구조화에 관한 연구	기록학연구	2011	30	–
이정연, 최은주	웹 구술사료(口述史料) 아카이브 정보시스템의 설계 및 평가용 가이드라인 개발에 관한 연구	정보관리학회지	2009	26	4
이호신	구술사 연구와 기록관리, 녹취문을 넘어서	구술사연구	2017	8	2
이호신	구술자료의 수집과 서비스에 대한 개인정보 보호법의 도전	한국기록관리학회지	2017	17	1
이호신	한국문화예술위원회 아르코예술정보관의 운영 현황	무용역사기록학	2007	13	–
정혜경	자료연구: 구술사 –기록에서 역사로–	한일민족문제연구	2015	28	–
조용성	구술기록의 수집과 아카이브 정책에 관한 연구	기록학연구	2010	25	–
천호준, 한동욱, 나영일	올림픽 구술사 아카이브 구축을 위한 기초연구: 미국아마추어운동재단의 사례를 중심으로	체육과학연구	2007	18	3
최은주, 이정연	웹 구술사료(口述史料) 아카이브 정보시스템의 설계 및 평가용 가이드라인 개발에 관한 연구	정보관리학회지	2009	26	4
Cho,E-laine	Digital Bojagi: Unwrapping Korean American History and Culture	한국구술사학회 학술대회	2019	–	06

학위 논문

저자	제목	발행년도	소속	발행처
강경표	새만금 지역 생활사 아카이브 구축과 인류학	2008	전북대학교 대학원	전주
권명숙	구술기록의 수집 절차에 관한 연구- 민간인학살사건 다큐멘테이션을 중심으로	2007	경북대학교 대학원	대구
권미현	구술사료의 기록학적 관리방법 연구	2003	명지대학교 기록정보과학전문대학원	서울
김민영	구술기록의 신뢰성 확보 방안 연구	2009	신라대학교	부산
김서정	대통령 기록관의 발전 양상	2010	忠南大學校 大學院	대전
김소연	다양한 노동기억의 전승을 위한 지역노동자공동체 구술기록화에 관한 연구	2019	韓國外國語大學校 大學院	서울
김지원	올림픽 구술사 디지털 아카이브의 구축 방안	2016	명지대학교 기록정보과학 전문대학원	서울
김현승	해군 구술 기록의 수집 방안 연구	2009	서울대학교 대학원	서울
김혜진	한국 구술기록의 관리 효율화 방안 연구	2010	중앙대학교 대학원	서울
노대진	국내 구술사료의 관리 실태와 서비스 방안	2007	원광대학교 대학원	익산
문명준	구술기록의 온라인서비스 평가에 관한 연구	2017	부산대학교 대학원	부산
박서진	구술자, 면담자, 그리고 아키비스트	2020	명지대학교 기록정보과학 전문대학원	서울

저자	제목	발행년도	소속	발행처
박혜준	구술기록의 엔티티 관계분석에 의한 구술기록관리시스템 제안사항에 관한 연구	2019	명지대학교 기록정보과학 전문대학원	서울
배은희	지역 구술기록의 생산과 관리 현황 및 개선방안	2018	부산대학교 대학원	부산
이덕훈	구술기록 색인용어의 일관성과 망라성에 관한 연구	2020	한성대학교 대학원	서울
정영록	구술기록의 디지털아카이빙에 관한 연구	2010	韓國外國語 大學校 大學院	서울
한정은	대중적 이용을 위한 구술기록의 수집과 활용 방안	2007	한국외국어 대학교 대학원	서울
이화은	구술기록의 기술에 관한 연구	2009	이화여자대학교 정책과학대학원	서울
임현진	통일교 역사서술을 위한 사료의 수집과 관리에 관한 연구	2008	선문대학교 신학전문 대학원	아산
장진철	구술자료의 관리에 관한 연구: 국내 연구소 및 정부기관을 중심으로	2001	대구대학교 대학원	경산
정영란	홀로코스트 기념관을 통해본 주제 기록관(special subject repository)에 관한 연구 :'집합적 기억(collective memory)'의 수집과 수집물의 특성을 중심으로	2003	명지대학교 기록과학 대학원	서울

단행본

저자	제목	발행년도	출판사	발행지
국사편찬위원회	구술 아카이브를 통한 새로운 역사쓰기	2014	국사편찬위원회	서울
김선정, 김지수, 이호신, 정혜경, 조용성	구술사 아카이브 구축 길라잡이 I, 기획과 수집	2014	선인	서울
김선정, 김지수, 이호신, 정혜경, 조용성	구술사 아카이브 구축 길라잡이 Ⅱ, 관리와 활용	2017	선인	서울
권미현, 김선정, 김은정, 김주연, 사카모토 치즈코, 정혜경	구술사: 방법과 사례	2005	선인	서울
선영란 외	구술기록의 기록학적 관리방안	2006	한국국가기록연구원	서울
정연경, 최윤경	구술 아카이브 시스템의 구축과 활용	2017	아르케	홍천
윤택림	(역사와 기록 연구를 위한) 구술사 연구방법론	2019	아르케	홍천

프로젝트 결과보고서

연구 수행기관	제목	발주처	발행년	링크
명지대학교 산학협력단-디지털아카이빙 연구소 (이해영)	국제모범기준과의 격차분석에 기반한 대통령기록관의 디지털 아카이브 발전전략	국가기록원 대통령기록관 기획수집과	2008	https://url.kr/kz67vl
서울대학교 산학협력단 (김주관)	구술기록물 종합 관리 체계 구축 방안 및 구술채록을 위한 연구	국가기록원 기록관리부 수집관리팀	2007	https://url.kr/yGTIn8
이화여자대학교 산학협력단 (정연경)	국립중앙도서관의 구술자료 수집 타당성 및 제도개선 방안 연구	국립중앙도서관 기획연수부 기획총괄과	2019	https://url.kr/fQuN6l
한국학중앙연구원 (김경일 외)	현대사 주요인물 구술생애사 수집 및 자료관 운영 (2007년도 한국학 기획사업단 정책과제 결과 보고서)	한국학중앙연구원	2007	
한국학중앙연구원 (김원 외)	현대한국구술자료관 구축 연구 (현대한국구술자료관 구축 연구 결과보고서)	한국학중앙연구원	2015	https://url.kr/UYIhMZ

제03장

현대한국구술자료관 아카이브 서비스 시스템 특성과 의의

김 선 정

1. 구술 자료 서비스 시스템의 필요성과 국내외 선행사례 분석

한국의 구술사 연구가 시작된 지 약 30년이 되었고, 기관 차원에서 본격적으로 구술자료를 수집한 지 20여년이 되었다. 정치, 사회, 문화, 예술, 스포츠, 재외한인 등 한국 사회 다양한 분야에서 적지 않은 구술자료들이 수집되었다. 그러나 구술자료 수집에만 치우쳐 그 결과물이 제대로 관리되지 않아 연구자나 일반인이 이용하기 어려웠다. 기관들의 수집 주제 정도만 알 수 있었다. 자세한 구술자명이나 구술면담 내용을 파악하기는 어려웠다.

2010년 '한국구술사네트워크'가 발족된 후 구술사 연구 기관들의 구술자료 상황을 정리한 '구술사 네트워크 공동목록집'이 발간되었다. 이 목록집 덕에 한국의 주요 구술사 연구 기관, 수집 주제와 구술자 명단 정도를 확인할 수 있게 되었다. 그러나 구술자료 대부분은 일반인에게 서비스되고 있지는 않았다. 연구자에게 열람을 허가하는 경우가 있지만 그것도 구술자료 전체가 아니라 일부만 서비스 하고 있었다. 많은 예산을 들여 수집한 구술자료가 그 빛을 보지 못하고 있는 것이다.

활발한 구술사 사업으로 많은 양의 자료들이 생산되었지만 이들 자료에 대한 관리·보존 체계가 부재하여 자료들을 활용할 수 없는 상황이었다. 또한 녹취록만 열람하는 것에 만족하지 않고 구술성을 담보하는 구술자료, 즉 구술자의 모습과 음성이 담긴 영상자료도 이용할 수 있어야 한다는 요구도 높아졌다. 구술자료 활용과 정보 공유 체계가 필요하였다. 구술자료의 정리, 관리, 서비스 체계가 형성되어 한국현대사 연구 기반과 발전 토대를 구축하여야 한다는 필요성이 제기되었다.

기술의 발달로 사회 인프라 요소들도 변화하였다. 자료의 이용도 직접 자료관에 가서 열람하는 방식을 벗어나, 인터넷이 지원되는 곳이면 시간과 장소의 구애를 받지 않고 자료를 이용할 수 있게 되었다.

본 연구단은 변화된 사회 환경과 디지털 아카이브 서비스의 필요성에 기초하여 효율적이고 체계적인 구술자료 서비스 시스템 구축을 목표로 하였다. 이를 위하여 기존의 구술자료 서비스에 대한 선행사례 연구가 필요하였다. 국내와 국외의 몇몇 기관들을 직접 방문하여 담당자들과 면담하여 자문을 구하였다. 조사 기관은 본서 제Ⅱ부 제02장 〈현대한국구술자료관 아카이브 관리시스템 특성과 의의〉에서 언급한 기관들과 동일하다.

2009년도 당시 국내에서 구술자료를 온라인으로 서비스하는 주체는 '20세기 민중생활사 연구단'[1]과 '한국문화예술위원회 아르코예술정보관(현: 한국문화예술위원회 아르코예술기록원)'[2] 두 곳이었다. 2002년에

1) 20세기 민중생활사 연구단(단장: 박현수)은 2002년부터 2008년까지 학술진흥재단으로부터 6년간 지원을 받아 한국 민중들의 생활사를 재구성하고 기록으로 남기는 '20세기민중생활사' 연구를 하였다. 이 사업으로 생산한 구술자료들은 무형문화연구원에서 보존, 서비스하고 있다. http://www.minjung20.org/

2) http://artsarchive.arko.or.kr/ 1979.5.21~2005.8.25: 한국문화예술진흥원 예술자료관, 2005.8.26~2009.12.31: 한국문화예술위원회 아르코예술정보관,

시작한 20세기민중생활사 연구단은 '20세기 민중생활사 디지털아카이브'를 구축하여 민중생활사 홈페이지를 통해 구술자료를 편집하여 서비스하였다. 그러나 현재는 무형문화연구원 아카이브에 통합되어 구술자료에 대한 간략정보와 음성파일만 서비스되고 있으며, 동영상이나 녹취록은 서비스하지 않고 있다.

한국문화예술위원회 아르코예술기록원은 2003년부터 구술자료를 체계적으로 수집하여 온라인으로 서비스하였다. 처음에는 음성과 녹취록만 서비스하다가 현재는 녹취록만 제공하고 있는 상황이다.

2009년 당시에는 구술자료를 이용하려면 이용자가 직접 기관에 찾아가야만 이용할 수 있었다. 디지털 아카이브 구축이나 온라인 서비스를 할 예산과 인력 부족, 그리고 구술자료 수집 기획 시 활용은 염두에 두지 않고 수집에만 집중하였기 때문이다.

해외 조사는 제Ⅱ부 제02장에서 언급한 미국의 구술사 연구 기관과 대학의 사례들이다. 콜롬비아 대학교 구술사 연구소(Columbia University Oral History Research Office)[3], UCLA 구술사 연구센터(UCLA Center for Oral History Reseach)[4], 캘리포니아 버클리 주립대학 지역 구술사 연구소(University of California, Berkeley Re-

2010.1.1~3.22 국립예술아카이브 설립추진위원회, 2010.3.23~2014.5.28: 국립예술자료원, 2014.5.29~2019.3.3: 한국문화예술위원회 예술자료원, 2019.3.4~2020 현재: 한국문화예술위원회 아르코예술기록원으로 공식 기관면이 변경되었다.

3) https://www.ccohr.incite.columbia.edu/ 2013년에 콜롬비아 대학교의 주요 기관인 '혁신 이론 및 경험의 학제간 연구 센터' (Interdisciplinary Center for Innovative Theory and Empirics: INCITE)와 협력하여 '콜럼비아 구술사 센터(Columbia Center for Oral History: CCOH)'로 기관명을 변경하였다.

4) http://oralhistory.library.ucla.edu/

gional Oral History Office: ROHO)[5], 미국 홀로코스트 기념관(United States Holocaust Memorial Museum)[6] 등이다.

구술사 아카이브를 일찍 시작한 미국의 경우 구술사라는 용어를 창시한 네빈스(Allen Nevins)가 설립한 콜럼비아 대학교 구술사 연구소(Columbia University Oral History Research Office)에는 2009년 필자가 방문했을 당시 디지털아카이브나 온라인 서비스 시스템은 없었고, 카네기재단의 후원을 받은 프로젝트만 온라인 서비스를 계획하고 있었다. 팔천(8000)[7]여 사례의 일백만(1,000,000)장 분량의 녹취록 등, 자료의 방대함으로 인해 디지털 아카이브와 온라인 서비스 시스템을 구축할 예산 마련에 어려움이 있었다. 수집된 자료는 마이크로 필름으로 변환되어 보존된다. 구술자료 검색은 CLIO(Columbia university Library Online Catalog)라는 도서관 통합 검색 시스템에서 가능하였다. 음성 자료 서비스는 오프라인으로 이루어지고 있었으며, 사전 신청 후 기관에서 서비스 장비와 장소를 제공 받아 이용할 수 있었다.

최근에 콜롬비아 대학교 구술사 연구소를 인터넷에서 검색해보니 10년 전 필자가 조사했던 상황보다 많이 변한 걸 알 수 있었다. 필자에게 자문을 해 준 이는 그 당시 연구소 디렉터(Drecter)였던 메리 마샬(Mary Marshall Clark, 현재 CCOH 디렉터)이었다. 그녀는 "자료관의 이상적인 기능은 아카이브, 연구, 교육의 3부분"이라며 콜롬비아구술사연구소는 이러한 부분을 더욱 확대해 나갈 것이라고 했다.

2011년 콜롬비아 대학교의 주요 기관인 '혁신 이론 및 경험의 학제간

---

5) https://www.lib.berkeley.edu/libraries/bancroft-library/oral-history-center

6) https://www.ushmm.org/

7) 2020년 콜롬비아 구술사 아카이브 사이트에는 약 10,000 건의 인터뷰 자료가 보존되고 있다고 함. 출처: https://library.columbia.edu/libraries/ccoh.html

연구 센터' (Interdisciplinary Center for Innovative Theory and Empirics: INCITE)와 협력하여 구술사 석사과정을 개설하였고, 2013년에 도서관에서 독립하여 연구와 교육을 중점으로 한 구술사 연구센터(Columbia Center for Oral History Research; CCOHR)로 확장시켜 INCITE 산하로 이전하였다. 구술자료의 관리, 보존, 서비스는 기존처럼 콜롬비아 도서관에서 담당한다. 이용방법은 기존과 같다.

연구센터로의 전환으로 3가지 목표 중 교육 대상을 확대하여 대중에게 '공공 프로그램을 제공'한다는 부분이 추가되었고 연구 부분을 생애사 연구, 주요 역사적 사건과 기억 연구로 세분화하였다. 서비스 사이트에 소개되어 있는 연구 프로젝트의 경우 프로젝트에 대한 설명과 해당 구술자의 녹취록만 서비스하고 있다.

연구센터로의 확장 후 가장 크게 느껴지는 것은 연구자들과 구술사 관련기관들을 위한 활발한 서비스이다. 다양한 프로그램의 교육을 제공하고 파트너십을 맺어 단기 워크숍 등을 협력하여 개최하기도 한다. CCOHR의 서비스 중 가장 큰 강점은 구술사 연구를 위한 다양한 안내서들을 PDF로 제작하여 무상으로 제공하고 있는 점이다. '구술사 녹취록 작성 가이드' 최신버전(2018), 중학생을 위한 교육용 교재인 '삶을 이야기한다는 것', '구술사 철학, 과정 및 평가', '구술사를 통한 갈등의 기록 및 해석', '구술사 프로젝트의 IRB(Institutional Review Board, 연구윤리심의위원회) 검토', 오디오 혹은 비디오로 인터뷰하는 과정에 대한 안내서 등이다. 이 자료에는 인터뷰 결과물 활용, 인터뷰 수행, 구술자 검독, 법적인 문제 등도 자세히 나와 있다. 이외에도 구술사 이론 및 실행에 관한 비디오 자료를 유투브(YouTube)나 아이튠즈 유(iTunes U)를 통해 제공한다.

UCLA 구술사 연구센터(UCLA Center for Oral History Reseach)는 로스앤젤레스(Los Angeles) 지역 사회의 다양한 면을 기록하는 인

터뷰 컬렉션(collection)을 가지고 있다. 2009년 당시 동영상 자료는 수집하지 않고, 음성파일만 수집하여 녹취록과 함께 서비스하고 있었다. 대부분 1인당 6-8시간 정도의 생애사 자료들이다. 이외에 기증된 구술자료 17건을 웹상에서 제공하고 있다. 웹상에서는 총 1,154건을 주제 영역별, 구술자 별로 검색할 수 있었다. 홈페이지 첫 화면에서 10여건 정도 짤막하게(10~20여 초) 구술자의 음성을 들을 수 있는 서비스를 제공하고 있고, 그 외의 자료에 대해서는 웹상에서 녹취문과 메타데이터 정보만을 제공하고 있으며, 음성 파일의 이용은 오프라인 서비스를 통하여만 가능하였다.

캘리포니아 버클리 주립대학 지역 구술사 연구소(University of California, Berkeley Regional Oral History Office, ROHO)는 캘리포니아주의 정보와 대기업 등의 프로젝트 사업을 주로 수행하였고, 이러한 연구 결과들을 자료집으로 꾸준히 발행하고 있었다. 수집 정책 중 특이 사항은 외부 연구자들이 구술사 연구 사업을 지원할 때 연구소와 함께 기획서를 작성하여 주정부와 대학 등 학술 진흥 재단이나 단체로부터 기금을 받아 연구를 수행하는 것이다. 이 경우 연구소의 연구자가 각 프로젝트 팀에 소속되어 구술 자료 생산의 전 과정을 관리하여 양질의 구술자료를 생산한다. 또한 자료에 대한 이해를 돕기 위해 구술자료 수집 기획부터 배경 등 수집 맥락에 대해 자세히 기술한다. 2009년에는 대부분 프로젝트의 경우 웹상에서 녹취문 및 음성 파일을 서비스하지 않고 일부 프로젝트만 PDF 형태의 녹취문을 제공하고 있었다. 몇몇 동영상은 저작권법과 공개 여부로 인해 10분이 넘지 않는 범위 내에서 편집하여 서비스하고 있었다.[8]

2014년에 ROHO도 지역(Region)에서 벗어나 미국 전체와 세계 인류

8) 2009년 10월 16일 Berkeley Regional Oral History Office의 Senior Editor인 Lisa Rubens와 인터뷰.

의 보편적인 주제의 기록을 수집하고 연구하는 밴크로프트 도서관 구술사 센터(Oral History Center of Bancrift Library: OHC)[9]가 되었다. 홈페이지에서는 그동안 수행해온 프로젝트와 그에 대한 설명을 제공하고 있다. 서지정보만 제공하고 자세한 녹취록은 도서관에서 직접 이용하여야 한다.

버클리 구술사 센터의 가장 유명한 프로그램은 약 1주 동안 개최되는 여름 구술사 전문 교육(Advanced Oral History Institute)이다. 이 과정은 2002년에 시작하여 약 500명이 참여하였다. 그밖에 학부 연구견습, 인턴쉽, 지역사회봉사자 등을 위한 프로그램을 개설하여 다양한 사람들이 직접 참여하여 구술사에 대해 연구하고 배우는 기회를 제공한다.

버클리 구술사 센터의 눈여겨 볼 점은 인터뷰 자료의 활용이다. 그동안 수집한 다양한 주제의 컬렉션의 면담자료를 편집하여 관심 주제에 관한 콘텐츠를 제작하여 서비스한다. 연구자 두 명이 주제에 대해 편집된 구술자료를 활용하여 토론하는 콘텐츠를 제작하여 팟캐스트를 통해 서비스하고 있다. 소셜미디어를 적극 활용하여 매체의 성격에 맞게 뉴스와 이벤트, 구술자료들을 서비스하고 있다. 블로그는 일주일에 2, 3회 구술사 관련 글을 게시하고 뉴스레터는 한 달에 한 번씩 지속적으로 발행하여 구술사에 대한 대중의 인식을 환기시킨다.

디지털 아카이빙과 서비스가 가장 잘 되어있는 홀로코스트 기념관(United States Holocaust Memorial Museum)은 웹사이트에서 구술 증언을 편집하여 부분적으로 동영상 및 자막을 서비스하고 있다. 2009년 당시 직접 방문하면 오프라인 이용은 물론이고, 관내 컴퓨터를

9) 밴크로프트 도서관(Bancroft Library)은 버클리 캘리포니아 대학교의 주요 특별 소장 도서관이다. 밴크로프는 미국에서 가장 크고 많이 사용되는 원고, 희귀 서적 및 독특한 자료를 소장하고 있는 도서관 중 하나이다. 출처: https://www.lib.berkeley.edu/libraries/bancroft-library/about.

통해 디지털 아카이브에 접속하여 동영상 자료를 포함한 해당자료 전체를 이용할 수 있었다. 또한 International Database of Oral History Testimonies 기관 목록 검색 시스템을 통해 홀로코스트 관련 구술자료를 소장하고 있는 약 140여 개 관련기관의 목록을 기관명, 피해 지역별로 구분하여 제공하고 있었다.

홀로코스트 기념관 내에서는 USC의 Shoah 디지털 아카이브를 서비스하고 있었다. Shoah 디지털 아카이브는 5만 5천 건의 구술자료를 관리, 서비스하고 있다. 그러나 홈페이지에서는 서비스되지 않아 생산기관인 USC나 홀로코스트 기념관 내에서만 이용이 가능하다. Shoah 프로그램의 가장 큰 장점은 구술 내용을 세그먼트(segment)로 구분하여 서비스하고 있는 점이다. 이러한 것은 이용자가 구술자의 전체 구술내용을 일일이 들을 필요 없이 관심 있는 구술내용만 선택하여 청취할 수 있게 함으로써 구술자료의 활용도를 높인 것이다.

또한 구술자료 가운데 녹취록이나 동영상이 없는 자료도 있었는데 이 경우 자료화를 위한 기금을 모으고 있다는 안내가 게시되어 있었다. 다양한 분류와 주제가 제시되어 자료 검색이 용이하였다. 구술자의 언어, 거주 지역, 시대, 성별, 관련 주제어가 매우 다양하여 자료 검색 시 결과의 신뢰도가 매우 높았다. 그 밖에 전자지도, 가이드, 동영상 강의, 주제어, 검색 시스템 등 웹 서비스 수준도 그동안 조사했던 어느 기관보다 잘 구축되어 있어 현대한국구술자료관의 서비스 시스템의 좋은 모델이 되었다.

최근 홀로코스트 기념관의 홈페이지의 서비스에 대해 검토하였다. 연구센터의 확대와 강화가 눈에 띄었다. 일반인, 대학생, 대학원 석사, 박사, 교수 등 다양한 계층의 사람들을 위한 다양한 프로그램을 제공하고, 재정 지원을 포함한 워크숍 참가, 연구, 출판에 대한 지원도 대폭 강화되었다. 이러한 프로그램들 중 필자의 눈을 끈 것은 '디지털 인문학 워크숍'이었다. 역사, 정치학, 문학, 유태인 연구, 컴퓨터 과학, 심리학, 사회학, 지리학 및 기타 학문을 포함한 모든 학문 분야에서 연구 및 교육을 위해 첨단 기술을 사용하는 학생들을 위한 응용 프로그램이다.

홀로코스트 온라인 기념관은 역시 최고의 방법으로 자료를 서비스하고 있었다. 연구센터의 디지털 인문학 연구자들의 연구 결과라 여겨진다. 디지털 시대에 맞게 자료들의 접근 포인트를 다양하게 설정하여 한 개의 자료가 여러 개의 주제와 연관되어 다양한 콘텐츠를 구성하는 방식이다. 아날로그 분류에 익숙한 이용자들은 처음에 당황할 수 있으나 자료의 활용 측면으로는 훨씬 다양하고 많은 의미를 창출할 수 있는 점에서는 고무적이다.

홈페이지의 각 코너들은 더욱 심화되고 주제별로 세분화되어 이용자들의 연령이나 상황에 적합한 수많은 정보들을 제공한다. 홀로코스트 기념관의 설립 목적인 '홀로코스트와 같은 잔학 행위가 다시는 일어나지 않도록 시민을 교육하고 의식을 고무시키는 것'에 충실하게 방대한 양의 자료를 사용자 입장 – 배우거나, 가르치거나, 기초, 심화, 연령 등 – 에서 자료를 분류하여 서비스한다.

현대한국구술자료관 서비스 시스템은 구술자료 서비스에 대한 국내외 상황을 조사하여 한계를 보완하고 장점을 더욱 개선하여 진일보한 서비스체계를 구축하였다. 그리고 더 나아가 최근 검토한 국외 사례들이 시사하는 바를 반영하여 구술자료만을 서비스하는 차원을 넘어 구술사 연구와 교육 그리고 대중화를 위한 다 각도의 서비스를 고려하고 있다.

2. 중장기 발전계획 수립과 구축 과정

현대한국구술자료관 구축사업의 목표 중 하나가 구술자료를 일반인에게 서비스하는 것이다. 이를 위해 기술의 급속한 변화와 이용자들의 요구, 예산을 고려하여 10년의 계획을 수립하였다. 서비스 시스템 구축, 서비스 대상, 이용자 범위, 홍보 및 활성화 4개의 항목을 구성하여 각 단계별로 계획하였다. 단계별 시기를 구분하여 구축 1, 2단계, 정착단계, 확대단계 총 4단계를 계획하였다. 1, 2, 3단계는 3년, 3년, 4년으로 총 10년의 사업 기간 내에 달성할 것을 계획하였고 4단계는 확대단계로 사업 종료 후를 고려한 것이었다.

시스템 구축 첫 1단계에서 구술자 목록을 기준으로 열람하는 서비스 방식을 채택하여 구술자료 개요, 구술자 정보 및 동영상을 포함한 녹취록 자막, 상세목록 등을 서비스하고, 기본적인 검색 기능 등을 구축하였다. 첫 단계부터 자료에 대한 이해를 높이기 위해 다양한 자료들을 서비스할 것을 계획하였다.

2, 3단계는 검색기능을 강화하여 검색엔진이나 text/마이닝 기반의 검색기능을 개발하여 구축하려고 계획하였다. 그러나 이 부분은 2단계 예산 축소로 실현하지 못하였다. 향후 구술자료 특성을 반영한 검색 프

〈그림 1〉 온라인 서비스 단계별 구축 내용

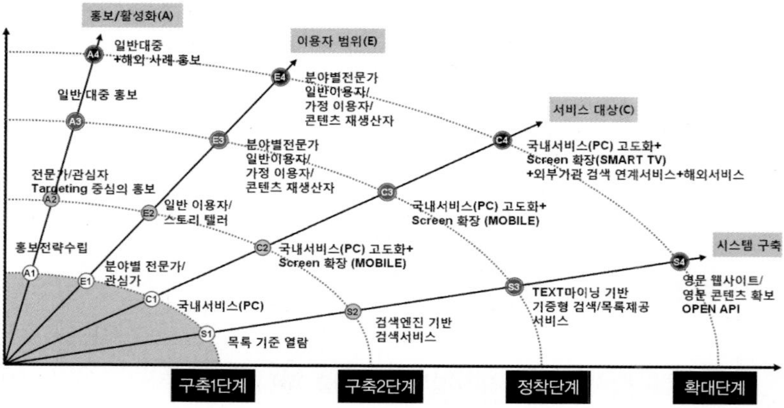

로그램을 개발할 필요가 있다. 2, 3단계는 주로 시스템 고도화와 안전성을 위해 노후화된 서버와 스토리지 교체와 백업체계 구축을 주 사업으로 진행하였다.

서비스 대상은 2단계부터 구술자료를 모바일에서 이용 가능할 수 있도록 확장하고 외부기관 검색 프로그램과 연계하여 서비스할 것을 계획하였으나 이 부분 역시 예산의 축소로 실현하지 못하였다. 향후 과제로 남게 되었다.

이용자 범위는 초기에는 학계, 연구자, 각 기관의 구술자료 수집 관리 담당자들 중심에서 향후 국내 구술사 연구와 수집 관련 기관은 물론이고 일반인들까지 확대를 염두에 두었다.[10] 홍보활성화는 이용자 범위의 확대를 위한 활동과 연계하여 진행하였다.

3. 현대한국구술자료관 서비스 시스템 구축 방향과 목표[11]

1) 풍부한 내용과 편리한 이용

현대한국구술자료관 온라인 서비스는 기존의 타 기관의 구술자료 서비스와는 달리 구술면담 동영상 전체를 녹취록 형식의 자막과 함께 제공함으로 풍부한 구술자료서비스를 목표로 하였다. 구술자의 삶이 담긴 구술자료는 전체의 맥락이 중요하기 때문에 편집하면 잘못 오해되거나

---

10) 신문 기사와 텔레비전 다큐멘터리 제작 시, 기자와 작가들이 현대한국구술자료관 온라인 서비스를 통하여 자료를 검색하고 이를 이용하여 결과물을 산출하기도 했다. 또한 현대한국구술자료관 구축 이후 역사학, 사회학, 인류학, 기록학 등의 논문에서 연구 대상, 혹은 자료 인용으로 꾸준히 활용되고 있다.

11) 3, 4장은 현대한국연구소, 「2011년 현대한국구술자료관온라인시스템 구축사업 제안요청서」, 한국학중앙연구원, 2011한국무역정보통신, 「2011년 현대한국구술자료관온라인시스템 구축사업 완료보고」, 2012.를 기초로 작성하였다.

일부만 강조될 수 있는 우려가 있다. 이러한 맥락에서 구술면담 전체가 서비스되어야 하고, 이를 보완하는 다양한 자료도 함께 서비스되어야 한다.

이러한 취지하에 현대한국구술자료관은 2020년 기준 정당정치, 경제외교, 한국사와 군, 민주화와 종교, 건국60주년, 원폭의 기억 총 6개 주제, 350여명의 구술자, 2000여 시간의 구술면담에 대한 동영상, 녹취록 자막, 구술자료 개요, 구술자 정보, 면담자 정보, 상세목록 전체를 서비스하고 있다.

특히 이용자들의 구술자료에 대한 이해를 돕기 위해 구술자료 기본정보 이외에도 과제개요, 구술내용, 상세목록들을 서비스하고, 관심 부분만 청취할 수 있도록 기능을 개발하는 등 이용자 편의를 제고하였다. 상세목록은 구술면담 동영상 전체를 시청하지 않아도 전체 내용이 상세히 목록화 되어있는 자료이다. 상세목록 중 이용자가 관심이 있는 부분을 클릭하면 별도로 그 부분만 동영상과 연계되어 이용할 수 있다.

이러한 부분은 음성자료를 xml파일로 제작된 녹취록과 연계 서비스하여 구술자료에 대한 이해를 제고하는 UCLA 구술사연구센터의 서비스 사례와 구술자료를 세그먼트 별로 시청할 수 있게 하여 이용자의 편리성을 도모한 홀로코스트 뮤지엄의 쇼아프로그램의 사례에서 일 진보한 것이다.

이 밖에 다양한 브라우저에서도 이용할 수 있도록 구축하였고, 특히 브라우저 버전의 향상 및 운영체계의 변화 등 이용환경의 변화에도 지속적인 열람성을 보장할 수 있도록 설계하였다.

2) 안정적이고 효율적인 서비스

온라인 서비스 시스템 구축 시 가장 중요한 점은 시스템의 안정성과 보안이다. 현대한국구술자료관 온라인 서비스 시스템은 관리시스템과 연결하여 자료를 관리시스템의 데이터베이스(Database: DB)에서 직접 불러와서 서비스하는 방식으로 구현하였다. 이는 서비스 시스템의 에러 등의 요인으로 웹사이트가 손상되거나 하는 등 유사시 빠른 복구를 위한 기반을 제공한다. 또한 관리자 페이지를 한국학중앙연구원 네트워크 방화벽 내에서만 접속할 수 있도록 하여 자료 서비스의 안전과 보안에 중점을 두었다.

관리시스템과의 DB연동을 통하여 서비스 대상 자료를 직접 불러올 수 있는 구조로 구성한 것은 이중적인 자료 등록 및 자료 등록 준비 작업(엑셀정리 및 검증)이 필요 없도록 하여 서비스와 관리의 효율성을 제고한 것이다. 또한 보안기능이 포함된 VOD 솔루션을 도입하여 불법복제 등을 할 수 없도록 구축하였다.

〈그림 2〉 현대한국구술자료관 관리시스템 & 서비스 시스템 구성도

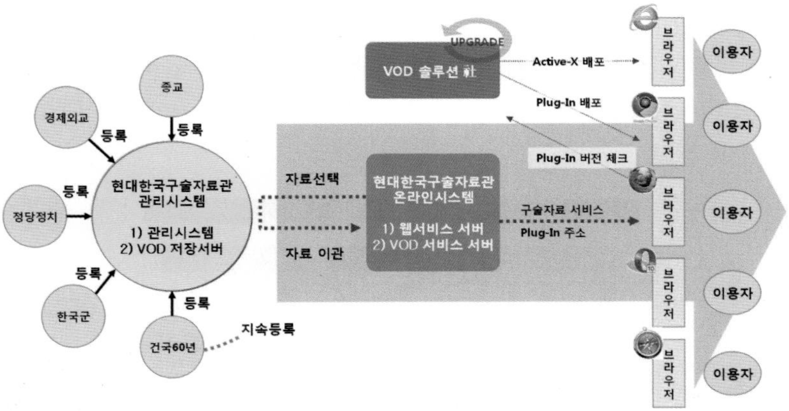

4. 현대한국구술자료관 서비스 시스템 구축 특성과 내용

1) 전체 시스템 구성

현대한국구술자료관 온라인 서비스 시스템의 설계는 다음과 같은 목표로 구성되었다.

첫째, 구술자료는 연구자, 기관 등을 비롯하여 한국 근현대사에 관심을 갖고 있는 일반 대중에게까지 서비스되어야 한다. 또한 구술자료관 관리자들이 구술자료를 효율적으로 관리하고, 아카이빙 된 자료를 활용하여 새로운 콘텐츠를 개발하여 서비스 할 수 있어야 한다.

둘째, 이용자 중심의 서비스 시스템을 구축한다. 일반 이용자들이 다양하고 흥미로운 구술자료 콘텐츠를 활용할 수 있도록 다양한 서비스를 기획하고 개발하여야 한다.

셋째, 효율적인 관리와 활용, 안전과 보안을 위해 서비스 시스템은 관리시스템과 별도로 구축한 후, 관리시스템과 연계하여 자료를 서비스한다.

이러한 원칙하에 목표시스템 전체 구성을 〈그림 3〉과 같이 완성하였다.

〈그림 3〉 목표시스템 구성도

2) 서비스 시스템 기능별 구성

서비스 시스템은 관리 기능과 이용자 기능으로 나누어 구성하였다.

(1) 관리 기능

관리 기능은 온라인 서비스 웹사이트를 운영하기 위한 기능이다. 관리자 로그인, 자료관리, 게시물관리, 관리자관리, 회원관리 메뉴로 구성되어 있으며, 각 메뉴별로 관리자가 별도로 운영할 수 있다. 구체적 기능은 〈표 1〉과 같다.

〈표 1〉 관리기능 화면 예시

구분	내용
로그인	최초 접속 시 로그인
자료관리	관리시스템 자료 불러오기 기능 서비스 시스템 자료 관리 기능
게시물관리	공지사항, 보도자료, FAQ 관리 기능
관리자관리	관리자 목록, 등록, 권한등록 기능
회원관리	회원관리, 회원등록 기능

① **자료 관리**

자료 관리 기능은 구술자료 관리시스템의 자료와 서비스 시스템의 자료를 열람하고, 구술자료를 서비스하거나 중지할 수 있는 기능이다. 서비스할 자료를 관리시스템의 DB에서 선택하여 자료를 불러와서 제공한다. 자료를 등록하는 방식이 아니라 관리시스템의 구술자료를 직접 끌어오는(pull) 구조로 구현되어, 별도의 자료 입력을 위한 절차 없이 즉시 관련 자료를 불어와서 사용할 수 있다. 구체적인 화면은 〈그림 4〉와 같다.

〈그림 4〉 온라인 서비스 시스템 자료 관리 화면

② **게시물 관리**

게시물 관리는 공지사항, 보도자료, FAQ, 웹진, 자료실, 구술자료소개, 메인 팝업으로 구성되어 있다. 각 게시물관리는 등록, 수정, 삭제 기능으로 구성되고, 각 목록 열람 중 우측의 수정 버튼을 클릭하여 바로 수정 가능하도록 설계하였다.

공지사항 및 보도자료 게시 기능은 에디터를 이용하여 작성할 수 있으며, TEXT 게시물 뿐 아니라 첨부파일과 링크 등의 등록이 가능하며, 필요 시 TEXT의 색상 및 크기 등을 조정하여 등록할 수 있도록 설계하였다.

〈그림 5〉 게시물 관리 중 공지사항 화면

③ 관리자 관리 기능

개인정보보호를 위하여 최소한의 기준범위 내에서 관리자 정보를 저장하도록 설계하였다. 최고 관리자가 '관리자 관리' 메뉴에서 관리자를 등록하고 권한을 부여하면, 관리자관리, 회원관리, 자료관리, 게시물관리 등 메뉴별 접근 권한이 구분된다.

〈그림 6〉 관리자 관리 목록 화면

④ 회원관리 기능

회원의 개인정보보호를 위하여 ID, 가입일 이외 개인정보는 저장하지 않는다. 별도 ID를 발급하지 않고 회원 개인의 이메일(e-mail)을 ID로 한다. 가입 시 등록한 이메일을 통한 자가 인증방식으로 가입할 수 있다. 회원의 비밀번호는 암호화로 저장되어 열람할 수 없으며 재 발송만 가능하다. 만약 암호화된 비밀번호가 노출될 경우, 해당 비밀번호는 로그인에 사용할 수 없도록 설계하였다.

〈그림 7〉 회원정보 열람 화면

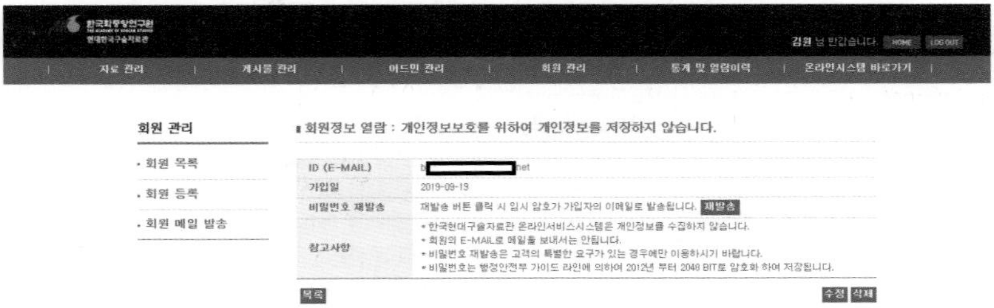

(2) 이용자 기능

이용자 기능의 메뉴는 현대한국구술사 연구사업의 성격을 고려하여 별도의 메뉴로 설계하였다. 디렉토리 분류, 콘텐츠 색인, 콘텐츠 목차 등의 메뉴가 이용자 중심으로 구축되었다.

〈표 2〉 이용자 기능 메뉴

구분	내용
로그인	최초 접속 시 로그인
메인화면	단순 메인화면이 아닌 첫 화면부터 자료 선택을 할 수 있는 기능을 갖춘 화면
전체 구술자료	서비스하는 전체 구술자료 목록을 가장 빨리 볼 수 있도록 만든 메뉴
구술테마 컬렉션	주제별 구술자료를 열람할 수 있도록 만든 메뉴
정보창고	공지사항, 보도자료, FAQ, 웹진자료실, 구술자료소개, 관련기관 등 구술사관련 다양한 정보를 제공
현대한국구술자료관 소개	사업소개, 연구목표, 연구내용과 과정 등 현대한국구술사연구 사업 관련 소개

〈그림 8〉 이용자 시스템 메뉴 구성도

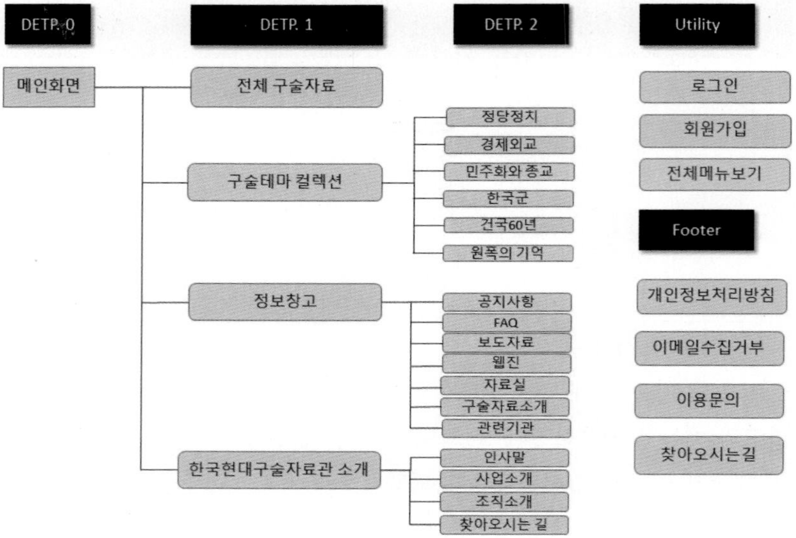

이용자가 시스템 열람 중 오른 쪽 상단의 '전체메뉴보기' 버튼을 클릭하면 페이지의 이동 없이 전체 메뉴를 열람할 수 있도록 이용자 편의를 중심으로 설계하였다.

〈그림 9〉 전체 메뉴 화면

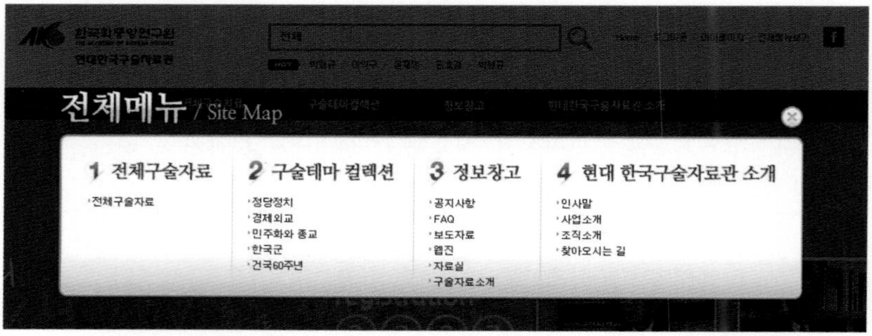

① **메인 화면**

현대한국구술자료관 홈페이지에 접속하는 즉시 구술자료를 바로 이용할 수 있도록 메인페이지를 자료 선택 페이지로 구현하였다. 메인화면의 디자인은 2차에 걸쳐 제작하였다. 1차 화면이 어둡고 육중하다는 이용자들의 의견을 수렴하여 좀 더 가볍고 화사한 톤으로 색상과 디자인을 수정하였고 1차에 비해 더욱 많은 구술자료를 즉시 이용할 수 있게 설계하였다.

〈그림 10〉 이용자 시스템 메인화면(1차)

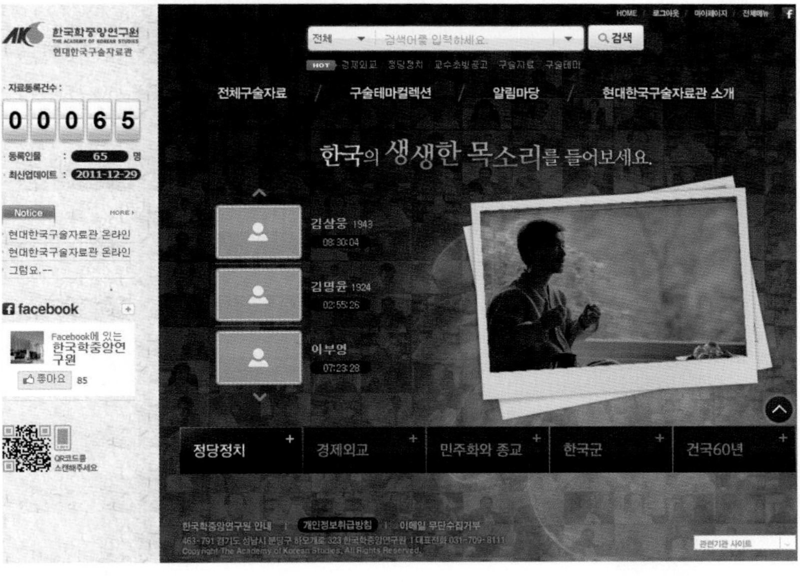

〈그림 11〉 이용자 시스템 메인화면(2차)

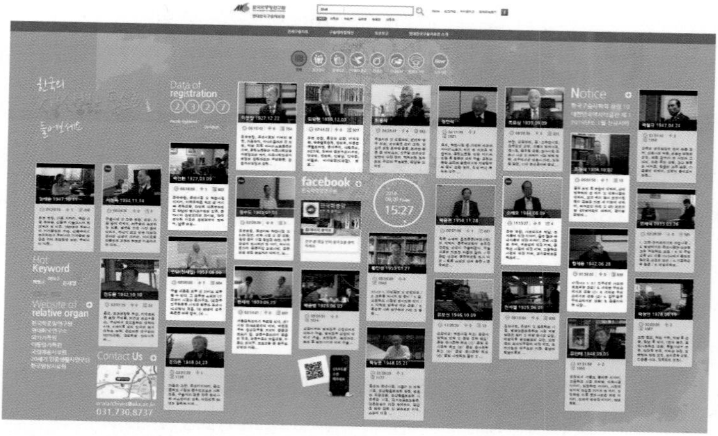

② 전체 구술자료 메뉴 화면

분류형 열람 방식에 익숙한 이용자들이 구술자료를 쉽게 열람할 수 있도록 전체 구술자료를 한 번에 볼 수 있는 화면으로 설계하였다. 컬렉션별로 구술자 명을 가나다순으로 정렬하였다. 또한 반응형으로 설계하여 이용자의 단말기 화면 크기에 맞게 자동으로 콘텐츠를 배치하여 UI (User Interface)를 최적화 하였다.

〈그림 12〉 전체 구술자료 메뉴 화면

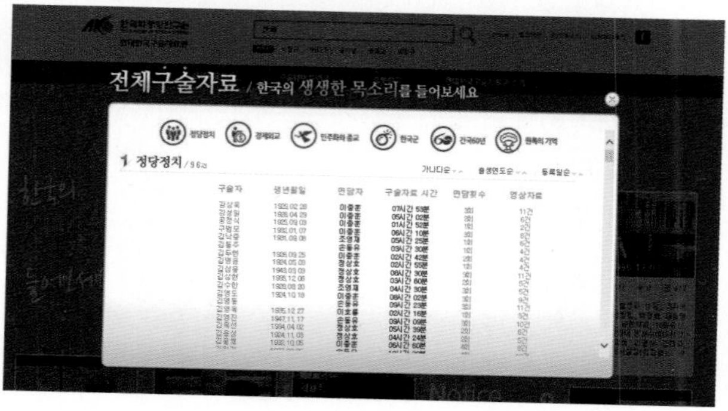

③ 구술테마 컬렉션 화면

현대한국구술자료관 서비스 시스템은 명지대학교, 한국외국어대학교, 서울대학교, 한신대학교 총 4개 수집단의 정당정치, 경제외교, 한국사와 군, 민주화와 종교, 4개의 주제와 자료관에서 천안 KYC의 구술자료 자료화 사업을 지원하여 제작한 '원폭의 기억', 그리고 2008년 건국 60주년을 맞아 한국학중앙연구원 현대한국연구소에서 수집한 '건국 60주년' 총 6개의 컬렉션으로 구성되었다.

온라인 서비스 시스템은 이들 자료의 특성을 고려하여 주제별로 구술자료를 서비스하고 있다. 이용자들이 관심 주제로 바로 접근할 수 있도록 설계하여 이용 편의를 도모하였다.

〈그림 13〉 구술테마 컬렉션 화면

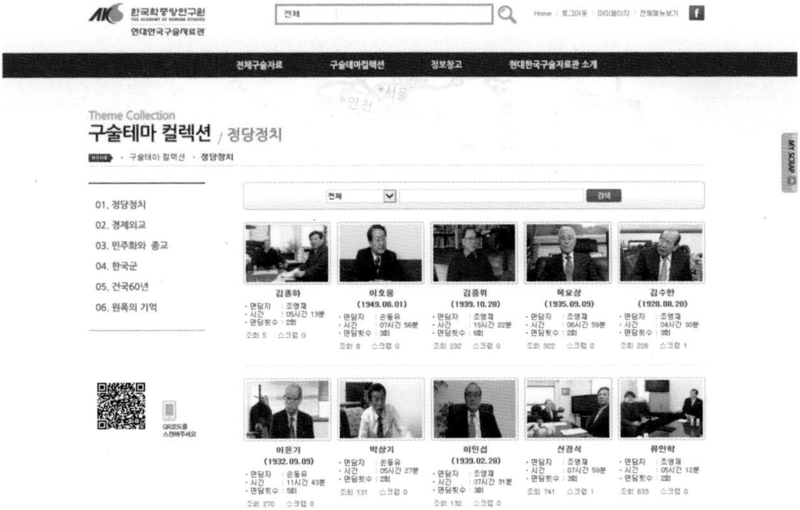

④ **구술자료 열람 화면**

본 시스템의 가장 큰 특징은 서비스되는 구술자료 동영상과 자막을 연동한 것이다. 자막의 표현은 녹취록 형태이며, 동영상 창 하단에 박스를 설치하여 전문을 제공한다. 구술자의 구술이 진행되면 연동된 자막의 색이 진해지면서 구술의 내용을 명확히 알려 준다. 더 나아가 이용자가 원하는 부분을 찾을 수 있도록 자막 박스 오른편에 스크롤 기능을 구현하여 시청하고 싶은 부분의 자막을 클릭하면 해당 부분의 동영상과 연동하여 서비스한다.

또한 구술자료의 이해를 높이기 위해 과제개요, 구술내용, 구술자 정보, 면담자 정보를 제공하고 상세목록을 제공하여 구술자료 전체를 시청하지 않아도 중요한 내용을 파악할 수 있도록 서비스하고 있다. 상세목록의 소제목만 클릭하여도 해당 동영상과 연동되어 이용자가 편리하게 구술자료를 이용할 수 있도록 구축하였다.

〈그림 14〉 구술자료 열람화면

⑤ 정보창고와 현대한국구술자료관 소개 화면

1단계에서는 알림마당 메뉴에 공지사항과 FAQ 항목만 개설하였으나 이후 이용자들에게 보다 많은 정보를 제공하기 위해 보도자료, 웹진, 자료실, 구술자료소개, 관련기관 등의 항목들을 추가 확대하여 정보창고로 개편하였다.

공지사항에는 현대한국구술자료관의 공지 뿐 아니라, 구술사와 관련된 학계 소식, 학술대회, 기관 동향 등을 소개하고, 보도자료는 자료관의 홍보를 목적으로 언론에 보도된 사례들을 게시하고 있다.

웹진 란은 자료관이 1년 4회 발행하는 웹진을 수록하여 자료관의 행사와 중요자료 소개 등, 자료관 홍보와 자료 활용의 제고를 위한 정보들을 제공하고 있다.

자료실은 자료관의 다양한 자료, '구술자료 표준화 지침 및 자료화 과정 안내', '현대한국구술자료관 구술자료 상세목록집', '한국구술사네트워크 구술자료 목록집' 등 유용한 자료를 서비스하고 있다.

구술자료소개란은 자료관이 서비스하고 있는 구술자료 중 일부 자료를 소개하는 메뉴로 자료에 대한 이해를 제고하는 데 유용한 보고이다. 그밖에 구술사 연구 및 구술자료 수집 관련 기관들과 웹사이트를 소개하여 이용자들이 관심 자료들을 보다 쉽게 찾을 수 있는 징검다리 역할을 하고 있다.

'현대한국구술사연구사업'을 소개함으로 구술자료에 대한 맥락적 이해를 도모하였다. 총 5개 연구단의 역할과 구성, 연구 목표, 내용과 수집 과정에 대한 설명은 현대한국구술자료관에서 서비스하고 있는 구술자료의 배경과 제반 정보를 제공함으로 구술자료에 대한 이해를 제고한다.

〈그림 15〉 정보창고 중 공지사항 화면

〈그림 16〉 현대한국구술자료관 사업소개 화면

⑥ 마이페이지 화면

웹사이트의 기본적인 구성 중 하나로 개인정보 수정 등을 할 수 있는 기능이다. 자료관에서는 ID와 비밀번호만 개인정보로 수집하고 있다. 여기에 등록된 개인정보 중 비밀번호는 암호화되어 열람할 수 없다.

〈그림 17〉 마이페이지 화면

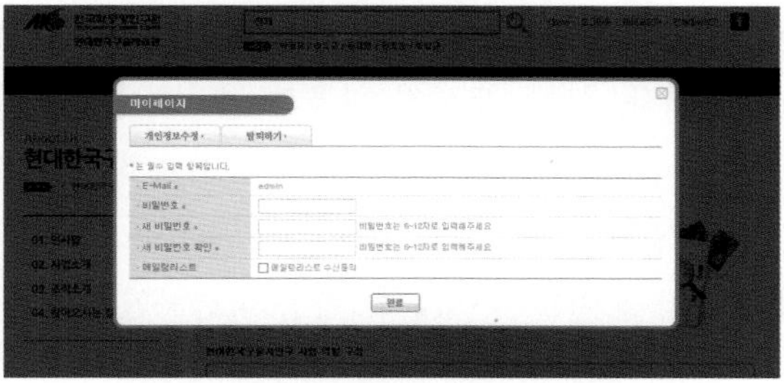

⑦ 마이스크랩 화면

이용자가 자신이 관심있는 구술자료를 직접 스크랩할 수 있는 기능을 구현하여 자신이 이용한 구술자료 관리의 편의 기능을 제공하였다.

〈그림 18〉 마이스크랩 화면

5. 현대한국구술자료관 서비스 시스템 구축 성과와 의의

1) 한국근현대사 발전과 역사의 민주화 기반 구축

현대한국구술자료관 구술자료 서비스는 기존의 구술사 관련 기관들이 구술자료 일부를 서비스하거나, 이용 대상을 연구자들에게만 국한했던 것과는 달리 구술자료 전체를 연구자는 물론이고 일반인에게까지 서비스하여 연구의 편의를 제공하고 일반 시민의 참여를 이끌었다.

학문적으로는 역사, 사회, 문화적 기록의 결락을 보완하고 맥락적 깊이를 더한 풍부한 자료를 집대성하여 한국 근현대사 발전의 토대를 구축하였고, 더불어 일반 시민이 쉽고 재미있게 자료를 이용할 수 있게 함으로 역사의 민주화를 이룰 수 있는 기반을 마련하였다.

2) 구술자료 이해 제고와 이용자 중심의 서비스 시스템 보급

자료관의 구술자료 서비스는 기본 정보만 서비스하는 것이 아니라 연구 사업 소개와 연구 목표, 내용과 과정, 과제개요, 구술자정보, 면담자정보, 상세내용 등을 제공함으로 이용자들이 구술자료에 대한 충분한 이해를 제고하는데 중점을 두었다. 또한 구술면담 동영상과 녹취록 자막을 연계 서비스함으로 자세한 구술 면담 내용을 제공할 뿐 아니라 구술자료의 특성인 구술성을 담보한 서비스를 구현하였다.

서비스 시스템의 이러한 이용자 중심의 기능 개발은 국·내외 최초의 것으로 타 기관의 구술자료 서비스 시스템의 모델이 되었다. 대표적인 기관으로 2016년 구축한 국회기록보존소 구술자료 서비스 시스템도 현대한국구술자료관 모델을 따르고 있다.

3) 상생을 위한 서비스로 구술사네트워크 강화

서비스 시스템의 알림마당을 정보창고로 확대 개편하여 학계와 관련기관 및 개인 연구자들에게 다양한 자료들을 제공하고 있다. 19종의 구술자료 서식과 예시를 포함한 160여 쪽 분량의 다양한 구술자료 제작을 위한 실질적 길라잡이인 '구술자료 제작 표준화 지침 및 자료화 안내', 자료관이 보유하고 있는 전체 구술자료의 구체적 내용인 담긴 '상세목록집'을 제공하고, 자료관의 구술사 관련 기사와 자료를 보도하는 '웹진'을 게제하고, 타기관의 구술사 연구 및 자료수집을 소개하고, 구술사 관련 보도자료 등을 서비스하고 있다.

이러한 자료들은 구술사 연구와 사업 수행 시 담당자들에게 매우 도움이 된다. 특히 '구술자료 제작 표준화 지침과 자료화 안내'는 국내 대다수의 구술사 관련 기관이 이를 수용하여 실행하고 있다. 이러한 구술사 네트워크의 발전을 위한 서비스로 현대한국구술자료관은 대한민국 구술사 네트워크 강화와 구술사 연구, 아카이브와 서비스 발전에 큰 기여를 하였다고 할 수 있다.

현대한국구술자료관의 서비스 시스템 구축으로 구술자료의 질적 축적이 제고되었고, 연구자는 물론이고 일반 시민들을 고려한 이용자 편리 중심의 기능을 구축하여 구술사의 저변 확대를 도모하였다. 이는 역사의 민주화 기반을 구축하였다고 평가할 수 있다. 또한 다양한 정보를 제공하는 등 교류 협력을 통하여 현대한국구술자료관이 구술사 종합 센터로서 면모를 갖출 수 있게 되었다.

부록: 구술 자료 서비스와 활용 관련 참고 기관 및 문헌[12)]

학술논문

저자	제목	저널명	발행년	권	호
강규형, 김은영	구술기록의 보존과 활용을 위한 정리방안 연구	아시아문화연구	2012	25	–
권미현	강제동원 구술자료의 관리와 활용: 일제강점하강제동원피해진상규명위원회 소장 구술자료를 중심으로	기록학연구	2007	–	16
권태경	한국현대사 수업에서 지역 구술 자료의 활용: 지역의 민주화운동을 중심으로	기전문화연구	2019	40	2
김성진	구술사 방법을 활용한 교수·학습 방안	역사와 역사교육	2013	25	–
김송희	생애사를 접목한 노인 미술교육 프로그램 사례 연구	한국구술사학회 학술대회	2019	–	–
김영미	구술사와 연극, '마을'에서 만나다 – K대학에서 진행한 역사(구술사)·연극 융합수업의 경험 분석	구술사연구	2018	9	1
김영미	독립운동가의 가족 이야기와 트라우마의 재현: K대학교에서 진행한 구술사·연극 융합수업의 경험 분석 (Ⅱ)	구술사연구	2018	9	2
김옥주	한국 현대 의학사 연구에서 구술사의 적용	醫史學	2013	22	2
김주연	인문,사회과학편: 무도사(武道史)에서 구술자료의 활용	한국체육학회지	2008	47	4

12) 작성: 성용준(현대한국구술자료관 연구보조원)
2000년 이후 자료만을 수록하였음

저자	제목	저널명	발행년	권	호
김호연, 엄찬호	구술사(oral history)를 활용한 인문치료의 모색- 기억, 트라우마, 그리고 역사치료 -	인문과학연구	2010	0	24
류방란	구술사 연구의 방법과 활용	한국교육	1998	25	2
박재형	무형문화유산의 현지연구와 구술생애사 활용: 서울시 마들농요	한국구술사학회 학술대회	2017	2017	11
박종구	研究論文(연구논문): 구술사 방법론을 활용한 청소년의 여가활동이 주는 학교폭력 예방의 효과분석	관광학연구	2015	39	4
배은희	지역 구술기록의 생산과 관리 현황 및 개선방안	한국기록관리학회지	2018	18	2
백미숙	한국방송사 연구에서 구술사 방법론의 사용과 사료 활용에 관하여	韓國 言論學報	2009	53	5
위경혜	일상사로서 극장 문화의 구술 자료 활용 모색	한국구술사학회 학술대회	2019	-	06
유철인	연구논문: 구술생애사를 텍스트로 만들기: 제주해녀 고이화의 두 가지 텍스트 비교	韓國文化人類學	2011	44	2
윤택림	지방지(地方誌)와 구술사 : 경기남부 지방지를 중심으로	구술사연구	2012	3	2
윤택림	기관구술채록의 진단과 과제 : 국사편찬위원회 구술채록사업을 중심으로	구술사연구	2015	6	1
이양구	연극 에서 기지촌 여성들의 생애사(生涯史) 구술 자료의 활용	구술사연구	2013	4	2
이용기	'새로운 민중사'의 모색과 구술사 방법론의 활용	역사문화연구	2010	37	-

저자	제목	저널명	발행년	권	호
이재성, 이종구	노동아카이브의 형성과 발전방향 모색- 성공회대 노동사연구소의 '참여형 아카이브' 시도를 중심으로	기록학연구	2014	41	-
이재수	불교 구술 아카이브 구축과 활용	전자불전	2018	20	-
이호신	구술자료의 저작권 문제에 관한 연구	구술사연구	2010	1	-
임영상, 서소리	용인학과 스토리텔링	인문콘텐츠	2015	-	36
정형균	구술사를 통한 스포츠 영화의 팩션분석 : '우리 생애 최고의 순간'을 중심으로	한국체육학회지	2010	49	6
정혜경	자료연구: 구술사 -기록에서 역사로-	한일민족문제연구	2015	28	-
조선미	스포츠 구술사 기록물의 메타데이터를 활용한 DB 구축 기초연구	예술인문사회융합멀티미디어 논문지	2018	8	9
조영주	여성 구술사 연구와 분과학문의 만남	여성학논집	2013	30	1
조정아	특집논문: 구술자료를 활용한 북한 도시연구 이론적 자원과 방법	북한학연구	2012	8	2
차주영	근대병원의 디지털콘텐츠화 과정 연구	인문콘텐츠	2009	0	16
천호준	메가 스포츠이벤트에 대한 사회적 기억의 기록화	체육사학회지	2015	20	1
최순희	라디오 다큐멘터리 프로그램 연구	한국콘텐츠학회 논문지	2018	18	12

저자	제목	저널명	발행년	권	호
최해리	무용구술채록문의 분석과 해석을 통한 한국근현대무용사 서술의 한계 극복	무용역사기록학	2014	35	–
최해리	무용구술사의 창의적인 활용 방안 모색: 20세기 한국춤문화사 관련 도식 제작을 중심으로	무용역사기록학	2018	51	–

학위 논문

저자	제목	발행년	발행처	소재지
강덕남	초등 사회과 현대사 학습에서의 구술사 프로젝트 활용 방안	2007	한국교원대학교 교육대학원	청원군
김광미	여성구술기록의 콘텐츠 구축방안 연구	2013	신라대학교	부산
김성진	구술사 방법을 활용한 교수·학습 방안	2013	공주대학교 교육대학원	공주
김용석	역사과 수업에서 구술사 활용 방안 연구	2015	서울시립대학교 교육대학원	서울
문동원	구술기록의 Digital화에 따른 활용 및 서비스에 관한 연구	2009	중부대학교 대학원	금산
문명준	구술기록의 온라인서비스 평가에 관한 연구	2017	부산대학교 대학원	부산
박경석	5·18 민주화운동 기록의 정보서비스 연구	2008	목포대학교 대학원	무안
박영기	口述 資料를 活用한 歷史 授業 方案	2010	경희대학교 교육대학원	서울
송하늘	구술사를 활용한 6·25전쟁 수업 방안 연구	2015	서강대학교 교육대학원	서울
신종태	구술사를 활용한 통일교사 연구	2009	청심신학대학원 대학교	서울

저자	제목	발행년	발행처	소재지
이고운	새터민 구술사를 통한 통일교육의 방향 고찰	2020	한국교원대학교 대학원	청주
이주은	구술사를 활용한 역사학습 방안	2007	한국교원대학교 대학원	청원군
정영란	홀로코스트 기념관을 통해본 주제 기록관(special subject repository)에 관한 연구 :'집합적 기억(collective memory)'의 수집과 수집물의 특성을 중심으로	2003	명지대학교 기록과학대학원	서울
최해리	무용구술사를 통한 새로운 한국 근현대무용사 쓰기의 가능성 모색	2012	이화여자대학교	서울
한정은	대중적 이용을 위한 구술기록의 수집과 활용 방안	2007	한국외국어 대학교 대학원	서울

단행본[13)]

저자	옮긴이	제목	발행년	출판사
고영일		푸른 끝에 서다	2009	새만화책
권미현, 김선정, 김은정, 김주연, 사카모토 치즈코, 정혜경		구술사: 방법과 사례	2005	선인
김귀옥		구술사 연구: 방법과 실천	2014	한울 아카데미
김선정, 김지수, 이호신, 정혜경, 조용성		구술사 아카이브 구축 길라잡이. I, 기획과 수집	2014	선인

13) 구술자료 아카이브 서비스, 만화, 사진, 문화콘텐츠 기획의 대표적 사례만 수록함.

김선정, 김지수, 이호신, 정혜경, 조용성		구술사 아카이브 구축 길라잡이 . Ⅱ, 관리와 활용	2017	선인
김은성		내 어머니 이야기 1~4권	2019	애니북스
리쿤우	김택규	내 가족의 역사	2014	북멘토
위경혜		(영화 수용의 지역성) 호남의 극장문화사	2007	다할미디어 :
윤홍은, 윤홍은, 김유경, 김순천, 이준님, 홍경희 외		마지막 공간	2004	삶이 보이는 창
이붕언	윤상인	재일동포 1세, 기억의 저편	2009	동아시아
임영상, 김선정, 김성희, 김장환, 김정은, 김종경 외		향교·서원과 용인사람들	2014	선인
임영상, 김선정, 김성희, 김장환, 김정은, 김종경 외		시장과 시장 사람들	2013	선인
임영상, 김선정, 최영환, 이찬희, 정양화, 임세정 외		모현 사람과 갈월 마을	2010	한국 외국어 대학교 출판부
조일환, 조동환, 조희연, 조해준		뜻밖의 개인사	2008	새만화책
티 부이	정재윤	우리가 했던 최선의 선택	2018	내인생의책

프로젝트 결과보고서

수행기관 및 연구책임자	제목	발주처	시행년	비고	URL
경성대학교 산학협력단 (강대민)	부산 근현대구술자료수집 연구용역 (닥밭골벽화마을)	부산광역시 문화복지진흥실 문화체육관광국 문화유산과	2018		https://url.kr/co6YGr
경성대학교 산학협력단 (강대민)	부산 근현대 구술자료수집 학술용역 보고서(학장동)	부산광역시 문화관광국 문화예술과	2017	저작물 민간이용 동의안함	https://url.kr/w439hU
경성대학교 산학협력단 (강대민)	우암마을 생성과 주민생활변천 구술조사·수집 보고서	부산광역시 문화관광국 문화예술과	2016	저작물 민간이용 동의안함	https://url.kr/o7bycQ
경성대학교 산학협력단 (강대민)	흰여울 마을 생성과 주민생활변천 구술조사수집 보고서	부산광역시 문화관광국 문화예술과	2015	저작물 민간이용 동의안함	https://url.kr/kRtdTJ
경성대학교 산학협력단 (강대민)	매축지마을 생성과 주민생활 변천 구술자료수집 보고서	부산광역시 문화관광국 문화예술과	2014	저작물 민간이용 동의안함	https://url.kr/npRx9I
경성대학교 산학협력단 (강대민)	감전동 생성과정과 주민생활 변천에 관한 구술자료 수집 보고	부산광역시 문화관광국 문화예술과	2017	저작물 민간이용 동의안함	https://url.kr/ZK8QLB
공주대학교 (송충기)	기억으로 듣는 세종의 역사	세종특별자치시 균형발전국 문화체육관광과	2017	저작물 민간이용 동의안함	https://url.kr/T2fmsB
광주연구소 (조성식)	5·18진상규명 관련구술증언 채록	광주광역시 5.18민주화운동기록관	2018	저작물 민간이용 동의안함	https://url.kr/FnzGEZ
국방대학교 산학협력단 (노영구)	국방과학기술 발전을 이끈 주역들 구술채록	대한민국역사박물관 조사연구과	2015	저작물 민간이용 동의안함	https://url.kr/bZv7yw

수행기관 및 연구책임자	제목	발주처	시행년	비고	URL
부경역사연구소 (강대민)	부산 근현대 구술자료수집 연구용역 보고서 –부산 외양포 대항마을 구술자료	부산광역시 문화관광국 문화예술과	2019		https://url.kr/HCdTQe
부경역사연구소 (강대민)	부산 근현대 구술자료수집 연구용역 보고서(서구 아미동)	부산광역시 문화복지진흥실 문화체육관광국 문화유산과	2018		https://url.kr/3WDfUg
부산대 산학협력단 (차윤정)	부산 근현대 구술자료 수집 연구용역 – 기장군 임기마을 구술자료	부산광역시 문화체육국 문화유산과	2019		https://url.kr/8gFIv2
서울대학교 산학협력단 (강원택)	6.29 선언 관련 주요 인사 구술채록	대한민국역사박물관 학예연구실 연구기획과	2016		https://url.kr/75kSdJ
순천대여순연구소 (최현주)	여순항쟁 구술채록 증언	순천시 자치행정국 자치혁신과	2019	저작물 민간이용 동의안함	https://url.kr/wGj5bc
청운대학교 산학협력단 (김종욱)	현대사 주요 이슈 구술채록 사업 『베트남에 간 기업과 근로자』	대한민국역사박물관 학예연구실 연구기획과	2018		https://url.kr/y9sWR8
한국구술사연구소 (윤택림)	전시맞춤형 구술 영상 제작 연구	대한민국역사박물관 학예연구실 연구기획과	2019		https://url.kr/64OCTb
한국자치경제연구원 (김지택)	제주 육군 제1훈련소 구술조사 용역	제주특별자치도 세계유산본부 역사문화재과	2019		https://url.kr/a5yuc3
현대사기록연구원 (김주관)	6·3항쟁 구술기록 수집 연구	국가기록원 기록관리부 특수기록관리과	2008		https://url.kr/oTRpVw

제 Ⅲ 부

현대한국구술자료관의 활용 방향과 전망

제01장

구술기록의 저작권 문제에 대한 이해

이 호 신

1. 머리말

구술사 프로젝트 대부분은 구술기록의 수집과 생산뿐만 아니라 활용까지를 염두에 두고 이루어진다. 구술사연구기관과 구술사아카이브즈는 수집 기록물의 열람과 온라인서비스 제공, 연구논문이나 단행본 출판, 다큐멘터리 제작과 상영, 전시회 개최 등 다양한 방식으로 구술기록을 활용하고 있다. 이러한 다양한 방식의 구술기록 활용을 위한 기본 전제 가운데 하나가 바로 저작권 문제이다. 저작권 문제는 달리 말하면 구술기록을 활용할 수 있는 권한이 누구에게서 비롯되는 것인가를 파악하는 일이다. 더 나아가서 구술기록의 활용으로 발생하는 이익을 누구에게 귀속시킬 것인가를 결정하는 일이기도 하다. 저작권은 비단 경제적인 권리뿐만 아니라 저작물 생산자의 인격적인 권리까지를 포괄하는 것이다. 이런 까닭에 저작권은 저작물의 종류와 이용 방식에 따라 각기 다른 양상으로 나타나고, 권리의 주체와 행사 방식을 둘러싸고 분쟁이 빈번하게 발생하기도 한다.

구술기록은 구술자와 채록자의 대화를 통해서 생산이 된다. 그 과정에는 구술사 연구기관이나 아카이브즈도 함께 관여하게 된다. 또한 구술기록의 다양한 활용과 변형의 과정에는 또 다른 참여자들이 존재하기 마련이다. 구술기록을 활용하는 과정에서 이렇게 다양한 주체들에게 발생하는 권리의 내용을 명확하게 구별하는 일은 결코 간단한 일이 아니다. 저작권 문제는 이렇듯 다양한 참여자들의 권리를 구별해서 저작물 사용에 관한 권한이 누구에게서 비롯되는가를 밝히는 과정이다.

이 장은 구술기록의 수집과 활용의 과정에서 발생할 수 있는 복잡다단한 저작권 문제를 국내외 법률의 내용분석을 통해서 점검하기 위한 것이다. 구술사연구기관이나 아카이브즈들이 불필요한 분쟁에 휘말리지 않도록 구술기록의 생산과 활용 과정에서 발생할 수 있는 저작권 문제를 세부적으로 검토하고, 이를 바탕으로 기록물의 공개와 활용에 필요한 계약을 위한 실무적인 처리지침을 제안하려고 한다.

이를 위해서 먼저 저작권 제도의 내용을 간략하게 살펴본다. 그리고 나서 구술기록의 매체별 저작권 문제를 함께 검토한다. 매체별 구술기록의 생산 과정을 면밀하게 분석하여, 저작물의 생산 단계에서 저작자로서의 지위를 확보하게 되는 것이 누구인가를 규명한다. 아울러 저작물로서의 특성을 함께 살펴보면서 저작자에게 부여되는 권리의 구체적이고, 세부적인 내용을 파악하려고 한다. 또한 구술기록을 활용해서 생산되는 다양한 2차적 저작물과 관련된 권리의 내용도 함께 분석한다. 마지막으로 구술사연구기관과 구술사아카이브즈의 원활한 저작물 공개와 활용에 필요한 계약상의 점검 사항을 제시하려고 한다.

2. 구술기록과 저작권

1) 저작권 제도의 개요

저작권은 저작물의 창작자에게 부여하는 독점적이고 배타적인 권리이다. 독점적이고 배타적인 권리라 함은 저작물의 공개와 활용에 관한 모든 권한이 저작물을 창작한 사람에게 오롯이 부여된다는 의미이다. 저작권을 인정받기 위해서는 그 결과물이 저작물로서의 요건을 갖추어야만 하고, 저작물 제작에 관여한 사람들 역시 저작자로서의 요건을 충족해야만 한다.

저작권법이 정하고 있는 저작물이 되기 위한 요건은 두 가지이다. 먼저 인간의 사상 또는 감정이 표현된 것이어야 한다. 동물이나 기계의 생각이나 느낌이 아니라, 인간의 생각 또는 느낌이어야 한다. 이 때 사상이나 감정은 생각이나 느낌 정도로 이해하면 된다. 고차원적이고 심오한 사상이나 감정일 필요는 없고, 사람이라면 누구나 느낄 수 있는 다양한 생각과 느낌이면 그것으로 충분하다. 다만 생각이나 느낌이 다른 사람이 인지할 수 있는 형태로 외부에 드러나야 한다. 저작권이 보호하는 것은 저작물의 내용이 아니라 그 내용을 드러내는 구체적이고 세세한 표현들이다.

둘째, 창작성을 갖추고 있어야 한다. 즉, 다른 사람의 것을 베끼지 않은 것이어야 한다. 다른 사람의 것을 베끼지 않고 직접 만드는 과정에서 작성자의 개성이 표현되어야 한다. 작성자의 고유한 개성이 표현되면, 다른 사람의 것을 베끼지 않고 직접 작성한 것만으로도 저작물로서의 요건을 갖추기에 충분하다. 창작성의 개념은 예술적 성취나 미적 완결성과는 무관한 것이다. 설령 어린 아이가 작성한 그림이나 일기라고 하더라도 자신의 생각이나 느낌을 직접 작성한 것이라면, 그 수준의 높고 낮음과 상관없이 저작물로서의 요건을 충분히 갖추고 있는 것이다.

저작자로서의 요건에 대한 검토도 필요하다. 저작자는 저작물의 창작에 직접 기여한 사람을 뜻한다. 저작물에 드러난 표현행위가 이루어지는 과정에 직접 참여한 사람을 일컫는다. 작품을 생산하는 데 경제적으로 기여한 사람이나 학술연구나 창의적 표현을 생산하는 데 도움을 준 보조자의 경우에는 저작자로서의 지위가 인정되지 않는다.

저작권은 '권리의 다발(bundle of rights)'이라고 부를 만큼 그 안에 여러 가지 다양한 세부 권리들을 포함하고 있다. 저작권은 크게 저작인격권과 저작재산권으로 나눌 수 있다. 저작물은 저작자의 정신적 노고가 결집된 것이기 때문에 그 자체에 인격적인 요소를 포함하고 있다. 저작인격권은 저작물에 내포된 저자의 인격적 요소를 보호하기 위한 것이다. 저작자 자신에게만 전속하는 권리로, 다른 사람에게 양도나 상속이 불가능하다는 점에서 고유한 특징을 지닌다. 따라서 저작자가 사망하게 되면 저작인격권도 함께 사라진다. 타인에게 양도나 상속이 가능한 저작재산권과는 구별되는 저작인격권만의 특성이다. 저작인격권은 다시 공표권, 성명표시권, 동일성유지권이라는 세부적인 권리로 나누어진다. 공표권은 저작물을 언제, 어떤 매체와 방법으로 공표할 것인가를 결정할 수 있는 권리를 뜻한다. 성명표시권은 저작물에 저작자의 이름을 자신이 원하는 방법으로 표시할 수 있는 권리이다. 동일성유지권은 저작물의 제목과 내용이나 표현을 저작자의 동의 없이 임의로 다른 사람이 수정할 수 없도록 하는 권리를 의미한다.

저작재산권은 경제적 거래의 대상으로서, 저작물이 가진 재화로서의 특성을 보호하기 위한 것이다. 타인에게 상속, 증여, 양도, 이전이 가능하다는 점에서 저작인격권과는 다른 특성을 지니고 있다. 권리 자체가 타인에게 이동될 수 있기 때문에 저작물을 이용하려는 사람의 입장에서는 누구에게 허락을 받아야 하는 것인지를 파악하기 어렵게 만드는 요인이 되기도 한다. 이런 까닭에 한국저작권위원회에서는 거래의 안전을 도모하기 위해서 저작권등록제도를 운영하여 제3자가 저작재산권자를 좀 더 손쉽게 확인할 수 있도록 돕고 있다. 저작권 등록은 저작권의 성립 유무와는 무관한 것이고, 제3자의 거래에 대한 안전을 도모하고 대항력을 확보하기 위한 수단에 불과하다. 저작재산권도 복제권, 배포권, 공연권, 공중송신권(전송권, 방송권, 디지털음성송신권), 전시권, 대여권, 2차적 저작물 작성권(법 제16조~제22조) 등의 여러 가지 지분권으로 구성이 된다. 저작물의 종류에 따라서 저작재산권이 인정되는 범위가 조금씩 다르기 때문에 해당 저작물이 어떤 종류의 저작물인가는 유념해서 살펴 볼 필요가 있다.

복제권은 저작물을 유형물로 다시 제작하거나, 유형물에 고정할 수 있는 배타적 권리를 뜻한다. 배포권은 유형의 저작물을 공중을 대상으로 배포할 수 있는 권리이다. 공연권은 저작물을 상연, 연주, 낭독, 상영 등의 방법으로 공중에게 제공할 수 있는 권리를 의미한다. 저작권법이 규정하는 공연은 영상기기를 활용해서 시청각저작물을 상영하는 것이나 제한된 공간 안에서 녹음물을 재생하는 것을 포함하기 때문에 일반적인 의미에서의 공연보다 그 폭이 넓다. 공중송신권은 일반 공중에게 유·무선 통신이나 전파를 활용해서 저작물을 제공하거나 이를 금지할 수 있는 배타적인 권리이다. 송신의 유형에 따라 다시 방송권, 전송권, 디지털음성송신권으로 나누어진다. 전시권은 미술저작물이나 사진저작물, 건축저작물을 이용하여 전시를 할 수 있는 권리이다. 대여권은 상업용 음반이나 컴퓨터 프로그램의 영리를 목적으로 하는 대여에 대해서 적용되는 다소 제한적인 권리이다. 2차적 저작물 작성권은 원저작물을 바탕으로 번역, 편곡, 각색, 영상제작 등의 방법으로 원저작물과는 구별되는 또 다른 저작물을 만들어내는 것을 허락할 수 있는 권리이다. 2차적 저작물을 이용할 때에는 원저작물 저작권자와 2차적 저작물 저작권자의 허락을 함께 받아야 한다. 원저작자의 허락을 받지 않은 채로 만들어진 2차적 저작물은 원저작자에게 저작권 침해의 책임을 부담하게 되지만, 이 경우에도 2차적 저작물 작성자의 저작권은 별도로 보장이 된다.

저작권은 일정한 기간 동안만 권리가 보호된다. 소유권은 권리의 객체가 존속하는 동안에는 변함없이 지속되는 권리인 반면에 저작권은 일정기간 동안만 보호되는 권리라는 점에서 고유한 특징이 있다. 보호기간이 만료되면 저작권은 소멸되고, 저작물은 공유 영역(public domain)에 해당되어 누구나 자유롭게 이용할 수 있게 된다. 저작재산권의 보호기간은 저작물의 종류에 따라서 조금씩 상이하지만, 통상 저작자의 생존기간에 더해서 그의 사후 70년까지이다.

저작물의 사용 행태는 매우 다양하다. 개별 이용 행태 모두에 대해서 저작권법에서 상세하게 규율하는 것은 아니기 때문에, 실제 사례에 저작권법을 적용하는 데 다소 어려움이 있다. 특히 구술기록과 관련된 참고할만한 사례는 거의 존재하지 않아 적절한 대응 방안과 지침을 마련하기가 쉽지만은 않다.

2) 구술기록의 저작물성과 저작자

구술기록은 구술자와 채록자의 대화를 통해서 생산된다. 구술자와 채록자의 대화가 과연 저작물이 될 수 있을까? 저작물이 된다면 저작권은 구술자가 가지게 되는 것인가? 채록자가 가지게 되는 권리는 무엇인가? 저작물이 될 수 있다면, 저작권은 누구의 것인지? 이 절에서는 이런 의문들을 차례로 점검해 보려고 한다.

(1) 구술기록은 저작물인가?

구술기록의 저작권에 관한 검토는 구술기록이 저작물에 해당하는 것인가를 점검하는 것에서부터 시작이 된다. 저작물에 해당하지 않는다면, 저작권의 객체가 될 수 없기 때문에 논의 자체가 필요하지 않기 때문이다.

구술기록이 저작권으로 보호받을 수 있는 객체인가를 확인하려면, 우선 구술기록이 저작권법이 정의하고 있는 저작물에 해당되는가를 살펴보아야 한다. 저작권법 제2조 제1호는 저작물을 "인간의 사상 또는 감정을 표현한 창작물"이라고 정의한다. 여기서 이야기하는 인간의 사상이나 감정은 앞서 살펴본 바와 같이, 심오하고 고차원적인 내용을 담고 있어야 한다는 의미가 아니다. 단지 인간의 생각이나 느낌을 의미한다. 인간의 생각이나 느낌이 다른 사람이 인지할 수 있는 형태로 외부로 표현되어 있으면 그것으로 충분하다. 한편 창작물이라 함은 다른 사람이 만든 것을 베낀 것이 아니고 스스로가 만들어낸 것이라는 의미로 해석할 수 있다.

구술 인터뷰를 통해서 이루어진 대화는 구술자와 채록자라는 서로 다른 역할을 수행하는 두 사람의 생각과 느낌을 고스란히 반영하고 있다. 구술자의 체험과 그와 관련된 소회가 이야기로 펼쳐지고, 채록자는 자신의 기획 의도에 따라 질문을 구성하여 대화를 이끌어간다. 그 과정에서 자연스럽게 구술자와 채록자의 사상 또는 감정이 다른 사람들이 인지할 수 있는 형태로 표현이 된다. 구술이 가지는 즉흥적인 특성을 고려했을 때 다른 사람의 표현을 베끼기는 실제로 어렵다. 따라서 두 사람 사이에 이루어진 대화 그 자체는 인간의 사상과 감정을 각자의 개성을 담아서 표현한 저작물이 된다.

미국 저작권법은 저작물의 요건으로 매체에의 고정을 요건으로 하고 있기 때문에, 대화 자체만으로는 저작물이 될 수가 없다. 마그네틱 테잎이나 디지털 테잎과 같은 매체에 기록된 대화만이 저작물로 인정받을 수 있다. 이와는 달리 우리 법은 매체에의 고정을 저작물의 요건으로 규정하지 않기 때문에 자신의 사상이나 감정을 다른 사람의 것을 베끼지 않고 창작적으로 표현한 경우라면, 매체에의 고정 여부와는 상관없이 모두 저작물이 된다. 따라서 구술기록의 저작권은 구술인터뷰가 시작되는 순간부터 발생이 된다. 즉, 구술행위가 이루어지는 바로 그 순간부터 저작권이 발생하고 보호가 이루어지기 시작한다.

그렇지만 저작권으로 보호가 이루어지는 것은 표현의 영역이지 내용이 아니다. 저작권은 저작자의 사상이 아니라 그 사상에 대한 구체적인 표현을 보호하는 것이다(송영식, 이상정, 2003: 42). 저작물의 내용은 사실(fact)에 해당하는 것으로, 누구나 자유롭게 사용할 수 있어야 마땅하다. 사실에 대해서 독점적인 권리를 인정하게 되면, 실제로 학문 활동을 하는 것은 불가능해진다. 사실 그 자체는 저작권의 보호대상이 될 수 없는 공유영역의 것이다. 저작권은 사실을 어떻게 표현하는가를 보호한다(仲山信弘, 윤선희 편역, 2008: 33). 따라서 구술을 통해서 지금까지 알려지지 않았거나 소홀히 다루어졌던 새로운 사실을 발견했다고 하더라도, 사실 자체에 대해서는 저작권을 주장할 수는 없다. 구술을 통해서 밝혀진 사실은 저작권으로 보호를 받는 것이 아니라, 명예훼손법이나 프라이버시, 개인정보보호법 또는 구술자와 연구기관 사이에 체결된 계약의 내용을 통해서 보호받을 수 있을 뿐이다.

(2) 구술기록의 저작자는 누구인가?

구술기록이 저작물로서의 요건을 갖추고 있다면, 구술기록의 저작권은 누구에게 발생하고 귀속되는 것일까? 구술기록은 구술자의 이야기를 담고 있는 것이지만, 다른 한편으로는 질문을 구성하고 적절한 호흡으로 이야기의 흐름을 주도하는 채록자와 함께 만들어진다. 그렇다면 구술기록의 저작자는 이야기의 실제적인 주체라고 할 수 있는 구술자인가? 아니면 질문과 대화의 흐름을 주도하는 채록자인가? 이 절에서는 이런 의문들에 대한 해답을 찾아보려고 한다.

저작권법에 따르면 저작자는 "저작물을 창작한 자"(법 제2조 제2항)라고 정의된다. 저작물을 창작한 자는 인간의 사상이나 감정을 창작성 있는 표현으로 다른 사람이 인지할 수 있도록 만들어낸 사람을 일컫는다. 따라서 창작적인 표현을 만들어내는 데 직접 가담한 사람이 저작자가 된다. 창작에 소요되는 경비를 지원하거나 자료의 수집과 검색 혹은 창작을 위한 아이디어를 제공하는 행위만으로는 저작자가 될 수는 없다. 저작권법이 규정하는 저작자의 기본 요건은 사상 또는 감정을 외부로 표현하는 행위를 직접 수행해야 한다는 것이다.

구술기록은 구술자과 채록자가 함께 주고받는 대화를 통해서 만들어진다. 대체로 채록자가 준비한 질문에 구술자가 답변을 하는 형식으로 구성이 된다. 채록자는 질문을 통해서 이야기의 내용과 순서를 구성하고, 구술자는 답변을 통해서 구체적으로 이야기를 풀어나가는 역할을 담당한다. 채록자가 질문을 제시하면, 그에 맞추어서 구술자는 자신이 살아온 경험과 소회를 소상하게 풀어놓게 되는 것이다.

구술자는 이야기의 주인공이자 서술의 주체이다. 그 이야기 속에는 구술자의 삶의 경험과 소회가 담겨 있다. 다시 말하면 구술자라는 한 개인의 생각과 감정이 스스로의 이야기를 통해서 다른 사람이 인지할 수 있는 형태로 표현이 된다. 구술자는 이야기를 표현하는 과정에 창작적으로 기여하는 바로 그 당사자이다. 따라서 저작자로서의 모든 요건을 갖추고 있다. 이런 까닭에 구술자의 저작자로서의 지위를 인정하는 데에는 특별한 이견이 존재하지 않는다(이호신, 2010, 57).

그렇지만 채록자에게 저작자로서의 지위와 권리를 인정해야 하는가에 관해서는 다소 논란이 있다. 보다 면밀한 검토가 필요한 것이다. 채록자가 저작자로서의 지위를 확보할 수 있는가를 검토하기 위해서는 구술기록의 생산 과정에서 채록자의 구체적인 역할을 규명해야만 한다. 즉, 채록자가 구술기록의 생산에 창작적으로 기여하고 있는가를 점검해야만 한다.

일반적으로 채록자는 구술자의 선정, 인터뷰 내용의 기획과 구성에 관여한다. 실제 구술인터뷰가 진행되는 과정에서는 적절한 개입과 구술자와의 상호작용을 통하여 구술의 완성도를 제고하고, 그 흐름을 주도하기도 한다. 동일한 구술자에 대한 인터뷰라도 채록자의 역량과 역할에 따라서 인터뷰를 통해서 얻게 되는 자료는 상당히 달라지기도 한다(유철인, 2010: 66-79). 유철인(2003: 106)은 제주 해녀의 구술인터뷰 자료 두 가지를 비교하면서, 채록자의 사회적 배경, 관심과 특성, 준비 정도에 따라 동일한 구술자에 대한 구술 인터뷰도 완전히 다른 판본의 구술기록이 될 수 있음을 밝힌 바 있다. 구술기록은 구술자와 채록자가 함께 호흡을 맞추어서 생산하는 공동의 결과물이기 때문에, 구술자와 채록자의 호흡에 따라서 그 구체적인 내용과 표현은 상당히 달라질 수 있다. 구술기록은 구술자와 채록자가 호흡을 맞추어서 함께 생산하는 공동 작업의 결과물이고, 채록자는 구술자와 더불어 구술기록의 내용과 표현을 구성하는 데 창작적으로 기여하는 중요한 한 축이 된다. 채록자의 창작적 기여를 결코 과소평가할 수 없다는 주장이다.

이러한 견해는 구술사 연구를 선도적으로 수행해 온 미국이나 유럽의 구술사학자나 법학자들의 주장과도 대체로 일치한다. 영국의 구술사학자 톰슨(Thompson, 2003: 6)은 채록자의 역할을 "누구를 인터뷰할 것인지, 무엇을 물어볼 것인지를 선택하는 것'이라고 규정하면서, 구술사는 구술자와 채록자의 창의적 협동 프로젝트임을 강조한다. 이탈리아의 구술사학자 포리텔리(A Portelli) 역시 채록자는 인터뷰할 사람을 선택하고, 대화의 파트너로서 또한 인터뷰의 연출가 혹은 증언의 조직자로서의 역할을 수행한다는 점을 들어 채록자의 창작적인 역할을 강조한다. 미국의 법학자 골드슈타인(P. Goldstein)은 편지와 인터뷰를 비교하면서, "편지 왕래에 비해서 인터뷰에서의 질문과 대답이 훨씬 더 긴밀하게 구성이 된다"는 주장으로 채록자의 저작권 보호의 필요성을 인정하고 있다. 구글의 자문변호사 윌리엄 패트리(William Patry) 역시 인터뷰 과정에서 질문을 구성하고, 답변을 이끌어내고, 후속 질문을 이어가는 방식은 모두 저작권을 인정받기에 충분한 창작적 요소를 갖추고 있다고 주장한다(Neuenschwander, 2009: 65, 재인용). 노이엔쉬원더는 저작권법이 채록자의 저작자로서의 지위를 명확하게 규정하고 있는 것은 아니지만 공동저작물과 관련된 원칙에 근거해서 살펴볼 때 채록자의 저작자로서의 지위를 인정하는데 어려움이 없음을 밝히고 있다(Neuenschwander, 2009: 65). 미연방순회항소 제2법원은 루빈과 보스턴잡지(Rubin v. Boston Magazine) 사건에 대한 판결에서 질문의 구성 자체가 저작물로서의 충분한 요건을 갖추고 있는 것임을 인정하는 판결을 내린 바 있다(Neuenschwander, 2009: 66).

이러한 논의와 사례들을 종합해서 살펴볼 때, 구술기록의 생산과정에 채록자도 공동저작자로서 일정한 역할을 담당하고 있음을 인정할 수 있다. 공동저작자로서의 지위를 부여받는다고 볼 수 있다. 채록자는 채록의 과정에 적절한 질문과 개입을 통하여 구술채록의 전체적인 흐름을 이끌고, 자신의 연구의도를 인터뷰 과정에 반영하면서 창작적 표현의 생산에 직접적으로 기여한다. 채록자의 개입 여부에 따라서 구술의 실제 내용은 변화될 가능성이 얼마든지 있다. 채록자와의 상호작용에 따라서 구술자의 반응이 상당히 달리 나타날 수 있기 때문에 구술기록의 생산과정에 채록자가 생산적으로 기여하는 부분을 결코 가볍게 여길 수는 없다.

한편 구술기록은 구술자의 구술 사이사이에 채록자가 개입하면서 그 내용과 방향을 이끌어가기 때문에 물리적으로 두 사람이 언술하는 내용을 각기 구분할 수 있다. 구술기록의 이런 형태적인 특성으로 말미암아 구술기록이 서로 다른 개별 저작자의 저작물을 물리적으로 결합시킨 결합저작물로 오해될 여지가 있다. 그러나 구술기록을 활용하는 과정에서 구술자와 채록자의 이야기를 개별적으로 분리해서 독립적으로 활용하는 것은 실질적으로 불가능하기 때문에 이를 결합저작물로 보기는 어렵다. 결합저작물은 개별 저작자가 창조적으로 기여한 부분을 독립적으로 각각 구분하여 활용할 수 있는 성격의 것으로, 구술자와 채록자의 대화를 통해 하나의 흐름을 만들어가는 구술기록을 결합저작물로 볼 수는 없다. 따라서 구술기록은 구술자와 채록자가 함께 만드는 공동저작물로 보는 것이 타당하다.

구술기록은 구술자와 채록자가 함께 만들어낸 공동저작물이고, 구술자와 채록자는 구술기록의 공동저작자가 된다. 따라서 구술기록의 적법한 활용을 위해서는 구술자와 채록자의 허락이 모두 필요하다. 공동저작물의 저작권은 저작자 가운데 나중에 사망한 사람의 사후 70년까지 보호가 이루어진다. 따라서 구술기록의 저작권은 구술자와 채록자 가운데 나중에 사망한 사람의 사후 70년까지 보호된다(저작권법 제39조 제2항).

구술기록의 저작자는 자연인으로서 구술자와 채록자이지만, 인터뷰를 수행하는 채록자의 신분에 따라서 법률적인 권한을 갖는 저작자는 달라질 수 있다. 채록자가 구술사 연구기관이 직접 채용한 소속 연구자인 경우도 없지 않지만, 대부분은 외부의 연구자와 구술사 연구기관이 도급계약을 체결하여 구술기록을 수집한다. 이 각각의 경우에 채록자의 저작자로서의 지위는 서로 다른 양상으로 인정이 된다.

구술사 연구기관이 소속 연구자를 활용해서 구술사 인터뷰를 수행하는 경우에는 채록자와 연구기관 사이에 체결된 고용 계약에 따라 저작자가 결정된다. 채록자와 소속기관 사이의 고용 계약에 특별한 약정이 없는 상태에서, 연구기관이 구술채록사업의 전반적인 내용을 기획하고 조정하는 역할을 수행하고 연구기관의 명의로 구술기록을 공표한다면, 수집된 기록물은 일종의 '업무상 저작물'에 해당이 된다. '업무상 저작물'은 자연인이 아니라 법인이나 단체에게 저작자로서의 지위를 부여하는 일종의 예외에 해당한다. 구술기록이 업무상 저작물에 해당이 되면, 연구기관이 채록자로서 저작자가 된다. 이렇게 되면 저작재산권뿐만 아니라 저작인격권까지 연구기관의 몫이 되고, 저작권의 보호기간도 다른 기준이 적용된다.

이와는 달리 연구기관 외부의 연구자와 도급계약을 체결해서 구술사 인터뷰와 관련 업무를 맡기는 경우도 있다. 대체로 많은 경우의 구술기록 수집이 도급계약 방식에 의해서 이루어진다. 이 경우 저작권 문제는 연구기관이 연구자를 직접 채용할 때와는 아주 다른 양상으로 나타난다. 통상적으로 도급계약 등에 있어서 수임인이나 수급인은 위임인이나 도급인에 대하여 독립된 지위에 서고 자신의 재량에 의하여 활동을 하는 것이 원칙(오승종, 2007: 325)이기 때문에 수급인인 채록자는 도급인인 발주기관과 고용관계를 형성하지는 않는 것으로 본다. 다시 말하면, 앞서 언급한 '업무상 저작물'에 해당되지 않는다. 발주기관이 저작자로서의 지위를 확보하는 것은 아니며, 저작물의 저작자는 자연인으로서 채록자가 된다. 발주기관과 채록자 사이에 체결된 계약의 구체적인 내용에 따라서 저작권의 귀속과 이용 방법은 달라진다.

그렇지만 구술기록은 구술자와 채록자가 함께 만들어내는 공동저작물이기 때문에(저작권법 제41조) 채록자와의 도급계약만으로는 저작물의 활용이나 저작권 인수에 필요한 적법한 요건을 모두 갖출 수가 없다. 채록자와의 계약이 합법적인 계약으로서 효력을 발휘하기 위해서는 공동저작물에 대한 구술자의 동의도 함께 필요하기 때문이다. 채록자와의 도급계약은 구술자가 확정되기 이전에 또는 구술행위가 이루어지기 이전에 발생하는 법률행위이기 때문에 구술자의 동의를 미리 확보하기가 어려운 것이 현실이다. 이 계약은 구술기록의 생산 과정에서 채록자에게 발생하게 되는 저작권을 어떻게 처리할 것인가에 관한 잠정적인 의사표시에 불과하다. 잠정적인 의사표시는 구술자와 채록자가 함께 서명한 기록물공개허가서 또는 저작권양도계약서를 발주기관에 제출함으로써 비로소 법률적인 효력을 획득하게 된다. 기록물공개허가서를 통하여 구술자와 채록자 모두의 동의를 얻은 이후에야 발주기관이 저작재산권자로서 또는 저작물 사용의 적법한 권리자로서의 지위를 확보할 수 있게 된다.

구술자와 채록자 모두에게서 저작재산권을 양수받았다고 하더라도, 저작자로서의 저작인격권은 여전히 구술자와 채록자에게 남아 있기 때문에 저작물의 공표나 수정·보완 등을 위해서는 구술자와 채록자의 또 다른 허락이 필요하다는 점도 유의해야만 한다.

3. 구술기록의 활용과 저작권

1) 구술기록: 녹음자료과 영상자료의 저작자와 저작권

구술사 인터뷰를 통해서 생산되고 수집되는 자료는 실제로 매우 다양하다. 구술현장을 녹음하거나 녹화한 현장에서의 기록물뿐만 아니라 구술자와 채록자의 이야기를 텍스트로 옮긴 녹취문, 가독성을 고려해서 재편집한 텍스트, 영상다큐멘터리 등 다양한 자료가 생산된다. 엄밀한 의미에서의 구술기록은 구술 현장에서 이루어진 구술자와 채록자의 대화를 직접 기록한 녹음자료와 영상자료이다. 녹취문과 그밖에 다른 자료들은 구술기록을 변형하거나 가공해서 만들어진 또 다른 결과물이다. 이런 2차적 저작물은 일반적으로 구술인터뷰와는 구별되는 또 다른 저작자들이 관여하게 되고, 구술기록과는 구별되는 새로운 저작권 문제가 발생하게 된다. 이 부분은 뒤에서 다시 상술하기로 하고, 이 절에서는 구술기록의 원본에 해당하는 인터뷰 현장에서의 녹음자료와 녹화자료의 저작권 문제를 좀 더 심층적으로 살펴보려고 한다. 녹음자료나 녹화자료를 제작하는 과정에서는 구술자와 채록자 이외의 촬영자와 같은 또 다른 사람이 관여하기도 한다. 그렇다면 이들에게는 어떤 권리가 발생할 수 있을 것인가? 이 절에서는 이러한 의문을 해소하기 위하여, 구술사의 원본기록에 해당하는 녹음자료와 녹화자료가 어떤 종류의 저작물에 해당하는가를 살펴보도록 한다.

구술사 인터뷰는 구술자의 체험과 기억을 언어로 표현하는 과정이다. 우리 저작권법은 저작물로서의 성립 요건에 유형물에의 고정을 요건으로 하지 않기 때문에, 인터뷰에서 이루어지는 대화 그 자체만으로도 저작물이 될 수 있다. 녹음자료와 영상자료는 인터뷰 현장에서 생산된 저작물을 특정한 매체에 기록한 결과물이다. 그렇지만 두 가지 매체에 담기는 저작물의 구체적인 양상은 조금씩 상이하기 때문에 이에 대해서 조금 더 구체적으로 살펴볼 필요가 있다.

구술 현장을 담고 있는 녹음자료는 구술행위 즉 구술자와 채록자의 대화를 음성으로 기록한 것이다. 녹음자료는 구술자와 채록자의 대화를 마그네틱 테잎이나 하드디스크에 기계적으로 고정시킨 것으로, 두 사람 사이에 주고 받은 말(言)로 구성된 어문저작물이다. 어문저작물은 말이나 글로 표현된 저작물을 지칭하는 것으로, 그 저작자는 말이나 글을 다른 사람이 인지할 수 있는 형태로 표현한 사람이 된다. 따라서 녹음자료에 수록된 대화를 주고받은 채록자와 구술자가 저작자가 된다는 점에는 의문의 여지가 없다. 대개 녹화를 위해서는 별도의 촬영자가 필요하지만, 녹음의 경우에는 채록자가 자신이 휴대한 장비를 가지고 직접 진행하는 경우가 대부분이다. 녹음자료를 생산하는 과정에 구술자와 채록자 이외의 또 다른 사람이 관여하는 경우는 그리 많지 않다. 설령 녹음제작을 돕는 또 다른 사람이 있다고 해도, 그 역할은 녹음기의 스위치를 간단히 조작하는 정도에 불과하다. 다시 말하면, 녹음을 한 사람이 구술기록의 생산 과정에 창작적으로 기여하는 부분은 별도로 존재하지 않는다. 따라서 녹음기록을 작성한 사람의 권리를 별도로 살펴볼 필요는 없을 것이다.

최근의 구술사 프로젝트는 현장에서의 구술을 녹음하는 것뿐만 아니라 영상으로 제작하고 있다. 구술 현장을 직접 촬영한 영상자료도 녹음기록과 함께 구술사 원본기록에 해당한다. 영상기록의 제작과정에는 구술자와 채록자뿐만 아니라 영상 자체를 기록하는 사람을 필요로 한다. 경우에 따라서 영상을 편집하는 사람이 필요할 수 있다. 그렇다면 영상기록의 저작권은 또 누구에게 발생하는 것인가? 구술사 인터뷰의 과정에서 생산된 영상자료의 저작권은 보다 면밀한 검토가 필요하다.

저작권법 제2조 제13호는 영상저작물을 "연속적인 영상(음의 수반여부는 가리지 아니한다)이 수록된 창작물로서 그 영상을 기계 또는 전자장치에 의하여 재생하여 볼 수 있거나 보고 들을 수 있는 것을 말한다" 라고 정의한다. 저작권법이 규정하는 영상저작물이 되기 위해서는 두 가지 요건을 충족해야만 한다. 첫째, 영상저작물은 서로 관련된 연속적인 영상으로 구성이 되어야 한다. 둘째, 영상저작물은 본질적으로 그 영상을 기계 또는 전자장치에 의하여 재생할 수 있어야만 한다(오승종, 2007: 124).

일반적으로 영상저작물의 제작 과정은 배우와 촬영자뿐만 아니라 음악, 조명, 무대, 의상, 감독 등 다양한 역할을 수행하는 사람들의 참여가 필수적이다. 이들 모두에게 저작물의 저작자 또는 저작인접권자로서의 지위를 부여하게 되면, 영상저작물의 적법한 이용을 위해서는 이들 모두에게 허락을 받아야만 한다. 이렇게 되면 너무 많은 권리자로부터 이용에 관한 허락을 얻어야하기 때문에 저작물의 이용이 실질적으로 불가능해진다. 이런 까닭에 저작권법에서는 영상저작물의 특례 규정을 두어, 계약상의 특별한 사항이 없는 경우에는 영상저작물의 저작권과 저작인접권은 영상제작자가 양도받은 것으로 추정하고 있다. 그렇다면 구술사 인터뷰를 통해서 제작된 영상기록물은 영상저작물에 해당이 될까? 만일 영상저작물에 해당이 된다면, 구술자와 채록자는 단순한 출연진에 지나지 않고, 영상을 실제로 기록한 사람은 단순한 촬영자에 불과하고, 영상물을 제작을 기획하고 비용을 부담한 구술사연구기관이나 구술사아카이브즈가 저작권자가 될 수도 있다.

구술인터뷰 현장을 기록한 영상자료의 저작권을 확인하기 위해서는, 무엇보다 영상자료를 통해서 표현되는 것이 무엇인가를 확인하는 작업이 필요하다. 영상저작물은 인간의 사상이나 감정이 연속된 영상으로 표현된 창작물을 뜻한다. 그렇지만 영상저작물로 인정이 될 수 있으려면, 단순히 연속된 영상이 수록되었다는 것만이 아니라 영상 자체가 창작물이 되어야 한다. 여기에서의 창작성은 말과 글의 창작성이라기보다는 영상 자체의 창작성이어야 한다. 다시 말해서 구술현장의 영상기록이 영상저작물이 될 수 있으려면 영상 자체의 창작성이 필요하다는 것이다.

대부분의 구술 현장 영상기록은 구술자와 채록자가 이야기를 나누는 순간을 기계적으로, 순차적으로 기록한 것이다. 구술자와 채록자의 면담 행위를 연속적인 영상으로 구성하여, 비디오나 컴퓨터 등의 장치로 재생할 수 있도록 영상저작물로서의 형식적인 요건을 모두 갖추고 있다. 그렇지만 영상저작물로 인정될 수 있으려면 제작된 영상 자체가 창작성을 갖추고 있어야만 한다. 영상저작물로서의 창작성을 인정받기 위해서는 독특한 카메라 앵글과 구도의 선택, 몽타주 또는 커트 등의 기법, 필름 편집 따위의 지적인 활동이 행하여지고, 이러한 지적 활동을 바탕으로 한 영상자체의 창작성이 존재해야만 한다(오승종, 2007: 125). 이런 까닭 때문에 구술채록의 과정을 순차적으로, 기계적으로 기록한 영상물을 저작권법상의 영상저작물로 보기는 실제로 매우 어렵다. 대부분의 구술사 인터뷰 현장을 기록한 영상자료들은 구술자와 채록자가 대화를 나누고 있는 모습을 기계적으로 복제하고 있는 것에 불과하다. 촬영자는 구술자와 채록자 사이의 대화를 카메라를 활용해서 충실하게 복제하고 있을 뿐이다. 영상으로서의 창작성은 거의 고려의 대상이 되지 않는다. 이 경우는 오히려 구술채록의 과정에서 생성되는 어문저작물(대화)을 영상의 형태로 복제한 것이라고 보는 편이 합당하다. 영상자료를 어문저작물이라고 본다면, 영상을 제작한 사람은 단순히 어문저작물을 기계적으로 복제하는 역할을 수행했을 뿐이고, 창작적인 표현을 만들어내는 데 관여한 바가 없기 때문에 저작자로서의 권리를 주장할 수가 없다.

그러나 구술채록 과정을 기록한 것을 바탕으로 새로운 다큐멘터리를 구성하거나, 고도의 영상 편집 작업을 거쳐서 구술행위 자체와는 상당히 구별되는 새로운 저작물을 만들어낸 경우라면 영상저작물로서의 요건을 갖춘 것으로 볼 수 있다. 이 경우는 사후 편집의 과정을 통해서 구술기록과는 구별되는 2차적 저작물을 생산한 것으로 볼 수 있다. 물론 이 경우에도 원저작물에 해당하는 구술자와 채록자의 대화에 대한 저작권은 영상저작물과는 무관하게 보호가 된다.

해당 자료가 어문저작물인지 영상저작물인지에 따라서 저작권의 귀속과 보호기간 등 권리의 세부적인 내용이 상당히 달라질 수 있기 때문에 저작물의 성격은 보다 면밀하게 살펴볼 필요가 있다. 영상저작물의 경우에는 저작권법상의 특례 규정이 적용되어 계약상에 특별한 언급이 없다면 영상제작자가 저작권을 양도 받은 것으로 추정이 된다(저작권법 제100조). 따라서 계약상의 특약이 마련되어 있지 않다면 영상제작을 기획하고 주도한 발주기관이 저작권을 확보하게 된다. 반면에 어문저작물의 경우에는 자연인으로서 직접 구술채록에 가담한 구술자와 채록자에게 원천적인 저작권이 발생하고, 발주기관은 그들로부터 저작물 사용허락이나 저작권 양도를 받아야만 적법하게 저작물을 활용할 수가 있다. 한편 영상저작물은 저작물을 공표한 후 70년 또는 창작한 후 50년 이내에 공표가 되지 않았을 경우에는 창작한 때로부터 70년 동안 권리가 보호된다(저작권법 제42조). 반면에 어문저작물의 경우에는 저작자가 생존하고 있는 동안에 더해서 저작자 사후 70년동안 권리가 보호된다(저작권법 제39조 제1항).

지금까지 살펴본 바에 따르면, 구술사의 원본기록에 해당하는 녹음자료나 녹화자료는 채록자의 질문과 구술자의 답변을 바탕으로 작성된 어문저작물에 해당이 된다. 어문저작물은 말과 글을 보호의 대상으로 하는 것이다. 녹음이나 녹화물을 제작한 사람은 어문저작물로서 구술기록의 말과 글이 표현되는 데 창작적으로 기여한 바가 없기 때문에 저작자가 될 수 없고, 말과 글을 기계적으로 복제하는 일을 도운 것에 불과하다.

어문저작물은 저작인격권과 더불어 저작재산권으로서 복제권, 배포권, 공중송신권, 공연권, 2차적 저작물 작성권이 보장이 된다. 전시권은 미술저작물, 사진저작물, 건축저작물에 대하여 부여되는 권리이고, 대여권은 상업용 음반의 영리를 목적으로 하는 대여에 대하여 부여하는 권리이기 때문에 어문저작물인 구술기록에는 적용할 수 없다(한국구술사연구회, 2017).

2) 녹취문의 저작물로서의 성격과 저작권

녹취문은 그 형태 자체가 문자로 이루어져 있기 때문에 어문저작물임에는 의문의 여지가 없다. 그렇지만 녹취문은 구술행위에서 비롯된 말을 문자로 변환한 것이고, 문자로 변환하는 과정에 참여하는 사람의 역할에 따라서 저작물로서의 성격이 달라질 수도 있기 때문에 마찬가지로 좀 더 상세한 검토가 필요하다. 특히 녹취문의 저작물로서의 성격을 어떻게 규정하는가에 따라서 저작물의 저작자가 달라질 수도 있다는 점에서 주의를 요한다. 녹취문을 구술자와 채록자 사이에 주고받은 말을 단순히 문자로 복제한 것으로 바라보면, 녹취문의 저작자는 구술자와 채록자가 된다. 이 경우 녹취문 작성자는 말을 문자로 변환하여 복제하는 역할을 수행하였을 뿐이기 때문에, 저작물에 대한 아무런 권리도 가질 수가 없다. 그렇지만 녹취문을 구술행위와는 구별되는 2차적 저작물이라고 본다면, 녹취문 작성자는 2차적 저작물의 저작자가 되어 녹취문에 대한 저작권을 행사할 수 있게 된다.

녹취문은 채록 당시에 진행된 구술자와 채록자의 말을 문자라는 또 다른 표현 형식과 매체로 변형한 것이다. 즉, 구술인터뷰에서 얻게 된 청각적 객체를 시각적인 형상으로 변환한 것이다. 그 변환의 과정에서는 다소간의 누락이나 변형이 발생할 개연성이 있고, 말을 글로 변환하는 데 필요한 창작적인 요소가 가미될 수도 있을 것이다. 그렇지만 녹취문은 기본적으로 이미 이루어진 대화를 문자로 옮기는 것이라는 점에서 창작적인 요소를 가미하는 데에는 근본적인 한계를 지니고 있다. 말을 문자로 그대로 옮기는 과정에서 새로운 창작적인 요소를 부가하기는 실제로 매우 어렵다. 그러나 단순히 구술자와 채록자의 대화를 글로 변형시키는 데에서 그치지 않고 다양한 주석과 해석을 첨가해서 구술기록 자체를 다채롭게 이해할 수 있도록 새로운 창작적인 요소를 가미하는 경우도 얼마든지 있다.

이런 까닭에 녹취문의 저작권 문제를 살필 때에는 채록 당시에 이루어진 말을 단순히 문자로 옮기는 경우와 각주와 해석을 부가하는 경우를 각각 구별해서 접근할 필요가 있다. 구술자와 채록자 사이의 대화를 그대로 녹취문으로 옮기는 행위는 구술기록과는 구별되는 또 다른 저작물을 만들어내는 행위라고 보기는 어렵다. 이 경우 녹취문을 제작하는 행위는 저작물의 표현형식을 소리에서 글자로 변형하여 복제하는 것에 지나지 않는다. 녹취문은 구술기록을 문자라는 매체로 변형한 또 다른 형식의 복제물이다. 원본에 해당하는 구술기록과 구별되는 새로운 저작물이 만들어지지 않았기 때문에, 구술자와 채록자와는 구별되는 또 다른 권리자가 발생하지 않는다.

반면에 연구자의 주석과 해석이 함께 포함된 녹취문을 작성하는 행위는 구술기록과는 구별이 되는 2차적 저작물을 창작하는 행위로 보아야 한다. 녹취문은 구술인터뷰 현장에서의 대화를 바탕으로 하는 것이지만, 첨가된 주석과 해석은 구술 현장에서의 대화 속에는 포함되지 않았던 것이다. 주석이나 해석은 구술 현장에서 오고 간 대화의 내용을 좀 더 깊이 있고, 입체적으로 이해하는 데 필요한 도움을 제공한다. 구술 현장에서의 대화와는 또 다른 차원을 지닌 새로운 저작물이 탄생한 것이다. 그렇지만 이 저작물은 녹취문 작성자가 완전히 독창적인 저작물을 작성한 것이라고 보기는 어렵다. 현장에서의 대화를 근간으로 새로운 창작적인 요소가 가미된 것에 불과하기 때문에 이는 구술기록을 바탕으로 작성된 2차적 저작물이라고 볼 수 있다. 녹취문이 2차적 저작물에 해당이 된다면, 녹취문을 작성하는 데 직접 참여한 사람은 2차적 저작물의 저작자로서 그 권리를 보장받게 된다. 2차적 저작물에 해당되는 녹취문의 저작자는 녹취문의 창작적 표현에 직접적으로 기여한 당사자가 된다. 다만 창작적인 기여는 주석과 해석을 통해서 구술채록과는 구별되는 새로운 저작물을 만들어내는 것으로 제한적으로 해석되어야 한다. 구술 현장에서의 대화를 텍스트로 변환하는 작업을 한 사람에게 저작권이 인정이 되는 것이 아니라, 주석과 독창적인 해석을 수행한 연구자가 저작자가 되는 것이다. 또한 2차적 저작물의 작성과 이용은 원저작자의 권리에 아무런 영향을 미치지 않기 때문에(저작권법 제5조 제2항) 이 경우에도 원저작물의 저작자로서 구술자와 채록자의 권리는 그대로 유지가 된다. 녹취문 작성 과정에서 주석이나 해석을 덧붙이는 작업은 대체로 채록자의 역할이기 때문에 실무적으로 구술기록의 저작권을 판단하는 데에는 아무런 영향이 없을 수도 있지만, 이론적으로는 그 권한의 연원을 구분해서 점검할 필요가 있다.

구술기록을 녹취문으로 작성하는 과정에서는 대체로 구술 언어 자체의 생동감과 그 안에 내포된 의미를 온전하게 보존하기 위해서 가능한 윤문처리를 하지 않는 것을 원칙으로 삼는다. 남신동(2003: 50)은 "구술자료가 주는 메시지는 구체적인 '정보'뿐만 아니라, 특정한 사건에 대해 구술자가 갖고 있는 감정의 덩어리와 총체적인 의미 해석의 내용들"이라고 주장하면서 구술기록을 부분적으로 발췌하거나 윤문하는 일은 구술기록의 고유한 가치를 잃게 하는 일이라고 비판한다. 이렇게 윤문 작업을 통해서 채록의 내용을 재구성하는 것은 구술기록의 가치를 훼손하는 일임은 물론 자칫하면 구술의 내용을 왜곡하여 실제 구술의 내용과는 상당히 다른 녹취문을 만들어 내어서 구술자의 동일성유지권을 훼손할 여지가 있기 때문에 가능한 삼가는 것이 바람직하다.

그런데 일부 지식인 구술자의 경우에는 구술내용을 그대로 풀어낸 녹취문을 보고, 문장의 구조를 제대로 갖추지 못한 언술들이 생경하게 돌출되는 것에 당혹감을 느끼고 해당 부문에 대한 윤문처리를 요구하는 경우가 종종 발생하기도 한다. 이러한 경우에는 구술자의 의견을 존중해서 윤문 처리를 하는 것이 저작자의 동일성유지권을 존중하는 것인지가 쟁점이 될 수 있다. 동일성유지권은 저작자의 의사에 반하는 저작물의 임의적인 변경을 금지하는 권리를 의미하기 때문에, 구술내용 그대로를 문자로 풀어낸 녹취문을 구술자가 원하는 표현으로 적극적으로 변경할 수 있는 권리까지가 포함되는 것인지의 여부에 대해서는 논란의 여지가 있다.

구술기록이 가지는 특징을 온전히 보존하기 위해서는 가능한 구술자를 설득해서 구술언어 그대로를 문자화하도록 허락을 받는 것이 가장 바람직할 것이다. 윤문처리 과정을 거치게 되면 구술 당시의 생생함은 사라지고, 구술 과정에서 특별히 발생할 수 있는 맥락들이 소거될 위험이 있음에는 틀림이 없다. 그렇지만 구술자의 의사에 반해서 녹취문을 편집하는 것도 현실적으로 매우 부담스러운 일이다. 이 경우에는 구술자의 의견을 수용하여 구술자가 원하는 표현으로 녹취문을 수정하는 편이 오히려 타당하지 않을까 생각된다. 녹취문은 구술채록에서 이루어진 대화를 문자로 복제한 것에 불과하지만, 인터뷰에서 진행된 대화의 내용을 눈에 보이도록 시각적으로 구현하는 것이고, 그 구체적이고 세세한 표현들이 구술자의 의사에 반해서 이루어지는 것은 동일성유지권의 취지에 반하는 것이기 때문이다. 구술이라는 특수한 상황에서 정제되지 않은 채 표현된 말을 구술자의 의사에 반해서 그대로 문자화하는 것은, 저작자가 원하지 않는 방식으로 저작물의 내용과 형식을 임의로 변경하는 것을 금지하는 동일성유지권의 취지에 반한다. 따라서 구술자가 완강하게 윤문처리를 주장할 경우에는 그 뜻을 존중해서 문제가 되는 부분을 수정하고 난 후에 저작물을 공표하는 것이 합당할 것이다. 다만 정확한 사실 관계를 규명하기 위해 녹취문에 윤문처리가 이루어졌음을 밝히는 작업을 병행하는 편이 바람직할 것이다. 그렇지만 구술기록이 가지는 생생한 가치를 온전하게 보존하기 위해서 윤문처리 된 자료와는 별도로 구술채록의 과정을 그대로 문자화한 녹취문을 아카이브의 보존용으로 작성할 필요는 여전히 상존한다. 이 경우에 해당 기록물은 저작권이 소멸되는 시점까지는 철저하게 외부에 공개하지 않는 조치가 함께 병행될 필요가 있다. 또한 이러한 작업 방식에 대해서 구술자에게 충분하게 설명하고 동의를 구하는 과정도 필요할 것이다(한국구술사연구회, 2017).

3) 구술기록을 활용한 새로운 저작물의 작성과 저작권

구술기록은 다양한 방법으로 활용되고 있다. 구술인터뷰를 통해서 입수한 내용을 바탕으로, 채록자 또는 제3의 연구자가 연구논문을 작성하기도 하고, 구술인터뷰의 내용을 바탕으로 영상다큐멘터리를 제작하거나 또 다른 콘텐츠를 제작하기도 한다. 이렇게 제작되는 콘텐츠들은 구술사 인터뷰의 원본기록과는 그 제작의 목적과 의도 자체를 달리하는 것이다. 이 과정에는 구술자나 채록자와는 구별되는 또 다른 창작자가 존재하기 마련이다. 그렇다면 이러한 저작물은 원래의 저작물과는 구별되는 새로운 저작물에 해당되는 것이고, 또 다른 저작권을 발생시키는 것인가? 이렇게 생산된 저작물이 또 다른 저작물로서 새로운 저작권이 발생한다면 원저작물인 구술기록의 저작권과는 어떤 관계가 있는 것인가? 이 절에서는 이러한 의문에 대한 해답을 찾기 위해서 구술기록을 활용해서 생산된 저작물의 유형을 구분하여 저작권과 관련된 문제를 검토한다.

구술기록을 활용해서 생산된 저작물은 구술기록의 활용 정도에 따라서 크게 두 가지로 구분할 수 있다. 먼저, 원자료인 구술기록의 기본적인 형식과 내용을 유지하면서 약간의 가공이나 변형을 거쳐서 구술기록과는 다소 구별되는 새로운 결과물을 만들어내는 행위이다. 구술자와 채록자의 대화를 좀 더 가독성이 높은 문장으로 만들기 위해서 윤문을 하거나 이야기의 순서를 바꾸고 약간의 편집 행위가 이루어지는 경우이다. 구술인터뷰 자체를 바탕으로 하지만, 윤문이나 편집을 통해서 본래의 구술기록과는 구별되는 결과물이 탄생하게 된다. 이 결과물이 구술기록과는 구별되는 새로운 저작물인가를 파악하기 위해서는 저작물이 담고 있는 사상이나 감정에 대한 표현이 누구의 것인가를 살펴볼 필요가 있다. 저작권이 보호하는 것은 저작물의 내용이 아니라 그 구체적인 표현이다. 저작물의 내용이 동일하더라도 표현의 구체적인 형태가 달라지면 원저작물과는 구별되는 또 다른 저작물이 될 수 있다. 이런 방식으로 새롭게 생성된 저작물은 구술기록을 원저작물로 해서 만들어진 2차적 저작물이 된다. 윤문이나 편집 작업을 통해서 새로운 표현을 만들어낸 당사자가 2차적 저작물의 작성자가 되면서 또 다른 저작자가 된다. 그렇지만 구술기록이라는 원저작물을 바탕으로 작성된 것이기 때문에 원저작자로서 구술자와 채록자의 저작권은 여전히 유효하다. 따라서 이렇게 윤문이나 편집을 통해서 새롭게 작성된 저작물을 활용하기 위해서는 구술자와 채록자뿐만 아니라 윤문 작성자에게도 모두 허락을 받아야만 한다.

둘째, 구술기록을 바탕으로 해서 구술자와 채록자가 주고받는 이야기의 흐름과는 또 다른 차원의 저작물이 만들어지는 경우이다. 대개 구술기록은 논지를 이끌어가는 주요한 재료로 활용이 되면서, 적절한 부분을 인용하는 정도로 활용이 된다. 구술기록을 바탕으로 하는 연구논문이나 다큐멘터리 등을 제작하는 행위가 여기에 해당이 된다. 이러한 작업의 결과물로 생산된 저작물에는 구술자와 채록자 사이에 주고받은 대화와는 구별되는 새로운 내용과 표현을 포함하게 된다. 구술자와 채록자의 사상이나 감정은 저작물의 주된 재료이지만, 궁극적으로 표현이 되는 사상이나 감정은 새로운 저작물 작성자의 고유한 것이다. 따라서 연구논문이나 다큐멘터리를 제작한 자가 저작자가 된다. 구술기록을 활용하는 정도에 따라서 이러한 저작물을 구술기록에 대한 2차적 저작물로 볼 것인지, 아니면 구술기록과는 완전히 구별되는 새로운 저작물로 볼 것인지를 판가름할 수 있다. 구술기록을 근간으로 해서 연구자나 영상제작자의 새로운 해석과 관점을 일부 포함시킨 경우라면, 구술기록의 2차적 저작물에 해당되는 것으로 볼 수 있다. 구술기록의 2차적 저작물에 해당이 된다면, 이 저작물을 활용하기 위해서는 구술자와 채록자 그리고 새로운 저작물 작성자의 허락이 모두 필요하다. 반면에 구술기록은 간간히 인용이 되는 정도로 사용이 되고, 저작물의 주된 내용과 표현은 구술기록과는 다른 차원의 것이라면, 이 경우는 구술기록에 대한 2차적 저작물이 아니라 독립된 저작물로 보아야 한다. 구술기록과는 독립된 저작물은 해당 저작물을 작성한 사람이 저작자가 된다. 2차적 저작물이 아니라, 독립된 저작물이라 함은 구술자와 채록자가 저작자로서의 지위를 행사할 수 없음을 의미한다. 실제로 어떤 저작물이 2차적 저작물에 해당되고, 또 어떤 경우가 독립저작물에 해당이 되는 것인지는 구체적인 사례를 통해서, 저작물의 실질적 유사성 등을 고려해서 확인이 되어야 한다.

4. 구술기록의 공개와 활용을 위한 계약의 작성

구술기록은 온라인 서비스, 출판, 전시, 다큐멘터리 제작, 연구논문의 작성 등 다양한 방법으로 공개되어 활용될 수 있다. 그렇지만 저작물의 공개와 활용에 앞서서 저작자와 저작물 이용자 사이에 적절한 권리처리가 이루어져야만 적법하게 저작물을 이용할 수 있게 된다. 권리 처리의 세부적인 내용은 저작자와 저작물 이용자 사이의 계약을 통해서 규율이 된다.

저작권과 관련된 계약은 다양한 방식으로 이루어질 수 있다. 저작재산권 일체(2차적 저작물의 작성권 포함)를 구술사 연구기관이 인수할 수도 있으며, 지역이나 시간을 특정해서 저작물의 이용에 대한 허락을 받을 수도 있다.

저작권 자체를 구술사 연구기관이 인수하게 되면, 구술사 연구기관은 저작물의 저작재산권자가 되어서 자유롭게 저작권을 행사할 수 있게 된다. 저작재산권 전체를 발주기관이 인수하는 대신에, 일정기간 출판권이나 배타적 발행권을 취득할 수도 있다. 특정한 범위나 방법에 국한하여 저작물을 이용할 수 있도록 계약을 체결할 수도 있다. 이렇게 계약을 체결하게 되면 구술자와 채록자는 여전히 저작물의 저작권자로서의 지위를 유지하게 된다. 약정에 명시되지 않은 방법으로 저작물을 활용하게 되는 경우에는 다시 구술자와 채록자에게 허락을 받아야 하기 때문에 연구기관이나 아카이브의 입장에서는 상당한 불편을 감수해야만 한다.

리치(Donald Richie, 2003: 75)는 인터뷰 직후나 아무리 늦어도 녹취문이 작성되고 편집이 완료될 때까지는 기록물의 공개와 활용에 관한 계약의 내용을 정리할 것을 권고한다. 기록물의 공개와 활용에 관한 계약을 체결하기에 앞서 구술 인터뷰의 내용 속에 포함된 구술자의 민감정보나 프라이버시를 어떻게 보호할 것인지, 타인의 개인정보와 평판에 관한 내용을 공개해도 무방한 것인지에 대한 검토도 함께 이루어져야 한다. 저작물의 공개와 활용에 관한 계약에 서명하기 이전에, 구술자와 채록자에게 관련 내용을 꼼꼼히 점검할 수 있는 기회를 제공하고, 기록물이 어떤 방법으로 활용될 것인지를 충분히 설명한 이후에 공개와 이용에 관한 동의(informed consent)를 확보하는 편이 바람직하다. 이 과정에서 기록물을 공개하고 활용하면서 발생할 수 있는 위험을 구술자가 파악할 수 있도록 사전에 고지하는 작업도 함께 이루어질 필요가 있다.

따라서 구술채록이 완료되고 나서, 충분한 검토를 거친 연후에 구술자와 채록자가 함께 저작권의 양도 또는 저작물 사용허락의 내용을 구체적으로 적시한 기록물공개허가서를 작성하는 것이 바람직할 것이다. 구술자가 기록물의 공개를 거부할 경우에는 그 공개를 강제해서는 안된다. 이 경우 구술사 연구기관은 해당 기록물을 밀봉하여 일반에게 공개하지 않은 채로 보존하거나, 비공개가 요청된 부분을 삭제한 후에 공개하는 것이 합당하다.

기록물공개허가서는 구술자와 채록자 그리고 구술사연구기관이 함께 체결하는 일종의 계약이다. 구술기록의 활용에 관한 법적 근거가 되어서 공개와 활용의 범위를 결정해주는 가이드라인이 된다. 또한 예기치 못한 피해로부터 구술자를 보호하는 기제로도 역할하게 되고, 훗날 발생할 수 있는 법률적인 분쟁에 대한 구술사연구기관이나 구술아카이브의 대비책이기도 하다(Donald Richie, 2003: 75).

노이엔쉬원더(2009: 5)는 "가장 좋은 기록물공개허가서는 법률 전문 용어를 지나치게 사용하지 않으면서도 분명한 의미를 담아야 하고, 이해관계자들의 의견이 종합적으로 반영되어야 하며, 향후 기록물이 어떻게 사용되고 관리될 것인가에 관한 로드맵이 제시되어야 한다. 즉, 기록물공개허가서는 비전문가들에게 손쉽게 설명할 수 있어야 하고, 분쟁이 발생했을 때 법정에서 방어할 수 있어야만 한다."고 주장한다. 기록물공개허가서는 발주기관의 정책이나 형편에 따라서 다양한 형식으로 작성될 수 있지만 최소한 다음 사항은 반드시 포함해야만 한다.

① 인터뷰를 통해서 생산된 기록물의 정체(주제/면담일시, 날짜, 장소)
② 공개 여부와 범위
③ 구술자의 제한(안)사항
④ 구술자의 인적사항과 인증(친필서명이나 도장)
⑤ 채록자의 인적사항과 인증(친필서명이나 도장)

구술자가 기록물의 공표를 원하지 않고, 다른 사람이 열람하지 않도록 비밀로 유지할 것을 요청하는 경우에는 구술기록을 외부로 공개하지 않는 것이 마땅하다. 우리 저작권법은 저작자가 미공표저작물을 별도의 의사표시 없이 도서관에 기증한 경우에는 공표에 동의하는 것으로 간주하는 규정(저작권법 제11조 제4항)을 두고 있다. 이 조항은 저작물의 공표에 초점을 맞춘 것이지만, 반대로 해석하면 저작자가 저작물을 기증하는 시점에 저작물의 공표에 관한 특별한 단서를 포함하고 있다면 이를 존중해야 한다는 의미로 해석할 수 있을 것이다. 그렇지만, 여기에서 규율하는 내용은 저작물의 공표에 국한이 된다. 공표는 저작물을 공연, 공중송신 또는 전시 그 밖의 방법으로 공중에게 공개하는 경우와 저작물을 발행하는 행위(저작권법 제2조 제25호)를 의미하기 때문에, 다른 법률 등에 의해서 특정한 소수에게 제한적으로 저작물을 복제하거나 배포하는 행위까지 포함되지는 않는다.

이 부분은 저작권법이 아니라 〈공공기관의 정보공개에 관한 법률〉(이하 '정보공개법'이라 한다)에 의해서 규율이 이루어지고 있다. 정보공개법 제9조 제1항 제6호에서는 사생활의 비밀 또는 자유를 침해할 우려가 있는 경우를 정보공개의 대상에서 제외하고 있다. "공공기관이 공표를 목적으로 작성하거나 취득한 정보로서 사생활의 비밀 또는 자유를 부당하게 침해하지 아니하는 정보"는 공개의 대상으로 제시하고 있어서, 공공기관이 공표를 목적으로 수집한 구술기록의 경우에는 사생활의 비밀이나 자유를 침해하지 않는 경우에 한해서 구술기록을 공개할 수 있음을 분명하게 밝히고 있다. 따라서 기록물의 공개와 활용에 관한 계약의 체결에 앞서서 구술 내용 가운데 구술자 혹은 제3자의 사생활의 비밀이나 자유를 침해하는 경우는 없는지를 구술자와 채록자가 함께 검토하고, 그 내용을 계약에 적극적으로 반영할 필요가 있다.

5. 맺음말

구술기록은 구술자와 채록자의 대화를 통해서 생산이 된다. 구술자는 자신의 생애와 경험을 이야기로 펼쳐 보이고, 채록자는 적절한 개입과 질문으로 이야기의 흐름과 구성을 주도한다. 구술기록은 구술자와 채록자의 생각과 감정이 자신들의 고유한 언어로 표현된 저작물이다. 구술기록은 구술자와 채록자가 함께 만들어낸 공동저작물이고, 두 사람은 모두 공동저작자로서 저작인격권과 저작재산권을 가지게 된다. 저작권의 행사는 구술자와 채록자의 합의를 통해서 가능해진다. 한편 구술기록을 활용해서 만들어지는 다양한 2차적 저작물은 구술자와 채록자의 권리와는 별도로, 2차적 저작물의 작성에 관여한 사람에게 2차적 저작물 작성자로서의 저작인격권과 저작재산권이 부여된다. 저작권은 다양한 지분권으로 구성되는 복합적인 권리로 저작물의 활용 양상에 따라서 구술사연구기관이나 구술기록수집기관이 처리해야 할 저작권의 구체적이고 세부적인 내용은 달라질 수 있다. 또한 구술기록의 구체적인 활용 양태에 따라서 저작권의 소재 자체가 달라질 수 있다. 실질적으로 구술기록을 활용할 수 있는 권리는 구술자와 채록자 그리고 구술사연구기관이 체결하는 계약의 구체적인 내용에 따라서 달라진다. 구술사연구기관이나 구술기록 수집 기관은 구술기록을 어떻게 활용할 것인가를 염두에 두고 권리 처리를 해야 불필요한 분쟁을 예방하면서 구술기록을 수집하고 활용할 수 있다.

참고문헌

서달주, 2007, 『한국저작권법』, 박문각.

송영식·이상정, 2003, 『저작권법개설』 제3판, 세창출판사.

오승종, 2007, 『저작권법』, 박영사.

윤택림 편역, 2010, 『구술사, 기억으로 쓰는 역사』, 아르케.

이호신, 2010, 「구술자료의 저작권 문제에 관한 연구」, 『구술사 연구』, 제1집 제1호.

이해완, 2007, 『저작권법』, 박영사.

장인숙, 1998, 『저작권법원론』, 보진재.

中山信弘, 윤선희 편역, 2008, 『저작권법』, 법문사.

한국구술사연구회, 2017, 『구술사 아카이브 구축 길라잡이 II: 수집과 활용』, 도서출판 선인.

Neuenschwander, John A, 2009, *A Guide to Oral History and Law*, Oxford Press.

Ritchie, Donald A, 2003, *Doing oral history: A practical guide*. 2nd ed, Oxford Press.

Portelli, Alexandro, 1991, *The Death of Luigi Trastuli and Other stories: Form and Meaning in Oral History*, State University of New York Press.

Thompson, Paul, 2003, *The voice of the past: Oral History*. 3rd ed, Oxford.

제02장

구술기록의 수집과 활용 과정에서의 윤리적·법적 쟁점들[1)]

이 호 신

1. 머리말

구술기록은 살아있는 사람의 이야기를 통해서 만들어진다. 그 이야기 속에는 특정한 사건에 대한 사실과 정보만 담겨 있는 것이 아니다. 그 속에는 구술자의 인생과 세상에 대한 고유한 해석이 함께 담겨 있다. 남모르게 감추어 두었던 삶의 내밀한 속살이 담겨 있고, 세상을 향한 깊은 시선이 담겨 있다. 이것은 결코 단순한 정보와 데이터들의 덩어리에 불과한 것이 아니다. 어찌 보면 이야기하는 사람 그 자체이고, 개성이자 인격이다. 이런 까닭에 그 수집과 활용의 과정은 매우 까다로운 윤리적, 법적 문제들이 야기될 수 있는 소지를 안고 있다. 자료의 섣부른 수집과 활용이 가져올 수 있는 피해를 예방하고, 구술자와 구술사수행기관을 보호하기 위해서 구술기록의 수집과 활용의 모든 과정은 반드시 엄격한

1) 이 글은 필자가 이미 발표한 바 있는 〈구술자료의 수집과 서비스에 대한 개인정보보호법의 도전〉(한국기록관리학회지, Vol.17. No.1, 2017)과 〈구술자료의 인격적인 권리에 관한 연구〉(한국기록관리학회지, Vol.12.No.3. 2012)의 내용을 일부 수정·보완한 것임.

윤리적, 법률적인 가이드라인에 입각해서 이루어질 필요가 있다.

이 연구는 구술기록을 수집하고 활용하는 과정에서 발생하는 다양한 윤리적, 법적 쟁점들을 일별하고, 적절한 대응 방안을 모색하기 위한 것이다. 먼저 구술기록을 수집하고 활용하는 과정에서 발생하는 윤리적 문제와 원칙들을 짚어 본다. 아울러 구술기록의 수집 및 활용과 관련되어서 제기될 수 있는 법률적 쟁점을 다룬다. 법률적인 쟁점은 윤리적 문제와 일맥상통하는 것이지만, 손해배상이나 위자료 청구의 대상이 될 수 있고, 심지어 형사적인 처벌과도 연결될 수 있는 것이기 때문에 도의적인 책임만을 부담하는 윤리적인 차원에서의 문제와는 그 결을 달리하는 것이다. 구술자료의 수집과 활용과 관련된 법률적 쟁점은 크게 프라이버시의 보호와 명예훼손과 같은 인격권의 보호의 문제와 저작권 문제로 구분할 수 있다. 최근 들어서는 개인정보보호법과 생명윤리법과 관련된 사항도 쟁점으로 대두되고 있다. 저작권 문제는 III부 1장에서 이미 다루었기 때문에, 여기에서는 별도로 언급하지 않는다. 이 글에서는 구술기록의 수집과 활용의 과정에서 인격권의 보호(프라이버시와 명예훼손), 개인정보보호법과 관련해서 발생하는 문제와 쟁점을 다룬다. 법률의 개략적인 내용과 함께 이러한 영역들이 구술사와 접목되는 부분을 구체적으로 살피고, 구술사와 갈등을 빚고 있는 부분의 구체적인 내용을 살펴보려고 한다. 이러한 논의를 바탕으로 현행 법률의 문제점과 이에 대한 구술사수행기관의 대응 방안을 제안하고자 한다.

2. 구술사와 윤리적 문제

구술기록은 어떤 인물이 살아오면서 겪었던 이야기를 타인과 나누는 과정에서 기록으로 제작된다. 그 안에는 구술자가 살아오면서 겪었던 여러 사건들에 대한 이야기가 담겨 있다. 여기에는 다양한 주변 사람들에 대한 이야기도 두루 포함되기 마련이다. 출생과 성장에 얽힌 이야기, 학창시절과 친구에 관한 이야기, 함께 일했던 사람에 관한 이야기, 삶을 송두리째 뒤바꾸어 놓은 어떤 사건에 관한 이야기, 다른 사람에게 공개하기 부담스러운 매우 비밀스러운 이야기, 타인에 대한 평판이나 비방...... 그 각각에 대한 해석과 평가도 함께 담겨 있다. 그 이야기 속에는 특정한 사건이나 주제를 바라보는 구술자의 생각과 감정이 여과 없이 드러나게 된다.

구술기록은 이처럼 다양한 이야기와 맥락을 함께 포함하고 있다. 구술기록은 단순한 자료가 아니라 한 사람의 삶의 숨결과 궤적을 오롯이 품고 있는 살아 있는 이야기이다. 구술기록은 연구나 수집의 대상이 되는 단순한 자료나 정보가 아니다. 한 사람의 인생살이의 다양한 국면을 입체적으로 담고 있는 사람 그 자체이다. 그 이야기의 대부분은 아마도 다른 사람과 공유할 필요가 있거나 그렇게 해도 무방한 것들이다. 그렇지만 그러기에는 매우 조심스럽고, 어려운 것들이 포함되기도 한다. 정치적으로 또는 사회적으로 매우 민감한 이슈, 개인의 성적(性的) 취향이나 연애담과 같이 불특정 다수에게 공개하기 곤란한 지극히 내밀한 이야기가 포함될 수도 있다.

대개의 경우 구술기록은 공공재로서의 기록을 염두에 두거나 학술논문의 작성과 같은 뚜렷한 활용 목적을 가지고 수집이 된다. 때문에 구술자의 사적인 생각과 감정을 다른 사람들에게 공개했을 경우에 발생할 수 있는 파장에 항상 대비할 필요가 있다. 자칫하면 선의로 이루어진 구술면담이 구술자에게 예기치 못한 피해와 커다란 상처를 안겨줄 수도 있다는 점에서 보다 조심스럽고 신중한 접근이 필요한 것이다.

구술기록의 수집과 활용에 따르는 윤리적인 문제는 다양한 양상으로 나타날 수 있다. 그렇지만 이러한 문제들을 관통하는 중요한 대원칙은 구술자가 단순히 자료를 제공하는 대상이 아니라, 존엄성을 지닌 실존하는 인간이라는 점을 인식하는 것이다. 구술자에 대한 인간적인 존중이야말로 구술사 연구에서 발생할 수 있는 복잡다단한 윤리적인 문제를 해결하는 가장 중요한 나침반이 된다.

구술면담은 특정한 주제에 관한 자료를 수집해서 새로운 사실을 발굴하기 위한 것이 아니다. 오히려 구술자가 자신의 생애 경험을 서사구조를 통해서 스스로 재구성할 수 있도록 조력함으로써 앞으로 더 나은 삶을 살아갈 수 있도록 도움을 제공하는 것에 그 목적이 있다. 과거의 경험을 재구성하는 작업을 통해서 자신을 평생 괴롭히던 지독한 트라우마로부터 해방이 되고, 자신의 삶의 궁극적인 의미를 재해석해낼 수 있도록 도움을 제공하는 것이야말로 일반적인 연구방법에서는 제공하지 못하는 구술면담만이 가질 수 있는 근본적인 의의라고 할 수 있다.

따라서 구술자에 대한 약탈적 자료 수집은 엄격하게 금지되어야 한다. 약탈적 자료 수집은 구술사 연구에 임하는 초심자들이 가장 범하기 쉬운 실수 가운데 하나로, 이로 말미암아 구술면담이 종료된 이후에 구술자에게 커다란 상처가 되거나 상실감을 유발해서 후속 작업을 추진하는데 커다란 방해요소가 될 수도 있다는 점은 반드시 유념해야할 필요가 있다.

구술기록의 취급과 관련된 사항은 매우 민감하고 조심스러운 사항이기 때문에 구술사 연구를 수행하는 나라마다 구술사 연구 수행을 위한 윤리 지침을 마련하여 그 준수를 촉구하고 있다. 한국구술사학회를 비롯하여, 미국의 구술사협회(Oral History Association), 영국의 구술사학회(Oral History Society) 등 각국의 구술사연구단체들에서는 저마다 윤리규정이나 가이드라인을 제정하여 규범화하고 있다. 그 대부분은 구술면담과 관련하여 채록자가 구술자에게 준수해야할 의무사항에 관한 것을 포함하고 있으며, 구술사연구기관이 준수해야할 의무에 관한 내용도 함께 언급하고 있다. 각국의 구술사 단체가 제시하는 구술사 연구 수행과 관련되는 윤리적인 문제에서 공통적으로 언급되는 사항은 다음과 같이 정리할 수 있다.

첫째, 구술 작업에 대한 사전 동의(informed Consent)와 동의 내용의 준수에 관한 사항이다. 본격적인 구술채록 작업에 앞서서 채록연구자는 구술자에게 구술 프로젝트의 목적과 취지, 그리고 자료의 보관과 공개 여부 그리고 활용에 이르기까지 전 과정에 걸쳐서 구술 면담이 이루어지기 이전에 사전 동의를 구해야하며, 구술자의 자발적인 의사에 의해서 동의가 이루어져야만 한다. 이 과정에서는 구술기록의 활용이 야기할 수 있는 잠재적인 위험에 대한 충분한 고지가 함께 이루어져야만 한다. 동의의 구체적인 내용은 향후 서로 간에 엇갈린 주장이나 대립되는 주장이 제기되는 것을 예방하고, 동의 자체에 권위를 부여하기 위해서 가능한 문서로 작성되는 것이 바람직하다. 그렇지만 서면 동의에 강한 거부감이나 의구심을 표현하는 구술자들에게 동의를 받는 과정에서의 어려움들을 감안하여 한국구술사학회에서는 동의의 내용을 서면으로 작성하지 않더라도, 예컨대 녹음이나 녹화자료를 활용해서라도 동의의 내용을 기록할 것을 권고하고 있다.

두 번째는 구술자의 신상 보호에 관한 안전장치와 관련되는 사항이다. 구술면담의 과정에서는 정치적으로 또는 사회적으로 매우 민감한 사안들이 이야기될 수 있으며, 이러한 경우에 구술자의 신상 보호는 무엇보다도 우선해서 검토가 되어야 한다. 구술면담을 통해서 공개된 자료가 구술자에게 위협이 되는 상황이 된다면, 그 면담자료는 생산되지 않는 편이 더 나을 수도 있다. 구술면담을 진행하는 연구자나 연구단체는 모두 구술자 보호를 위해서 취할 수 있는 모든 대책을 강구해서 예기치 못한 사태가 벌어지는 것을 미연에 예방할 의무를 지니고 있다.

먼저 구술자가 비공개를 요청하는 부분에 관해서는 철저하게 비공개로 남겨두어야 한다. 그렇지만 국가기관이나 공공기관의 사업으로 진행되는 우리나라 구술사 연구 현황을 고려할 때, 이러한 약속을 완벽하게 준수하기가 실질적으로 어려운 상황이 발생할 수도 있다. 예컨대 국회의 국정감사 요구사항이나 정보공개법에 의한 자료 공개 요청과 같이 현실적으로 거부하기 매우 어려운 국면이 발생할 수도 있기 때문이다. 따라서 이러한 상황이 발생할 경우에 가능한 구술자 보호를 위해서 최선을 다하지만, 그 결과가 원하지 않는 방향으로 이루어질 수도 있다는 점에 대해서도 구술자에게 충분히 상세한 설명을 제공해야만 하고, 이러한 내용도 마찬가지로 기록이 되는 것이 바람직하다.

한편 자료의 보관과 활용의 단계에서는 구술자가 익명으로 공표할 것을 요구하는 경우에는 이를 반드시 준수해서 구술자가 원하는 수준 그 이상으로 신변을 보호해야만 한다. 구술자의 비공개 요청이 없는 경우라고 하더라도 타인에 대한 명예훼손의 가능성, 프라이버시 침해 여부, 정치적 위협이나 신변에 대한 위협적 요소 등은 없는지를 확인하는 절차가 진행되는 것이 보다 바람직할 것이다.

셋째, 채록연구자나 연구기관은 왜곡 없이 자료를 생산하고 활용할 책임이 있다. 녹취문을 작성하면서 지나친 윤문작업을 통해서 구술자의 의도나 구술의 상황을 왜곡하거나 변형시키는 행위를 삼가는 것은 물론이고, 학술논문 등을 작성하는 과정에서 연구자나 연구기관의 목적하는 바에 맞추어서 구술의 상황과 맥락을 인위적으로 왜곡해서는 안 된다. 실제로 이러한 왜곡은 학술논문 작성과정에서는 빈번하게 발생하기도 한다. 구술자의 이야기 가운데 일부분을 앞뒤의 문맥이나 상황을 거두절미한 채로 인용해서 구술자의 진의를 왜곡하고, 연구자 자신의 의도에 맞추어서 재구성하는 것은 연구자로서의 윤리를 저버리는 대표적인 행위로 지양되어야 마땅한 것이다.

구술사와 같이 사람의 이야기를 연구 데이터로 활용하는 질적 연구들은 사람 그 자체가 자료이기 때문에 데이터의 수집과 활용 과정에서 상당히 섬세하고 엄격한 윤리적인 기준을 마련하고 있다. 문화기술지나 현상학적 연구 등 대부분의 질적 연구방법들은 엄격한 자체 윤리기준을 제정하여 그 요건을 준수할 것을 연구자들에게 요구한다. 그 주요한 내용은 대체로 연구참여자나 제보자를 익명으로 처리하거나 비밀에 부쳐야 한다는 것이다. 연구의 수행 과정에서 생산된 데이터는 윤리적 요건을 준수하면서 해석하거나 가공이 되고, 연구자가 작성한 논문이나 저서가 연구의 최종 결과물이 된다. 연구의 과정에서 수집한 데이터는 연구자의 해석을 돕기 위한 보조 수단에 불과하고, 그 자체에 대한 공개와 보존은 전혀 고려의 대상이 아니다. 연구 종료 후 일정 기간이 지난 후에는 해당 데이터는 모두 폐기하게 된다.

이와는 달리 구술사는 데이터의 수집 그 자체가 연구의 중요한 목적이 된다. 수집된 데이터 그 자체가 연구의 최종결과물로 공개가 되고, 영구보존과 활용을 위한 기록물로 남겨진다. 수집된 자료의 사료(史料)로서, 기록으로서의 신뢰성 확보를 위해서는 구술자의 신원을 분명하게 밝혀서, 그 주장과 해석에 대한 책임성을 높일 필요도 있다. 구술사의 이런 자료의 수집과 활용의 양상은 다른 질적 연구와는 확연하게 구별되는 구술사만의 고유한 특징으로, 구술사만의 독자적인 윤리적 기준을 마련할 것을 요구한다.

익명이나 비밀 속에 연구참여자나 제보자의 신원을 감추는 다른 질적 연구들과는 달리 구술사는 대체로 구술자의 실명과 신원을 분명히 밝히고, 대신에 구술된 내용의 보급과 활용에 관한 모든 권한을 구술자에게 부여한다. 구술기록의 공개 여부를 구술자가 결정하도록 하고, 그 동의의 내용을 정해진 절차에 따라 기록(Christian Joon Park, 2016: 142)함으로써 구술자에게 책임과 권한을 동시에 부여한다는 점에서 커다란 특징을 지닌다.

3. 프라이버시와 명예훼손

1) 인격권의 보호: 프라이버시의 보호와 명예훼손

인격권은 헌법의 인간 존엄성에 기반을 두고 있는 권리로서, 표현행위에 의한 인격권의 침해는 크게 명예훼손에 속하는 영역과 프라이버시 등 인격권을 침해하는 영역으로 나누어 볼 수 있다. 명예훼손과 프라이버시 침해는 서로 유사한 측면이 있지만 서로 보호하는 법익의 내용을 달리하는 상이한 것이다. 명예훼손이 사람에 대한 사회적 평가를 저하시키는 것인 반면에 프라이버시 침해는 개인의 자신에 대한 주관적인 인식과 감정을 손상시키는 것을 의미한다. 따라서 대상에 대한 사회적인 평가를 향상시키는 경우에도 프라이버시 침해의 문제가 발생할 수 있다는 점에서 커다란 차이가 있다. 또한 명예훼손은 사실의 적시가 공익을 위한 것이고 그것의 진실성이 입증이 될 경우에는 위법성이 조각될 개연성이 있지만, 프라이버시 침해의 경우에는 공개된 사실이 진실인가의 여부를 가리지 않고 피해자의 정신적인 고통이 문제가 된다는 점에서 서로 구별이 된다. 법인의 경우에도 명예훼손의 대상이 될 수 있지만, 프라이버시는 법인에게는 적용이 되지 않는다는 점에서도 차이가 있다. 한편 명예훼손의 경우에는 민사적인 구제 이외에 형사적인 처벌이 가능하지만, 프라이버시 침해의 경우에는 특정한 경우를 제외하고는 형사적인 처벌이 가능하지 않다는 점에서도 차이를 발견할 수 있다. 마지막으로 명예훼손의 경우 사망한 자의 명예도 일정 부분을 인정하는 것이 명문화되어 있으나, 프라이버시의 경우에는 명확한 규정이 없어 대개 사망한 자의 프라이버시를 인정하는 것에 대해서는 부정적인 경향이 강하다(한지혜, 2005: 282).

명예훼손이나 프라이버시와 같은 인격권은 헌법에 근거해서 보호가 이루어지지만, "표현의 자유"나 "국민의 알 권리"와 충돌하게 되는 경우가 빈번하게 발생하는 사안이다. 예컨대 타인에 대한 명예훼손적인 내용을 포함하고 있지만, 국민의 알권리와 표현의 자유 측면에서 일반에 공개되는 것이 공익적인 목적과 취지에서 더 합당한 경우가 얼마든지 있을 수 있기 때문이다. 이 경우 두 개의 헌법적 법익을 어떻게 형량, 조정할 수 있을 것인가는 매우 첨예하고 복잡한 사항 가운데 하나이다. 이러한 문제는 언론법학자들이나 헌법학자들의 주요한 연구테마 가운데 하나가 되고 있다. 인격권은 헌법이 보장하는 인간의 존엄에 근거하여 이를 실현하는 기본권 가운데 하나이지만 타인의 권리를 포함하는 헌법적인 질서에 의해서 제한되며, 표현의 자유나 국민의 알 권리도 무제한적으로 보장이 되는 것이 아니라 법률이나 개인적 명예권 등에 의해서 제한이 이루어질 수 있기 때문에 이러한 문제는 첨예한 대립과 갈등 속에서 논의가 지속되고 있다.

(1) 프라이버시의 보호

프라이버시에 관한 권리는 헌법상의 기본권 가운데 하나로 우리 헌법 제17조 "모든 국민은 사생활의 비밀과 자유를 침해받지 아니한다."는 규정에 근거하여 보호를 받는다. 미국이나 독일, 일본이 헌법상의 명문 규정을 마련하지 않고 있지만, 학설과 판례에 의해서 프라이버시에 관한 권리를 보호하는 것과는 대조적으로 우리나라에서는 헌법상에 명문 규정을 마련하여 프라이버시를 보호하고 있다.

프라이버시에 관한 권리는 헌법상의 기본권으로서 인격적 존재로서의 인간의 존엄성 존중의 구체적 내용이 되는 인격의 자유로운 발현과 법적 안전성을 그 보호법익으로 한다(권영성, 2000: 424). 프라이버시에 관한 권리는 사적(personal) 정보, 개인적(individual) 행태, 데이터(data) 자료 등의 보호를 위한 법적 이익(legally recognized interest)이다(Donald M. Gillor, Jerome A Barron, Todd F Simon & Herbert A Terry, 1996: 83). 프라이버시 보호의 필요성은 1890년 루이스 브랜데이스(Louis Brandeis)와 사무엘 워렌(Samuel B. Warren)이 "프라이버시에 관한 권리(The right to Privacy)"라는 논문을 〈하버드로 리뷰(Havard Law Review)〉에 발표하면서 처음으로 제기되었다. 이전까지 미국의 불법행위에 관한 법은 신체적 상해에 대해서만 보호를 하고 있었는데, 19세기 후반 들어 급속하게 이루어진 기술 발전과 신문 보도의 급격한 증가로 인하여 개인이 감정적인 상처를 입게 되는 경우가 늘어나면서 그 보호의 필요성이 대두된 것이다(Neuenschwander, 2009: 49). 초기의 프라이버시에 관한 권리는 홀로 있을 권리(right to be left alone)의 성격이 강했다. 현대 법학에서는 프라이버시에 관한 권리를 한 개인이 개인적으로 지켜온 사실을 남에게 공개하지 않을 권리, 사생활의 자유로운 형성과 전개를 방해받지 않을 권리, 자기 정보에 대한 관리, 통제권까지를 포괄하는 것으로 보는 것이 지배적이다(정만희, 2000: 43). 프라이버시는 개인의 비밀스러운 정보에 대한 보호에 초점을 맞추고 있는 것이기 때문에 보호받는 정보의 취득 그 자체만으로도 침해를 구성할 수 있다.

우리나라에서 프라이버시의 권리는 헌법상의 기본권으로서 보호되고 있지만, 일반 법률에서 딱히 근거조항을 두고 있지는 않았다. 그러다가 2005년에 〈언론 중재 및 피해구제 등에 관한 법률〉(법률 제7370호)에서 인격권의 보장에 관한 명문 규정이 마련되었다. "언론은 생명, 자유, 신체, 건강, 명예 및 사생활의 비밀과 자유, 초상, 성명, 음성, 대화, 저작물 및 사적 문서 그 밖의 인격적 가치 등에 관한 권리(이하 "인격권"이라 한다)를 침해하여서는 아니된다."는 규정에 의하여 보호가 이루어진다. 또한 2012년도부터는 〈개인정보 보호에 관한 법률〉(법률 제10465호)을 통해서 개인의 자기 정보에 관한 보호가 이루어지고 있다.

미국의 저명한 법학자 윌리엄 프로서(William Prosser)는 프라이버시 침해의 유형을 크게 네 가지로 구분하여 첫째 원고의 주거, 고독 혹은 사적인 일에 대한 침입(intrusion), 둘째, 원고의 사적 사항에 관한 당혹스러운 공개(public disclosure), 셋째, 공중의 눈에 원고를 왜곡시키는 공표(publicity in false light), 넷째, 피고의 이익을 위한 원고의 성명 혹은 초상의 도용(appropriation)을 들고 있다(박용성, 2008: 34). 한편 미국의 구술사학자이자 법률가인 노이엔쉬원더는 현대의 프라이버시 문제는 거짓사실 공표(false light), 사적인 사실의 공개(disclosure of private facts), 공표의 권리(right of publicity), 육체적 안온에 대한 침범(intrusion upon physical solitude)로 구분하기도 한다.

프라이버시의 권리는 인격의 자유로운 발현과 인간의 존엄성을 유지하는 기본권이지만, 그것은 상대적 기본권으로서 일정한 제약을 받게 된다. 다시 말해서 프라이버시에 관한 권리는 다른 기본권과 마찬가지로 타인의 권리를 침해할 수 없으며, 사회윤리나 공중도덕, 또는 헌법질서에 위배되어서는 아니 된다(정만희, 2000: 44). 특히 프라이버시에 관한 권리의 한계로 언급되는 것은 언론이나 출판의 자유 또는 표현의 자유와 프라이버시에 관한 권리가 충돌하는 경우이다. 표현의 자유는 국민의 알 권리와 연결되는 사항으로 민주주의 사회의 전제조건이자 기반을 이루는 것으로 이 또한 헌법적인 기본권의 하나이다. 언론의 보도에 의해서 개인의 프라이버시가 침해되었을 경우 표현의 자유와 국민의 알 권리가 우선할 것인가 아니면 개인의 프라이버시를 보호할 것인가에 관한 문제는 오랜 역사를 가진 커다란 쟁점 가운데 하나이다.

미국의 판례는 공공의 이익 이론과 공적 인물 이론 등에 의해서 프라이버시 침해에 대한 면책의 사유를 제시한다. 사회 공공의 이익을 위해서 사회 구성원들이 모두 알아야할 필요가 있는 사항들이나 또는 유명인사들에 대해서는 낮은 수준에서만 프라이버시 보호를 인정하는 경향이다.

공공의 이익(public interest) 이론은 프라이버시의 권리는 공공의 이익이 되는 사항의 공개를 방해할 수 없다는 이론이다. 사회 구성원이 어떤 사실을 아는 데에 대하여 정당한 관심을 가지고 또한 그것을 아는 것이 사회에 이익이 되는 경우에는 공공의 이익에 해당하여 프라이버시 침해를 구성하지 않는다는 주장이다. 이 경우 가장 문제가 되는 것은 정당한 관심의 영역을 과연 어디까지 인정할 것인가를 결정하는 일이다. 통상 보도적 가치, 교육·계몽적 가치, 오락적 가치 등을 정당한 관심의 종류로 제시하고 있으며, 이러한 각각의 가치를 프라이버시와의 비교 형량에 의해서 법률적인 판단을 하게 된다.

한편 공적 인물(public figure)의 이론은 프라이버시 침해를 주장하는 사람의 사회적 지위에 따라서 프라이버시 침해 여부의 판단이 달라질 수 있다는 주장이다. 공무원이나 정치인 등과 같은 공적인 인물이나 유명인의 경우에는 사생활의 보호에 있어서 보통 사람과는 달리 어느 정도 개인의 생활이 노출되는 것이 불가피하다는 것이다. 공적 인물에는 대통령이나 국무총리, 국회의원을 비롯하여 공무를 통하여 대중의 관심의 대상이 된 사람을 일컬으며, 배우, 가수, 직업운동선수 뿐만 아니라 대중적으로 관심의 대상이 되는 사건사고의 주인공, 범인, 피해자 및 그 가족 등도 포함될 수 있다. 그렇지만 최근에는 대상 인물이 공적 인물이냐 사적 인물이냐 보다는 화제가 되는 사항이 공적인 사항인지 아니면 사적인 사항인지가 더 중요하며, 유명인도 공적 생활 이외에서 벌어지는 사적인 사항에 관해서는 프라이버시를 갖는다는 비판이 제기되고 있다.

독일에서는 소위 인격영역론(Spärentheorie der Persönlichkeit)을 통하여 프라이버시 보호를 위한 이익 형량을 조정한다. 이 이론은 법적 보호 대상인 인격적인 가치를 다섯 가지의 보호 영역으로 구분하여 해당 영역에 따라 프라이버시로서의 보호 범위를 달리해야 한다고 주장한다. 인격적 가치의 영역을 내밀영역, 비밀영역, 사적 영역, 사회적 영역,

공개적 영역 이렇게 다섯 가지로 구분하여 해당 영역에 따라서 프라이버시 침해에 대한 법적 판단을 달리할 것을 제안한다. 내밀영역은 인간 자유의 최종적이고 불가침적인 영역을 포괄하는 것으로, 핵심적 자아의 영역에 속하는 내심의 상황을 말한다. 여기에는 개인의 종교적, 세계관적 의무나 확신·감정뿐만 아니라 개인의 간절한 원망·두려움 등 극단적인 내심의 비밀 등이 포함되며, 또한 사랑의 영역으로서 성적인 사항이 포함된다. 이 내밀영역은 가장 강력한 보호를 받는 절대적인 영역이다. 이것은 유명인은 물론 정치가에도 통용이 된다. 한편 비밀영역은 사회통념상 이성적인 평가를 할 경우 공공에게 노출이 되어서는 안 될 인간의 생활영역을 의미한다. 비밀영역은 공공으로부터 보호되어야 할 뿐만 아니라 사적인 제3자의 인지 및 침입으로부터도 보호되어야 한다. 그렇지만 이 경우 비밀보호의 효력은 절대적인 것이 아니며 동등한 위치에서 보장받는 표현의 자유와 긴장 관계에 서며, 그 비밀관계자의 이익은 모든 사정을 고려한 공개의 이익과 비교형량하여 보호여부가 결정된다(정만희, 2000: 45-48).

사적 영역은 가족이나 친구, 친지와 같이 친밀한 범위 내에서 이루어지는 일상생활의 영역을 말하며, 개인의 혈통·가계·성격·습관·질병 등도 이 영역에 속한다. 사적 영역은 내밀 영역과는 달리 절대적 보호를 받지 못하지만 유명인이나 정치인이라고 하더라도 보호를 받을 수 있다. 이 영역의 사실이 언론의 자유와 충돌할 때 역시 공공의 알 권리나 표현의 자유와의 이익 형량에 따라 보호여부를 결정하게 된다. 한편 사회적 영역은 내밀영역, 비밀영역, 사적 영역에 비해서 훨씬 더 자유롭게 보도할 수 있으며, 공개적 영역의 경우에는 인격권적 보호의 범위에 포함되지 않는 것으로 본다.

우리나라에서도 미국이나 독일의 판례 이론들을 수용하여 프라이버시에 관한 권리의 보호가 이루어지고 있다. 프라이버시권과 표현의 자유가 충돌하였을 때 우리 법원은 “표현의 자유는 민주정치에 있어 최대한의 보장을 받아야 하지만 그에 못지않게 개인의 명예나 사생활의 비밀과 자유 등 사적 법익도 보호되어야 할 것이므로, 인격권으로서의 개인의 명예의 보호와 표현의 자유의 보장이라는 두 법익이 충돌하였을 때 그 조정을 어떻게 할 것인지는 구체적인 경우에 사회적인 여러 가지 이익을 비교하여 표현의 자유로 얻어지는 이익·가치와 인격권의 보호에 의해 달성되는 가치를 형량하여 그 규제의 폭과 방법을 정하여야 한다”(대법원, 1988.10.11.선고 85다카29. 판결)고 하여 두 가지 이익이 상호충돌 할 경우에는 법적인 이익 형량을 통하여 침해 여부를 판단하고 있다. 또한 “개인의 사생활의 비밀에 관한 사항은 그것이 공중의 이해와 관련되어 공중의 정당한 관심의 대상이 되는 사항이 아닌 한 비밀로서 보호되어야 하고, 이를 부당하게 공개하는 것은 불법행위를 구성한다”(대법원, 1998.9.4.선고 96다11327 판결) 고 판시하고 있다. 또한 “개인의 사적인 신상에 관한 사실이라고 하더라도 그가 관계하는 사회적 활동의 성질이나 이를 통하여 사회에 미치는 영향력의 정도 등의 여하에 따라서는 그 사회적 활동에 대한 비판 내지 평가의 한 자료가 될 수 있는 것이므로 그 적시의 동기가 공공의 이익을 위한 것이라면 책임이 면제될 수 있다”(대법원, 1996.4.12.선고 94도3309 판결)고 판결을 내리고 있다.

(2) **명예훼손**(Defamation)

우리 법제상 명예는 인격권을 구성하는 법익의 하나로, 명예훼손은 사람에 대한 명예 즉 ‘사회적 평가’를 저하시키는 행위로서 민·형사상 제재 대상이 된다. 민사상 명예훼손은 불법행위를 구성하여 법적 제재를 받게 되고, 형사상으로는 형벌로 처벌받게 된다.

‘명예’란 사람의 품성, 덕행, 명성, 신용 등 세상으로부터 그 사람이 받는 객관적인 평가를 의미하고, 법인의 경우에는 그 사회적인 명성과 신용을 지칭하는 것이다. 따라서 명예를 훼손한다는 것은 개인이나 법인의 사회적 평가를 침해하는 것을 일컫는다. 즉 명예훼손이란 불특정다수에게 실존 인물에 대한 사실적 주장을 유포함으로써 그 인물의 평판을 저하시키는 행위를 지칭한다. 사실적 주장이란 자신의 의견을 표시하거나 의견이라고 이해될 수밖에 없는 추상적인 주장을 의미하는 것이 아니라 특정한 사건 등에 관한 구체적이고 세부적인 사실을 담고 있다는 것을 의미한다. 사실적 주장이 진실인 경우에도 그 인물의 평판을 저하시킬 수 있고, 허위인 경우에도 그 인물의 평판을 저해시킬 수는 있다. 또한 사실적 주장은 직접적인 서술이나 직접적인 보도를 통해서도 알 수 있지만, 영화나 드라마, 소설에 실존인물과 비슷한 가상의 인물을 등장시켜서 이루어지는 경우도 있다(박경신, 2009). 그렇지만 순수한 의견의 표현은 명예훼손의 적용 대상이 되지 않는다.

명예훼손과 관련해서는 엄격 책임의 법리(strict liability rule)가 적용되기 때문에 명예훼손적인 표현 행위가 있으면 곧바로 책임을 추정하게 된다. 따라서 공표된 내용이 원고의 명예를 훼손하는 내용인 경우에는 고의나 과실을 불문하고 표현행위에 가담한 사람의 책임이 인정된다. 원고가 명예훼손적인 내용이 공표되었다는 사실을 입증하게 되면 피고의 악의와 피해자의 손해가 추정되어 손해배상책임이 성립될 수 있으며, 피고가 공표된 내용이 진실임을 입증하거나 위법성 조각 사유에 해당하는 것인지를 입증하지 못하는 한 손해배상책임을 면하지 못하게 된다.

우리 형법(법률 제15982호)은 제33장에 '명예에 관한 죄'(제307조~제311조) 항목을 별도로 구성하여, 일반적인 명예훼손에 관한 사항(제307조)이고, 사자(死者)의 명예훼손(제308조), 출판물에 의한 명예훼손(제309조), 명예훼손에 대한 위법성 조각 사유(제310조)에 관하여 규율하고 있으며, 모욕죄(제311조)를 별도의 구성요건으로 규정하고 있다. 형법상 명예훼손은 '사실 적시'를 요건으로 하지만, 모욕죄의 경우에는 사실 적시를 반드시 요건으로 하지는 않으며 사람에 대한 경멸의 표시만으로도 성립이 될 수 있다는 점에서 일반적인 명예훼손과는 구별이 된다.

일반적인 명예훼손의 요건에 따르면 우리 법은 진실인 사실이라고 하더라도 상대방의 명예를 훼손한 사실이 있는 경우에 명예훼손으로 처벌받을 수 있도록 규정하고 있다. 다만 이 경우 위법성 조각 사유에 따라 공익성이 인정되는 경우에, 즉 오로지 공공의 이익을 위한 것으로 행위자가 공공의 이익을 위하여 그 사실을 적시한 경우에는 책임으로부터 자유로울 수 있다. 이것은 공개한 내용이 진실인 경우에 처벌을 받지 않는 미국의 경우와는 다른 태도를 취하고 있는 것이다. 우리나라에서는 사실적인 주장이 진실이라고 하더라도 공익적인 목적으로 그 주장을 한 것이 인정되는 경우에 해당되지 않으면 명예훼손이 성립될 수 있다. 또한 공익적인 목적이라고 하더라도 상대를 비방할 목적이었다는 것을 입증하게 되면 명예훼손으로 인정이 될 수도 있다. 명예훼손은 사실적인 주장에 의해서 발생하는 것이지만, 대부분의 국가에서는 그 대상이 공인인 경우에는 그것이 허위인 줄 알면서도 유포가 된 경우에만, 즉 실질적인 악의(actual malice)가 있어야 명예훼손으로 인정이 된다. 뉴욕타임스와 설리반 사건(New York Times Co. v. Sullivan)은 이른 바 공직자에 관한 보도에 있어서는 명예훼손적인 내용에 오류가 있다고 할지라도 그것이 언론사 측의 '악의 또는 중과실(actual malice or reckless disregard)'에 의한 것을 피해자가 입증하는 경우에만 언론사의 손해배상책임이 성립한다고 판시하여 공직자 또는 공인에 대해서는 비교적 느슨한 기준을 적용하고 있다.

〈표 1〉 형법 중 명예훼손에 관련 규정

제33장 명예에 관한 죄 **제307조(명예훼손)** ① 공연히 사실을 적시하여 사람의 명예를 훼손한 자는 2년 이하의 징역이나 금고 또는 500만원 이하의 벌금에 처한다. 〈개정 1995.12.29.〉 ② 공연히 허위의 사실을 적시하여 사람의 명예를 훼손한 자는 5년 이하의 징역, 10년 이하의 자격정지 또는 1천만원 이하의 벌금에 처한다. 〈개정 1995.12.29〉 **제308조(사자의 명예훼손)** 공연히 허위의 사실을 적시하여 사자의 명예를 훼손한 자는 2년 이하의 징역이나 금고 또는 500만원 이하의 벌금에 처한다. 〈개정 1995.12.29〉 **제309조(출판물등에 의한 명예훼손)** ① 사람을 비방할 목적으로 신문, 잡지 또는 라디오 기타 출판물에 의하여 제307조제1항의 죄를 범한 자는 3년 이하의 징역이나 금고 또는 700만원 이하의 벌금에 처한다. 〈개정 1995.12.29〉 ② 제1항의 방법으로 제307조제2항의 죄를 범한 자는 7년 이하의 징역, 10년 이하의 자격정지 또는 1천500만원 이하의 벌금에 처한다. 〈개정 1995.12.29〉 **제310조(위법성의 조각)** 제307조제1항의 행위가 진실한 사실로서 오로지 공공의 이익에 관한 때에는 처벌하지 아니한다. **제311조(모욕)** 공연히 사람을 모욕한 자는 1년 이하의 징역이나 금고 또는 200만원 이하의 벌금에 처한다. 〈개정 1995.12.29〉 **제312조(고소와 피해자의 의사)** ① 제308조와 제311조의 죄는 고소가 있어야 공소를 제기할 수 있다. 〈개정 1995.12.29〉 ② 제307조와 제309조의 죄는 피해자의 명시한 의사에 반하여 공소를 제기할 수 없다. 〈개정 1995.12.29〉

패러디나 코메디와 같이 보통 사람들이 사실적 주장으로 받아들이지 않는 경우에는 명예훼손으로 인정되지 않는다. 또한 너무나 황당무계하

고 초자연적인 주장을 펼쳐서 어느 누구에게도 사실적인 주장으로 받아들여지지 않을 것이 분명한 경우 역시 명예훼손으로 인정되지 않는다. 아울러 허위 사실일지라도 극화를 위해 진실인 사실을 근간으로 해서 살을 붙이기 위해 만들어낸 것은 역시 일반인들이 사실적인 주장이라고 믿지 않는 것으로 여겨져 명예훼손이 성립하지는 않는다.

한편 민법(법률 제14965호)에서는 명예훼손을 불법행위의 하나로 규정하고, 그 위자료 청구권 발생 요건(민법 제751조)과 일반적 불법행위와는 다른 명예훼손의 특칙(민법 제764조)으로 규정하고 있다. 형사상의 명예훼손은 형사 처벌의 대상이 되지만, 민사상의 명예훼손은 불법행위에 대한 제재행위로서 위자료 및 손해배상 청구의 대상이 된다는 점에서 차이가 있다. 물론 형사상의 명예훼손이 된 경우에는 민사상의 명예훼손도 병과해서 진행이 될 수 있다. 형사상의 명예훼손은 고의가 있는 경우에만 성립되지만, 민사상의 명예훼손은 고의뿐만 아니라 과실이 인정되는 경우에도 책임이 인정될 수 있어 민사상의 책임을 보다 폭넓게 인정하고 있다.

명예훼손을 구성하기 위한 요건을 미국의 〈불법행위의 재술(*Restatement (Second) of Tort*)〉에서는 첫째, 타인에 대한 허위 그리고 명예훼손적인 진술을 포함하고 있을 것, 둘째 원고의 그리고 원고가 관련된 것, 셋째, 명예훼손 내용을 제3자에게 공표한 행위가 이루어졌을 것, 넷째, 어느 정도의 과실이 있을 것(최소한의 주의 의무를 소홀히 한 경우), 다섯째, 그 결과 원고에게 피해를 입혔을 것, 이렇게 다섯 가지로 분석하고 있다. 우리 법은 진실이라고 하더라도 명예훼손으로 인정될 소지가 있지만, 미국의 경우에는 진실인 경우에는 명예훼손을 인정하지 않는다는 점을 감안할 때 첫째 요건에서의 언급하고 있는 '허위'라는 요건을 우리나라에 그대로 적용하기 어렵다는 점을 제외하고는 모두 우리 법률 환경에서도 그대로 참고할 수 있을 것이다.

〈표 2〉 민법 중 "명예훼손" 관련 조항

제750조 (불법행위의 내용) 고의 또는 과실로 인한 위법행위로 타인에게 손해를 가한 자는 그 손해를 배상할 책임이 있다. **제751조 (재산이외의 손해의 배상)** ① 타인의 신체, 자유 또는 명예를 해하거나 기타 정신상고통을 가한 자는 재산이외의 손해에 대하여도 배상할 책임이 있다. ② 법원은 전항의 손해배상을 정기금채무로 지급할 것을 명할 수 있고 그 이행을 확보하기 위하여 상당한 담보의 제공을 명할 수 있다. 제764조 (명예훼손의 경우의 특칙) 타인의 명예를 훼손한 자에 대하여는 법원은 피해자의 청구에 의하여 손해배상에 가름하거나 손해배상과 함께 명예회복에 적당한 처분을 명할 수 있다. [89헌마160 1991.4.1민법 제764조(1958. 2. 22. 법률 제471호)의 "명예회복에 적당한 처분"에 사죄광고를 포함시키는 것은 헌법에 위반된다.]

2) 프라이버시와 명예훼손에 대한 대응 방안

구술기록의 수집과 활용에서 발생할 수 있는 문제의 대부분은 윤리적인 차원과 더불어서 법률적인 차원에서의 검토를 필요로 하는 것이다. 법률적인 문제는 손해배상이나 위자료, 심지어 형사적인 처벌과도 연결될 수 있는 사안이기 때문에 도의적인 책임만을 부담하는 윤리적인 차원에서의 문제와는 그 결을 달리하는 것이다. 대개의 경우 구술자에 대한 윤리적인 책임을 다하는 것으로 그 인격적인 이익을 충분히 보호할 수 있다. 그 가운데에서도 책임의 무게가 가볍지 않은 것들과 구술의 과정에서 언급되는 제3자와 관계되는 사항들이 대개 법률적인 문제와 연결이 된다.

따라서 구술기록의 수집과 배포 과정에 구술자 또는 타인의 프라이버시를 침해하고, 타인의 명예를 훼손하는 부분이 포함되어 있는 지를 꼼꼼하게 살펴볼 필요가 있다. 그런데 문제는 어떤 부분이 프라이버시나 명예훼손에 해당하는 것인가를 판단하기가 그리 쉽지 않다는 점이다. 설령 일부 프라이버시를 침해하거나 명예훼손적인 부분을 포함한 경우더라도 공익적인 관점에서 더욱 필요한 것이라면 앞서 살펴 본 것처럼 위법성 조각 사유에 해당이 되어 자료 공개에 따르는 책임으로부터 자유로울 수도 있기 때문에 문제는 더욱 복잡해진다. 따라서 이러한 부분에 적절하게 대응할 수 있는 가이드라인을 만들어서 그 가이드라인에 따라서 꼼꼼한 점검이 이루어질 필요가 제기된다. 그런데 아직까지 국내에서 구술기록의 공개에 필요한 인격권적인 요소를 판단할 가이드라인이 별도 만들어진 것이 없고, 해외의 사례에서도 그러한 예를 찾아보기가 쉽지는 않은 실정이다. 이러한 문제에 체계적으로 대응할 수 있는 공동의 가이드라인을 개발하여 보급하는 것도 향후 구술사 연구가 안고 있는 과제 가운데 하나가 되지 않을까 생각이 된다. 후술하는 부분은 구술기록 공개에 앞서서 필요한 법률적인 검토에 참고할만한 몇 가지 사항들을 앞서 언급한 법률 내용을 바탕으로 정리한 것이다. 앞으로 구술기록의 수집과 공개에 따르는 인격권 문제와 관련된 가이드라인 제정에 참고할 수 있는 기초자료로 활용될 수 있었으면 한다.

구술기록의 인격권에 관한 문제는 수집 단계에서부터 곧바로 적용이 된다. 구술자가 원하지 않는 또는 사전에 고지가 이루어지지 않은 상태에서 이루어진 기록의 작성과 수집은 그 자체로 프라이버시 침해를 구성한다. 아무런 허락 없이 개인의 일상을 기록하여 공개하는 것은 자신의 사적인 영역의 안온을 침해하는 행위에 해당되어 개인의 인격적인 권리를 훼손하는 행위이기 때문에 프라이버시 침해를 구성하게 된다. 따라서 구술자의 동의가 이루어지지 않은 상태에서 녹음이나 녹화, 사진 촬영을 하는 행위 등은 엄격하게 금지되어야만 한다. 구술채록 작업을 진행하다 보면, 녹음이나 녹화 도중에는 구술자가 정제된 이야기만을 하다가 기록 작업이 중지된 이후에는 거침없이 이야기를 하는 경우가 흔히 발생하기도 한다. 이런 때 채록자는 비공식적인 이야기의 순간을 녹음이나 녹화하고 싶은 유혹을 강하게 느낄 수도 있지만, 구술자에게 사전에 고지되지 않은 상태로 이루어지는 녹음이나 녹화는 단순한 윤리적인 책임을 넘어서 모두 프라이버시 침해라는 법률적인 책임으로 연결될 수 있다는 점을 인지하고 이런 행동을 절대로 삼가야만 한다.

수집된 기록물을 구술사아카이브에 보관하고 다른 사람들이 이용할 수 있도록 제공하는 과정에서도 이러한 원칙들은 모두 동일하게 적용이 된다. 아카이브에 기록물을 비치하고 그 목록을 공개함으로써 구술기록은 언제든 다른 사람이 이용할 수 있는 개연성을 지니게 된다. 따라서 구술기록을 아카이브에 비치하여 목록을 공개하고 다른 사람이 이용할 수 있도록 제공하는 행위는 그 자체로 구술기록을 일반 대중에게 공표하는 것에 해당이 된다. 저작권법 제11조 제5항에서 저작자가 특별한 의사표시를 하지 않고 도서관이나 아카이브에 자료를 기증하는 경우에는 그 저작물이 기증되는 시점에서 저작물의 공표에 동의하는 것으로 추정하는 규정을 두고 있다. 도서관이나 아카이브에 자료 제공함으로써 불특정 다수의 사람들이 자료를 이용할 수 있는 환경에 저작물이 노출되는 것이기 때문에 자료 공개에 관한 특별한 단서가 없이 저작물이 도서관이나 아카이브에 제공이 되는 경우는 저작물이 공표된 것이라고 추정하는 것이다. 따라서 구술아카이브에 자료를 공개하기에 앞서 작성된 구술기록의 공개에 동의하는지를 구술자에게 묻는 과정을 거칠 필요가 있다. 구술면담의 과정에서는 이야기가 가지는 즉흥적인 성격으로 말미암아 다른 사람들에게 공개하기 곤란한 이야기들이 오고가고 갈 수 있다. 그 가운데에는 정치적으로, 사회적으로 민감한 주제 또는 개인의 비밀스러운 이야기가 포함될 수 있다. 제3자에 대한 평판이 언급되는 경우도 있을 것이다. 면담 현장에서 이루어진 이야기라고 해서 이런 이야기들이 여과 없이 외부에 공개될 수 있는 것은 절대로 아니다. 그것은 그 누구에게도 결코 바람직하지 않다. 구술자에게는 자신이 한 이야기 가운데 기록으로 남겨져서 다른 사람들에게 공개되어서는 곤란한 부분을 점검하고 확인할 권리가 있다. 구술자에게 자신의 이야기가 사회적으로 불러올 수 있는 파장에 대해서 검토를 할 기회가 보장되어야만 한다. 그래야 구술자의 사적인 영역을 다른 사람에게 공개하지 않을 권리, 즉 프라이버시를 충분히 보장할 수 있다. 구술아카이브의 기록물 공개는 구술자의 동의 내용과 조건을 바탕으로 이루어져야만 프라이버시 침해의 책임으로부터 자유로울 수 있다.

구술자의 프라이버시를 충실히 보호하기 위해서는 구술자의 검독은 물론이고, 이와는 별도로 채록자에 의한 검토 작업이 병행될 필요가 있다. 구술사 연구 수행 과정에서 무엇보다 우선적으로 보장되어야 하는 것은 구술 행위로 말미암아 구술자가 피해를 보는 경우는 없어야 한다는 점이다. 이런 까닭에 구술자와는 달리 객관적인 시각을 유지할 수 있는 채록연구자에 의해서 구술이 공개되었을 경우에 발생할 수 있는 파장에 대해서 다시 한 번 검토가 필요가 있다. 구술자의 발언 가운데 정치적으로 또는 사회적으로 민감한 내용을 걸러내는 작업을 통해서 구술자를 보호해야만 하기 때문이다.

한편 구술의 내용 가운데에 포함된 제3자에 관한 언급은 보다 면밀한 검토가 필요하다. 이 경우는 구술기록의 생산과 배포에 관여하는 당사자 즉 구술자나 채록자, 구술사연구기관 또는 구술사아카이브 뿐만 아니라 제3의 다른 사람과의 관계로 문제가 확대되기 때문이다. 제3자에 관한 사항은 프라이버시 문제와 명예훼손도 모두 포함이 될 수 있다는 점에서 보다 면밀한 검토가 필요하다. 기록물의 공개에 앞서서 채록자, 구술사연구기관, 구술아카이브에서는 문제가 되는 부분을 식별하고 해당 부분의 공개가 가져올 수 있는 사회적 파장을 미리 심층적으로 검토해야만 불필요한 분쟁을 피해갈 수 있다.

구술기록과 관련한 프라이버시 침해와 명예훼손의 책임은 구술자, 채록자, 연구기관, 출판사 등 구술기록의 수집과 활용과 관련된 모든 주체에게서 발생할 수 있다. 구술기록에 타인의 프라이버시를 침해하거나 명예훼손적인 내용을 포함하고 있다면, 그러한 발언을 한 구술자에게 1차적인 책임이 있다. 그렇지만 프라이버시 침해나 명예훼손의 소지를 안고 있는 녹취록이나 녹음자료, 녹화자료를 여과 없이 공중에게 제공하여 공개하는 채록자, 연구자, 구술사 연구기관이나 아카이브도 결코 그 책임으로부터 자유로울 수 없다. 프라이버시 침해나 명예훼손적인 진술을 포함한 출판물의 배포자나 작가의 경우에도 그 책임을 벗어날 수는 없다. 예컨대 작가나 출판사가 타인에 대한 비방을 반복하면서, 이러한 진술이 다른 사람으로부터 비롯되었다는 점을 밝힌다고 해서 그 책임으로부터 자유로울 수는 없다는 것이다. 따라서 구술기록을 수집하여 활용하는 기관에서는 구술기록의 활용이 프라이버시나 명예훼손 소송으로 이어지지 않도록 필요한 예방 조치를 취할 필요가 있다.

먼저 제3자의 프라이버시 침해 여부를 판단하기 위해서는 구술의 내용을 독일의 인격영역론의 구분에 따라서 검토할 수 있을 것이다. 제3자의 연애경험이나 성적인 취향과 경험 같이 지극히 사적이고 내밀한 이야기들은 내밀 영역이나 비밀 영역에 해당이 되기 때문에 절대적인 보호가 필요한 영역이다. 따라서 공익적인 취지에서의 활용이라고 하더라도 그것이 위법성 조각 사유에 해당이 되기는 실제로 매우 어렵다. 이러한 까닭에 이 경우에 해당하는 사항은 정말 매우 특별한 사유가 없는 한 공개의 범위에서 제외하는 것이 바람직하다. 가족이나 친지, 개인의 신체에 관한 언급을 포함하는 사적 영역의 경우에는 내밀영역이나 비밀영역의 경우처럼 절대적인 보호의 대상이 되는 것은 아니기 때문에 이 경우에는 공익적인 취지에 비추어 그 공개의 여부를 융통성 있게 결정할 수 있을 것이다. 국민의 알 권리와 표현의 자유 등에 비추어서 이러한 부분을 공개하는 것이 보다 바람직하다고 판단이 된다면 과감하게 자료를 공개할 필요도 있다. 개인의 프라이버시를 보호하는 것보다 더 많은 사람들이 그 사실을 알게 되는 것의 이익형량이 더 클 경우에 자료의 공개를 망설일 이유는 특별히 없다. 그렇지만 이 경우에도 공익적인 취지를 자의적으로 해석해서는 곤란하고 사회통념에 비추어서 합리적인 수준에서 판단이 이루어져야만 한다. 한편 사회적 영역과 공개적 영역에 해당하는 사항은 다른 사람들과 이미 공유하거나 공개되어 있는 사항들인 경우가 대부분이기 때문에 특별한 제약 없이 비교적 자유롭게 공개해도 무방하다.

명예훼손은 프라이버시와 일부 중복이 되는 경우도 있지만 대체로 이와는 구별이 되는 별개의 사안이기 때문에 또 다른 차원에서의 검토와 점검이 필요하다. 명예훼손은 사실의 표현에 대해서 적용이 되는 것이지만 의견의 표현에까지 적용이 되는 것은 아니다. 따라서 구술사연구기관이나 구술사아카이브는 기록물의 공개에 앞서 해당 부분이 타인에 명예를 손상시키는 사실 관계에 관한 언급이 포함되어 있는 지를 세심하게 살펴볼 필요가 있다. 미국 법에서는 공표된 사실이 진실인 경우에는 위법성 조각 사유를 구성하지만, 우리 법에서는 진실인 사실의 공표라고 하더라도 공표 행위가 공익을 위한 것이 아닌 경우에는 명예훼손을 구성할 수 있다. 이런 까닭에 특정인의 평판을 훼손시킬 수 있는 사실 관계에 관한 언급을 포함한 진술을 포함한 구술기록은 그 공개에 앞서서 공익성과의 비교 형량이 반드시 필요하다.

한편 미국의 구술사학자이자 법학자인 노이엔쉬원더는 법적 분쟁 예방을 위한 조치를 위해서 필요한 권고사항을 제시하고 있다(Neuenschwander, 2009: 47). 첫째, 연구자나 아키비스트에게 적절한 훈련을 제공할 필요가 있다. 구술기록을 생산하고, 편집하고, 보존하는 사람들뿐만 아니라 자료의 검색에 관여하는 모든 사람에게 구술기록이 명예훼손의 개연성을 가지고 있다는 점을 충분히 인지할 수 있도록 적절한 교육과 훈련을 제공할 것을 권고한다. 둘째, 자료의 공개에 앞서서 명예훼손과 관련된 체크리스트를 작성하여 다음과 같은 사항들에 대해서 꼼꼼하게 점검할 것을 제안한다.

① 이야기의 대상이 되는 사람의 생사 여부 확인
② 구술 자료를 읽고 난 연후에 대상에 대한 의견이나 평가가 바뀌는가?
③ 특정한 사실에 대해서 부정적인 의견을 표현하고 있는가?
④ 구술자의 이야기가 진실임을 입증할 수 있는 다른 증거를 확보하고 있는가?

마지막으로 구술기록을 공개하기에 앞서서 자료 공개와 관련된 등급을 부여하여, 문제의 소지가 있는 자료의 공개를 최소화하는 방법이다. 노이엔쉬원더는 자료의 등급을 전면비공개, 해당부분 삭제 후 공개, 편집, 삭제 등 4단계로 제시(Neuenschwander, 2009: 47)하고 있으며, 미국미술기록보존소의 경우에는 비공개(Seal), 구술자 허락 후 열람, 전면 공개의 3단계로 자료의 등급을 구분하여 구술기록을 공개하고 있다.

4. 개인정보보호법: 개인정보의 자기결정권

1) 개인정보보호법의 주요한 내용

(1) 개인정보보호법의 목적

개인정보보호법(법률 제14839호)은 “개인정보의 처리 및 보호에 관한 사항을 정함으로써 개인의 자유와 권리를 보호하고, 나아가 개인의 존엄과 가치를 구현"(법 제1조)하기 위한 것이다. 이 법이 제정·시행되기 이전까지 우리나라의 개인정보의 보호는 공공부문과 민간부문을 구별해서 규율이 이루어지고 있었다. 공공기관의 개인정보처리는 '공공기관의 개인정보 보호에 관한 법률(1994년 제정)'에 따라서, 민간 부문의 경우에는 '정보통신망 이용촉진 및 정보보호 등에 관한 법률(1999년 제정)'에 따라 규율이 이루어졌다. 그렇지만 정보사회가 발달하면서 점차 개인정보의 경제적인 가치가 증대되고 사회 모든 영역에서 개인정보의 수집과 이용이 보편되면서 국가 사회 전반을 규율하는 개인정보 보호원칙과 처리기준을 마련할 필요가 제기되었고, 이에 따라 공공부문과 민간부문을 망라하는 개인정보 처리원칙으로 지금의 개인정보법이 제정되기에 이르렀다. 개인정보 침해로 인한 국민의 피해 구제를 강화하여 사생활의 비밀을 보장하고, 개인정보에 대한 권리와 이익을 보장하기 위해서 '개인정보법'이 마련된 것이다.

개인정보의 보호는 프라이버시의 보호와 개인정보의 자기결정권이라는 두 가지 측면에 바탕을 두고 있다. 개인정보의 보호는 헌법 제17조의 사생활의 비밀과 자유("모든 국민은 사생활의 비밀과 자유를 침해받지 아니한다.")에 바탕을 두고 있다. 사생활의 비밀이란 자신의 의사에 반해서 사생활을 공개당하지 아니할 불가침의 권리를 의미하며, 사생활의 자유란 사생활의 자유로운 형성과 전개를 방해받지 아니할 불가침의 권리를 뜻한다. 이렇듯 프라이버시의 보호는 개인정보 보호의 기본적인 원리임에 틀림이 없다. 그렇지만 일종의 재화로서 개인정보의 다양한 처리와 활용이 이루어지고 있다는 점을 감안할 때에 프라이버시의 보호만으로 개인정보 보호의 원리를 설명하기에는 상당한 어려움이 있다. 사생활의 비밀과 자유뿐만 아니라 개인정보의 보호에는 개인정보의 활용과 공개를 허락하고, 타인의 경제활동에 제공할 수 있는 범위를 결정할 수 있는 권리까지가 포함되기 때문이다. 헌법재판소는 개인정보자기결정권을 헌법 제17조의 사생활의 비밀과 자유, 헌법 제10조 제1문의 인간의 존엄과 가치 및 행복추구권에 근거를 둔 헌법에 명시되지 않은 독자적 기본으로 인정하고 있다(헌재 2005.5.26. 99헌마513). 다시 말해서 개인정보자기결정권은 프라이버시의 보호와는 구별되는 새로운 권리 개념으로, 개인정보 보호의 원리를 새롭게 설명하는 독자적인 기본권이다. 개인정보자기결정권이란 자신에 관한 정보가 언제 누구에게, 어느 범위까지 알려지고 또 이용되도록 할 것인지를 정보주체가 스스로 결정할 수 있는 권리이다.

헌법재판소는 개인정보자기결정권을 헌법에 명시되지 않은 기본권으로 파악(헌재, 2005.5.26.선고. 99헌마513결정)하여 권리로서의 실체를 인정하고 있다. "개인정보 자기결정권의 보호대상이 되는 개인정보는 개인의 신체, 신념, 사회적 지위, 신분 등과 같이 개인의 인격주체성을 특징짓는 사항으로서 그 개인의 동일성을 식별할 수 있게 하는 일체의 정보라고 할 수 있다. 그리고 반드시 개인의 내밀한 영역이나 사사(私事)의 영역에 속하는 정보에 국한되지 않고 공적 생활에서 형성되었거나 이미 공개된 개인정보까지 포함한다. 또한 그러한 개인정보를 대상으로 한 조사·수집·보관·처리·이용 등의 행위는 모두 원칙적으로 개인정보 자기결정권에 대한 제한에 해당한다(헌재 2005.5.26.선고 2004헌마190)."

개인정보는 헌법에 따라 인정되는 기본권인 사생활의 비밀 및 자유와 개인정보자기결정권을 기초로 하여 보호가 이루어진다. 그렇지만 개인정보 역시 다른 기본권들과 마찬가지로 절대적인 보호의 대상이 될 수는 없고, 타인과 사회적인 이익과 조화를 이루는 범위 내에서 보호가 이루어져야 한다. 개인정보의 이용은 정보주체의 권익을 침해하는 측면도 있지만, 동시에 정보주체, 정보처리자 및 공공의 이익을 증진하는 측면도 함께 존재(장주봉, 2012)하기 때문이다. 따라서 개인정보의 보호와 이용이 적절하게 조화를 이룰 수 있는 균형점을 찾는 일이 개인정보 보호에 있어서 무엇보다 중요한 과제가 될 것이다.

(2) 개인정보의 개념

개인정보의 보호에 대해서 논의하기 위해서는 개인정보가 무엇인가에 대한 파악이 우선 필요할 것이다. 영어로는 personal data와 personal information이 모두 개인정보의 의미로 사용 되고 있다. 전자는 주로 유럽 국가들 사이에서 사용되고 후자는 미국, 캐나다, 호주, 뉴질랜드 등에서 사용되고 있다(이창범, 2012: 14-15). 그렇지만 개인정보 보호에 꽤 오랜 연륜을 가진 유럽 국가들에서도 '개인정보'가 무엇인지에 대한 명쾌한 정의는 내리지 못하고 있는 형편이다.

개인정보법 제2조 제1호는 "개인정보란 살아 있는 개인에 관한 정보로서 성명, 주민등록번호 및 영상 등을 통하여 개인을 알아볼 수 있는 정보(해당 정보만으로는 특정 개인을 알아볼 수 없더라도 다른 정보와 쉽게 결합하여 알아볼 수 있는 것을 포함한다)를 말한다."고 개인정보를 정의하고 있다. 개인정보는 개인을 식별하거나 식별가능성을 제공하는 일체의 정보를 가리키는 것이다. 성명, 초상, 주민등록번호 또는 여권번호, 운전면허번호 등과 같이 직접 개인을 식별하는 데 쓰이는 정보는 물론이고, 인터넷 이용에서 특정인이 보이는 행동 태양(態樣)처럼 거기에 다른 정보를 덧붙이면 개인을 식별할 가능성을 제공하는 것들도 모두 개인정보에 포함될 수 있다(박준석, 2013: 2-3). 개인정보의 보호대상은 정보가 담겨 있는 유형물이 아니라 무형의 정보 그 자체가 권리의 객체라는 점에서 지적재산권과도 유사한 측면을 지니고 있다. 단편적인 정보 하나만으로는 특정한 개인을 식별할 수 없지만, 다른 정보와 결합되어서 특정인을 식별할 수 있는 경우에도 개인정보에 해당이 될 수 있다. 결합가능성이란 결합의 대상이 될 수 있는 정보를 합법적으로 접근·입수할 수 있어야 하고, 현재의 기술 수준에서 합리적인 비용과 노력을 통해서 결합할 수 있음을 의미한다. 데이터 분석 기술의 비약적인 발전으로 말미암아 이전에는 비식별 정보에 해당하던 것들을 식별에 활용할 수 있는 가능성이 점차 증가하면서 개인정보에 포함될 수 있는 정보의 범위 또한 확대되고 있는 추세이다.

개인정보는 살아 있는 개인에 관한 정보만을 의미한다. 다시 말해서 살아있는 개인을 특정할 수 있는 정보만이 개인정보에 해당이 된다. 사망한 자에 관한 정보도 개인정보의 개념에 포함시키는 국가도 일부 있으나(뉴질랜드, 캐나다 등), 대부분의 국가에서는 '생존하고 있는 개인'에 관한 정보(행정안전부, 2011: 6)만을 개인정보로 보호하고 있다. 따라서 죽은 사람이나 법인에 관한 정보는 개인정보에 해당하지 않는다. 이미 사망하였거나 실종선고 등 관계 법령에 의해 사망한 것으로 간주되는 자에 관한 정보는 개인정보로 볼 수 없다. 다만, 사망자의 정보가 사망자와 유족과의 관계를 나타내는 정보이거나 유족 등의 사생활을 침해하는 등의 경우에는 사망자 정보인 동시에 관계되는 유족의 정보이기도 하므로 개인정보 보호의 대상이 된다(행정안전부, 2011: 6).

개인정보가 되기 위해서 필요한 정보의 성격, 내용, 형식 등에는 특별한 제한이 없다. 따라서 개인을 알아볼 수 있는 정보인 한 모든 종류, 모든 형태의 정보가 개인정보가 될 수 있다(이창범, 2012, 15). 어떤 사람의 주소, 생년월일, 출신학교, 연령, 신장, 체중과 같이 객관적인 사실뿐만 아니라 해당 인물에 대한 제3자의 의견과 같은 주관적인 의견이나 평가도 모두 개인정보에 해당이 될 수 있다. 또한 해당 정보가 사실로서 증명된 것인지 그렇지 않은 것인지를 가리지 않고 특정한 개인에 관한 것이라면 모두 개인정보가 될 수 있다. 정보의 처리 형식이나 처리 매체에도 아무런 제한이나 제약이 없다. 문자·부호·그림·숫자·사진·그래픽·이미지·음성·음향·영상·화상 등의 형태로 처리된 모든 정보가 포함되며, 바이너리 코드(binary code)를 이용해 컴퓨터 메모리에 저장된 디지털 정보와 비디오테이프에 저장된 자기(紫氣)정보는 물론이고, 손으로 기록된 수기(手記) 정보와 종이에 인쇄된 활자 정보도 포함된다(이창범, 2012: 15). 〈표 3〉(Phil Jae Lee, 2014)은 개인정보에 해당할 수 있는 정보들을 예시적으로 열거한 것이다.

정리하자면, 개인정보란 생존하는 자연인의 내면적 사실, 신체나 재산상의 특징, 사회적 지위나 속성에 관하여 식별되거나 식별할 수 있는 정보의 총체를 일컫는다. 개인의 인격주체성을 드러낼 수 있는 것으로 특정 개인의 동일성을 식별할 수 있는 일체의 정보가 개인정보에 해당이 된다.

〈표 3〉 개인정보의 예시

구분		내용
일반 정보	일반정보	•이름, 주민등록번호, 주소, 전화번호, 생년월일, 출생지, 이메일주소, ID/PW, 가족관계 및 가족 구성원의 정보, IP주소 등
신체적 정보	신체정보	•얼굴, 지문, 홍채, 음성, 유전자정보, 키, 몸무게
	의료/건강정보	•건강상태, 진료기록, 신체장애, 장애등급
정신적 정보	기호/성향정보	•도서, 비디오 대여기록, 잡지구독정보, 여행 등 활동내역, 식료품 등 물품 구매내역, 인터넷 웹사이트 검색내역
	신념/사상정보	•종교 및 활동내역, 정당, 노조 가입여부 및 활동내역
재산적 정보	개인/금융정보	•소득정보, 신용카드번호 및 비밀번호, 통장계좌번호 및 비밀번호, 동산·부동산 보유내역, 저축내역
	신용정보	•개인 신용 평가정보, 대출 또는 담보설정 내역, 신용카드 사용내역
사회적 정보	교육정보	•학력, 성적, 출석상황, 자격증 보유내역, 상벌기록, 생활기록부
	법적정보	•전과, 범죄 기록, 재판기록, 과태료 납부내역

구분		내용
사회적 정보	근로정보	• 직장, 고용주, 근무처, 근로경력, 상벌기록, 직무평가기록
기타	통신정보	• 통화내역, 인터넷 웹사이트 접속내역, 이메일이나 전화메시지
	위치정보	• IP주소, GPS 등에 의한 개인위치 정보
	병역정보	• 병역여부, 군번, 계급, 근무부대
	화상정보	• CCTV를 통해 수집된 화상정보

(3) 정보주체의 권리

"정보주체란 처리되는 정보에 의하여 알아 볼 수 있는 사람으로서 그 정보의 주체가 되는 사람을 말한다(개인정보법 제2조 제3호)." 즉, 개인정보법에 의한 권리를 행사하는 주체를 의미한다. 정보주체는 처리되는 정보에 의해서 알아볼 수 있는 사람, 법인이나 단체가 아닌 살아 있는 사람, 처리되는 정보의 주체가 되는 자(행정안전부, 2012: 12)라는 요건을 모두 갖추어야만 한다.

정보주체는 자신에 관한 정보의 생성과 유통, 소멸 등에 대해 주도적으로 관여할 권리, 다시 말해서 개인정보에 대한 자기결정권을 가진다. 자신에 관한 정보를 타인에게 알릴 것인지 말 것인지, 알린다면 언제, 어떻게, 어느 정도까지 전달할 것인가에 관하여 스스로 결정(권건보, 2014, 3)하는 것이 포함된다. 개인정보자기결정권은 수집·이용·제공 등에 대한 동의권을 토대로 하고, 더 나아가서 열람청구권, 정정·삭제·차단청구권, 처리정지·파기청구권 등으로 발현될 수도 있다(권건보, 2014: 5).

정보주체의 구체적인 권리는 개인정보법 제4조에서 규정하고 있다. 그 구체적인 요건을 살펴보면 다음과 같다. 첫째, 개인정보 처리에 관한 정보를 제공받을 권리이다(제1호). 정보주체는 자신의 개인정보 수집, 이용, 제공 등의 처리 목적과 범위 등에 관한 정보를 개인정보처리자로부터 제공받을 권리를 지니고 있다. 개인정보의 제공 여부는 정보주체가 결정할 수 있는 고유한 권리이지만, 그 의사와 무관하게 수집된 개인정보를 개인정보처리자가 처리하였을 경우에는 개인정보 수집의 출처와 처리 목적 등을 정보주체에게 고지(개인정보법 제20조)할 의무를 지게 된다. 둘째, 동의와 동의의 범위를 선택하고 결정할 권리이다(제2호). 이 부분은 개인정보자기결정권의 핵심에 해당하는 것으로, 동의의 내용과 범위를 스스로 선택하고 결정할 수 있는 권한을 보장함으로써 정보주체가 개인정보처리자의 개인정보 처리에 대한 실질적인 통제권을 갖도록 하는 것이다(이창범, 2012: 63). 셋째, 개인정보의 처리 유무를 확인하고 열람을 요구할 수 있는 권리이다. 정보주체는 자신에 관한 개인정보를 누가 얼마나 확보하고 있으며, 어떻게 이용하고 관리하는지를 확인할 수 있는 권리를 가지고 있다. 정보주체에게 보장되는 개인정보에 대한 열람청구권은 개인정보처리자가 무분별하게 개인정보를 수집하고 이용하는 것을 억제하는 예방적인 기능을 염두에 둔 것이다. 넷째, 개인정보의 정정·삭제 및 파기 요청권이다. 자신에 관한 개인정보가 불완전하거나 잘못된 것인 경우에 정보주체는 개인정보처리자에게 그 정정이나 삭제 더 나아가서 파기까지 요청할 수 있다. 또한 개인정보의 오·남용을 방지하기 위해서 처리목적이 달성된 개인정보에 대한 파기를 요구할 수도 있다. 이는 개인정보의 오용이나 남용으로 발생할 수 있는 정보주체의 피해를 예방하기 위한 것이다. 그러나 개인정보 자체를 정보주체의 요구에 맞추어서 마음대로 변경하거나 수정할 권리까지를 포함하는 것은 아니다. 이 부분은 잘못된 정보가 서비스 되고 있을 때, 그 정정을 요구하거나 정정이 어려울 경우에는 삭제를 요구할 수 있다는 제한적인 의미로 해석이 되어야 한다(박준석, 2013: 27). 마지막으로, 신속하고 공정한 절차에 따라 피해를 구제받을 수 있는 권리이다. 개인정보의 처리로 피해가 발생하였을 때에는 공정하고 신속한 절차에 따라서 피해 구제를 받을 수 있다. 여기에는 피해의 심각성에 비례해서 적절한 보상을 받을 수 있는 권리까지를 포함한다. 이러한 권리를 보장하기 위해서 개인정보 침해에 대한 손해배상 소송에서는 개인정보처리자가 고의 또는 과실이 없음을 입증(개인정보법 제39조)하도록 하고 있으며, 분쟁조정제도(개인정보법 제6장), 단체소송제도(개인정보법 제7장) 등을 두고 있다.

정보주체의 다양한 권리를 보호하고 있지만 이는 신성불가침의 절대적인 권리가 아니기 때문에 국가안전보장이나 질서유지 또는 공공복리를 위해서 필요한 경우에는 법률에 따라서 그 권리는 제한이 된다.

(4) 개인정보의 수집과 이용

개인정보의 '수집'이란 정보주체로부터 직접 이름, 주소, 전화번호 등의 정보를 제공받는 것뿐만 아니라 정보주체에 관한 모든 형태의 개인정보를 취득하는 것을 말한다(행정안전부, 2011: 72). 개인정보의 수집은 정보주체를 대상으로 직접 이루어지는 것이 원칙이나 필요한 경우에는 공공기관, 신용평가기관, 제휴회사 등 제3자로부터 수집하거나 인터넷, 신문, 잡지, 전화번호부, 인명록 등과 같은 공개된 소스로부터 수집할 수도 있다(이창범, 2012: 119). 본인 이외의 제3자로부터 개인에 대한 평판이나 에피소드 등을 수집할 수도 있다.

개인정보에 대한 수집이 허용되는 경우는 법 제15조 제1항에 규정하고 있다. 정보주체의 동의를 받은 경우, 법률에 마련된 규정, 공공기관의 업무 수행을 위해서 필요한 경우, 계약 체결 및 이행을 위해서 필요한 경우 등이 여기에 해당이 된다. 그렇지만 이 경우에도 개인정보 보호의 원칙에 따라 필요한 범위 내에서 최소의 정보만을 수집해야 하며, 목적한 범위 내에서만 개인정보를 활용할 수 있다.

개인정보를 수집할 수 있는 법적인 근거는 다양하지만, 이 글에서는 정보주체의 동의를 얻는 경우(법 제15조 제1항 제1호)에 대해서만 그 구체적인 요건[2])을 살펴보려고 한다. 여기서 동의란 개인정보 수집·이용에 대한 정보주체의 자발적인 승낙의 의사표시를 의미하며, 동의의 여부를 명확하게 확인하고 증명할 수 있어야 한다. 또한 개인정보법 제15조 제2항에 따라 개인정보를 수집하는 목적, 개인정보 수집 항목, 개인정보의 보유 및 이용기간, 정보주체에게는 동의를 거부할 권리가 있다는 사실 및 동의를 거부했을 때 발생할 수 있는 불이익의 내용을 정보주체에게 알리고 동의의 내용에 포함시켜야만 한다. 이 때 수집·이용 목적은 구체적이고 명확해야 하며 다의적인 의미를 내포하거나 포괄적으로 표현되어서는 안 된다. 이는 수집·이용 목적을 변질시키거나 당초 의도와는 달리 확대되는 것을 막기 위한 것이다(이창범, 2012: 122). 동의를 받을 때에는 각각의 동의 사항을 구분해야 하며, 정보주체가 동의를 구분해서 할 수 있다는 사실을 명확하게 인지할 수 있도록 알리고 동의를 받아야 한다(행정안전부, 2011: 132).

정보주체에 대한 동의는 정보가 수집되기 이전에 이루어져야 하며, 동의의 표시는 기명날인, 구두 승락, 인터넷 홈페이지의 동의란 클릭, 전자우편 발송 등 방법상의 제약은 없다. 동의 획득의 구체적인 방법은 개인정보법 시행령 제17조에 상세하게 규정하고 있다. 정보주체로부터 동의를 얻는 구체적인 방법에는 특별한 제약이 없지만, 향후 입증을 위해서는 동의의 내용은 어떤 형태로 든 기록될 필요가 있다.

한편 개인정보의 다양한 항목들 가운데 사회적 차별을 야기하거나 인권 침해가 우려되는 민감한 개인정보에 대해서는 원칙적으로 처리가 금지된다. 민감정보에는 개인의 사상과 신념, 노동조합이나 정당의 가입과 탈퇴, 정치적 견해, 건강 및 성생활에 관한 정보 등이 포함 된다. 정부의

2) 법 제15조 제1항 제2호부터 제6호까지는 법률상의 공공기관이나 계약상의 요건 등을 다루고 있으나, 구술기록의 수집과 활용과는 무관한 것이어서 이 글에서는 더 이상 언급하지 않고, 제1호의 내용만 다루었음.

해설서에 따르면, '사상·신념' 이란 개인의 가치관에 기초하여 형성된 사유체계, 개인이 굳게 믿고 지키고자 하는 믿음·생각 등을 말하는 것으로 각종 이데올로기 또는 사상적 경향, 종교적 신념을 말한다. '정치적 견해'란 정치적 사안에 대한 입장이나 특정 정당의 지지 여부에 관한 정보이다. '노동조합·정당의 가입·탈퇴'란 노동조합 또는 정당에의 가입·탈퇴에 관한 정보를 의미하며, 반드시 적법한 노동조합이나 정당일 필요는 없다. '건강 및 성생활 등에 관한 정보'란 개인의 과거 및 현재의 병력(病歷), 신체적·정신적 장애(장애등급 유무 등), 성적 취향에 관한 정보이다(행정안전부, 2011: 141). 민감정보의 처리는 원칙적으로 금지되지만, 반드시 필요한 경우라면 다른 개인정보 처리에 대한 동의와 구분해서 민감정보 각각에 대한 별도의 동의를 받으면 수집과 이용 등의 처리할 수 있다(개인정보법 제23조).

한편 2020년 8월부터 시행되는 〈개인정보법〉(법률 제16930호)에는 가명정보의 처리에 관한 특례를 두어서 통계작성, 과학적 연구, 공익적 기록 보존 등을 위한 경우에는 정보 주체의 동의 없이 가명정보를 처리할 수 있도록 허용하고 있다. 가명정보란 개인정보의 일부를 삭제하거나 일부 또는 전부를 대체하는 방법 등의 방법으로 추가 정보 없이는 특정 개인을 알아 볼 수 없도록 가명 처리함으로써 원래의 상태로 복원하기 위한 추가 정보의 사용이나 결합 없이는 특정한 개인을 알아볼 수 없는 정보(개인정보법 제2조 1호 다목)를 뜻한다.

(5) 개인정보법 적용의 예외

개인정보의 보호는 헌법이 보장하는 사생활의 비밀과 자유를 보호하고 더 나아가서 개인의 자유와 사적 자치의 원리를 구현함으로써, 정치적 자유, 표현의 자유, 집회의 자유, 종교의 자유, 신체의 자유, 사유재산의 보호와 같은 또 다른 헌법적인 가치를 뒷받침하는 초석으로 작용하고 있다. 그러나 개인정보를 지나치게 보호하게 되면 헌법상의 이런 권리들을 오히려 위축시키거나 제약하는 결과를 초래하기도 한다(행정안전부, 2011: 351). 이런 까닭에 개인정보를 적절히 보호하면서도 다른 헌법적인 가치들이 충분히 보장이 될 수 있도록 균형을 유지할 필요가 있으며, 일정한 목적과 유형의 개인정보 처리에 대해서는 예외를 인정하고 있다.

개인정보법 제58조는 그 예외에 관한 사항을 규율하고 있다. 법률에서 예외로 인정하는 사항은 크게 다섯 가지로 정리할 수 있다. 첫째, 공공기관이 통계 목적으로 처리하는 개인정보(제1항 제1호)이다. '통계법'에 따라서 공공기관이 처리하는 개인정보는 국가뿐만 아니라 민간의 각종 의사결정을 돕는 기본적인 데이터로 활용되는 공공재로서의 역할을 수행하기 때문에 개인정보 보호의 예외로 인정이 된다. 둘째, 국가 안보를 목적으로 처리되는 개인정보(제1항 제2호)이다. 국가안전보장과 관련된 정보 분석을 목적으로 수집 또는 제공이 요청되는 개인정보는 그 특성상 비밀리에 수행되어야 하기 때문에 제1호의 경우와 마찬가지로 개인정보 보호의 예외로 인정하고 있다. 셋째, 공중위생 등을 목적으로 처리하는 개인정보(제1항 제3호)이다. 각종 전염병의 확산방지를 위한 환자 격리, 감염원의 추적 등의 활동과 천재지변·긴급재난 등으로부터 이재민을 구조·구호하기 위한 활동은 촌각을 다투는 경우가 많고 국민의 생명·신체 및 재산의 안전이 위협을 받고 있는 상황에서 일일이 정보주체로부터 허락을 받는 것이 실질적으로 불가능하기 때문이다. 다만 이 경우에도 개인정보 활용의 남용을 방지하기 위해서 해당 개인정보를 일시적으로 처리하는 경우에 한해서만 예외로 인정이 된다. 넷째, 언론기관, 종교단체, 정당 등에 대한 예외이다. 언론, 종교단체, 정당이 취재·보도, 선교, 선거 입후보자 추천 등 고유의 목적을 달성하기 위하여 수집·이용하는 개인정보(제1항 제4호)에 대해서는 법 적용의 예외를 인정한다.

그렇지만 고유목적을 달성하기 위하여 처리되는 개인정보에 한하여 예외가 인정되는 것이며, 언론기관, 종교단체, 정당 등이 처리하는 모든 개인정보에 대해서 법의 적용이 배제되는 것은 아니다. 예컨대 언론기관의 인물DB사업, 종교단체의 사회복지사업, 정당의 여성정치인 육성사업은 언론기관, 종교단체, 정당 등의 고유 목적이라 할 수 없는(행정안전부, 2011, 352-353) 것이어서 그대로 개인정보법의 적용 대상이 된다. 이러한 네 가지 요건에 해당될 때 개인정보법 제3장부터 제7장[3]의 적용을 받지 않는 예외를 인정받을 수 있다. 마지막으로 동창회, 동호회 등 친목단체에 대한 적용 제외(제3항)이다. 동창회, 동호회 등 친목단체를 운영하기 위한 경우에는 업무적인 성격보다는 사적 모임의 성격이 강하기 때문에 제15조(개인정보의 수집·이용), 제30조(개인정보 처리방침의 수립 및 공개), 제31조(개인정보 보호책임자의 지정)를 적용하지 않는다. 친목단체의 경우에는 업무적 성격보다는 사적 모임의 성격이 강하기 때문에 법의 적용을 배제한 것이다. 이 경우에 해당이 되면 정보주체의 동의 없이도 개인정보를 수집·이용하는 것이 가능하다. 다만 친목단체의 설립목적을 벗어난 이용·제공에 대해서는 예외 없이 개인정보법의 적용을 받는다(이창범, 2012: 401).

2) 구술기록과 개인정보보호법

구술기록은 구술자의 육성을 통해서 자신이 살아오면서 겪었던 사건에 대한 경험과 해석, 삶의 여러 국면에서 만났던 사람들에 대한 이야기를 들려주는 것이다. 익명성 속에 정체를 감춘 누군가가 거리낌 없이 쏟아내는 이야기가 아니라, 특정한 기획의도에 따라서 엄선된 실명의 구술자가 자신이 처한 사회, 경제, 정치적 환경 속에서 겪었던 역사적인 사건

3) 제3장 개인정보의 처리, 제4장 개인정보의 안전한 관리, 제5장 정보주체의 권리보장, 제6장 개인정보 분쟁조정위원회, 제7장 개인정보 단체소송

에 대한 경험과 해석을 스스로의 관점에서, 자신의 고유한 언어로 풀어내는 이야기이다.

미국의 구술사학자 Linda Shopes(2007)는 익명성은 구술사의 근본적인 원칙에 위배되는 것이고, 사료로서, 증거로서 구술기록의 신뢰성을 결여하는 결과를 초래한다고 주장한다. 구술기록에서는 특별한 사정이 없는 한 구술자의 이름을 분명하게 밝히는 것을 원칙으로 하고 있다. 대부분의 구술기록에는 이름, 출생과 성장, 교육적인 배경과 같은 일반적인 정보뿐만 아니라 구술자의 생생한 육성과 얼굴 같은 신체적인 정보가 함께 수록되어 있다. 또한 구술자 자신의 기호와 성향에 대한 정보, 신념이나 사상에 관한 정보 등 개인을 입체적으로 이해할 수 있는 그야말로 다양한 정보들이 함께 포함이 된다. 이런 사항들을 감안하면, 구술자가 살아있는 동안에는 구술을 통해서 수집된 자료의 대부분은 개인정보법이 정의하는 특정한 개인을 식별할 수 있는 정보임에 틀림이 없다. 다시 말해서 개인정보법이 정의하는 개인정보에 해당이 될 수 있다.

구술기록이 개인정보법의 적용을 받는 개인정보에 해당한다는 것은 구술기록의 수집과 활용의 모든 과정에서 개인정보법의 세세한 요건을 준수해야 함을 의미한다. 즉, 구술을 통해서 어떤 항목의 정보를 수집할 것인지를 구술자에게 사전에 허락을 받아야 하고, 사상, 신념, 노동조합·정당의 가입·탈퇴, 정치적 견해, 건강, 성생활 등과 같은 민감정보의 수집은 원칙적으로 금지되고, 불가피한 경우에는 민감정보에 해당하는 각각의 항목마다 구술자에게 별도로 동의를 받는 과정을 거쳐서 구술기록이 수집되어야 적법한 요건을 갖출 수 있음을 뜻한다.

이런 요구 사항들은 구술기록의 생산 과정과 그 내재적 특성을 전혀 고려하지 못한 것으로, 구술기록의 생산과 활용을 실질적으로 불가능하게 만들 수 있다. 구술기록은 구술자와 채록자의 대화를 바탕으로 수집·제작되는 것으로, 구술자와 채록자의 라포 형성의 정도나 채록 당시의 분위기·흐름에 따라서 생산되는 자료의 폭과 깊이는 상당히 달라질 수 있다. 구술기록의 수집 과정은 사전에 약속된 특정한 항목에 대한 표면적인 사실들을 수집하는 기계적인 프로세스가 아니라 구술자와 채록자의 상호작용을 통해서 새로운 의미를 발굴하고 형성해 나가는 매우 탄력적인 공동 창작의 과정이다. 구술기록의 수집 과정은 어떤 사건이나 경험이 개인의 삶에 남긴 내면적인 흔적을 탐사하는 과정이고, 구술자와 채록자의 만남과 이야기를 통해서 새로운 의미와 해결점을 발견해나가는 치유의 과정이기도 하다. 이런 까닭에 구술 작업의 시작에 앞서서 어떤 항목의 정보를 수집할 것인지를 특정하기란 불가능하다. 개인정보 수집 항목에 대한 사전 고지와 사전 동의를 요건으로 하는 개인정보법을 준수하면서 구술기록을 수집할 방법은 실질적으로 존재하기 어렵다.

더구나 구술 내용의 상당 부분은 개인정보법 제23조의 민감정보에 해당하는 것들이다. 개인정보법에 따르면, 민감정보의 수집은 원칙적으로 금지되고, 불가피하게 민감정보를 수집해야 하는 경우에는 수집하는 각각의 사항마다 개별적인 동의를 받아야만 한다. 이러한 규정은 구술기록을 통한 내면적이고 심층적인 내용의 수집을 원천적으로 봉쇄하는 것이어서 온당하지 못하다. 개인정보법에서 수집을 금지하고 있는 민감정보에는 구술을 통해서 확인할 수 있는 구술자의 삶에 대한 깊이 있는 맥락과 시대적·사회적 상황들이 담겨 있다. 민감정보를 수집대상에서 배제한다면, 구술의 필요성 자체도 함께 사라질 수밖에 없다. 구술의 과정에서 불가피하게 수집하는 민감정보들에 대해서 사전동의, 그것도 각각의 항목마다 개별적인 동의를 구술이 이루어지기 이전에 얻기란 실제로 불가능하다.

한편 구술기록에는 구술자 본인에 관한 이야기뿐만 아니라 구술자가 살아오면서 함께 만나고, 생활했던 많은 제3자에 관한 언급이 포함되어 있다. 제3자에 관한 이야기는 친구와의 사적인 만남에서부터 공적인 활동에서 만났던 관련자의 행적이나 평판, 평가 등 다양한 스펙트럼의 이야기가 포함될 수 있다. 구술기록 가운데에는 남겨진 자료가 거의 없는 유명인사의 행적이 포함되는 경우도 얼마든지 있다. 심지어 유명인사에 대한 자료 수집 자체를 목적으로 주변인물을 대상으로 구술이 이루어지는 경우도 없지 않다. 구술의 과정에서 언급되는 제3자에 관한 이야기는 구술자의 특정한 사람에 대한 단순한 친소관계만을 드러내는 것이 아니라 문헌자료나 공식적인 경로를 통해서는 확인하기 어려운 심층적인 정보인 경우도 비일비재하다.

그런데 구술기록에서 언급되는 제3자에 대한 이야기도 개인정보법이 규정하는 개인정보에 해당이 될 수 있다. "반드시 개인의 내밀한 영역이나 사사(私事)의 영역에 속하는 정보에 국한되지 않고 공적 생활에서 형성되었거나 이미 공개된 개인정보까지 포함한다. 또한 그러한 개인정보를 대상으로 한 조사·수집·보관·처리·이용 등의 행위는 모두 원칙적으로 개인정보자기결정권에 대한 제한에 해당한다(헌재2005.5.26.선고 2004헌마190결정)"는 헌법재판소의 결정에 따르면, 제3자에 관한 언급을 기록하고, 보관하고, 활용하는 모든 행위가 개인정보법의 적용 대상에 해당이 될 수 있다. 그 내용이 개인적인 것인지, 공적인 것인지의 여부를 불문하고 모두 개인정보법의 적용 대상이 될 수 있는 것이다. 다만 개인정보법 제58조에 해당이 되는 경우에만 예외로 인정이 될 수 있다. 이야기의 대상이 살아 있다는 것을 전제로 한다면, 언론 보도를 제외[4] 한 타인에 관한 이야기는 모두 개인정보법의 적용을 받는 것이다.

이렇게 개인정보의 범위를 공적인 활동까지 확대해서 적용하면, 구술

4) 국가기관이나 계약상의 필요에 의한 경우는 구술기록과 무관하며, 정당의 입후보자 추천, 종교단체의 선교 목적 등과 관련 없고, 구술기록의 활용과 가장 맥락이 닿는 부분은 언론의 보도를 위한 활용이어서 제한적으로 이렇게 표기하였음.

기록에 담긴 제3자에 관한 이야기를 활용하는 것은 거의 불가능해진다. 실존하는 인물을 이야기하고, 관련된 자료를 생산하고 활용하는 모든 영역은 위축될 수밖에 없다. 내밀한 영역이나 사사의 영역에 속하는 정보뿐만 아니라 공적 생활에서 형성되었거나 이미 공개된 정보까지를 모두 개인정보로 규율 하는 것은 국민의 알 권리에 대한 심각한 제한이 될 수 있다. 이것은 비단 구술기록의 수집과 활용에만 국한되는 문제가 아니고, 문화와 학술 영역 전반에 걸친 것으로 확대 적용될 수 있는 것이다. 개인정보법은 온라인상에 자료를 공개하는 행위에만 국한되어 적용되는 것이 아니고, 그 공개의 방법이나 매체를 구별하지 않기 때문에, 살아 있는 개인을 제3자적인 관점에서 비평, 연구, 출판하는 행위는 모두 개인정보법의 적용 대상이 될 수 있다.

개인정보법의 적용 대상이 된다는 것은 달리 말하면 정보처리자로서의 의무를 준수해야 함을 의미한다. 즉 구술아카이브즈가 제3자에 관한 이야기를 활용하기 위해서는, 정보주체에 해당하는 모든 사람들에게 해당 정보를 누구에게서 얻었고, 어떤 경로를 통해서 서비스를 제공하는가를 알려야 한다는 것을 의미한다. 그리고 서비스의 구체적인 내용과 범위에 대해서 이야기의 대상이 되는 제3자로부터 동의를 받아야만 한다는 것을 의미한다. 이렇게 되면 서비스의 실현가능성은 매우 불투명해진다. 구술에 포함된 제3자에 관한 언급은 긍정적인 것뿐만 아니라 부정적인 내용을 두루 포함하는 것이어서 이들 모두에게 일일이 허락을 받는 것은 실제로 가능하지 않다. 설령 허락을 받을 수 있다고 하더라도, 한 편의 구술기록에 언급되는 생존하고 있는 제3자의 수를 가늠할 수도 없고, 이들 모두에게 개별적인 동의를 구하기란 행정적으로도 불가능하기 때문이다. 더구나 다량의 구술기록에 대한 서비스를 전제로 하는 구술사아카이브에서 이런 프로세스를 수용하기는 절대로 불가능하다.

한편 이와는 별도로 제3자에 대한 이야기가 개인정보에 해당이 된다면, 구술기록의 안정성과 진본성의 측면에서 또 다른 문제가 발생할 수 있다. 개인정보법은 정보주체가 개인정보의 처리 정지, 정정, 삭제 및 파기를 요구할 수 있는 권리(법 제4조 제4호)를 보장하고 있다. 이야기의 대상이 되는 제3자가 개인정보법의 권리를 적극적으로 행사하면서 이미 생산이 완료된 구술기록의 서비스 정지를 요청하거나, 구술기록의 내용을 정정 심지어 삭제·파기를 요청할 경우에 정보처리자로서 구술사아카이브즈는 이를 수용해야만 한다. 물론 이러한 권리가 내용에 대한 수정이나 변화에 대한 요구까지를 의미하는 것은 아니다. 그렇지만 구술아카이브즈는 구술기록에 포함된 제3자에 관한 이야기의 사실관계를 파악하고, 지속적인 업데이트에 대한 부담을 지게 되고, 오류에 대한 정정과 삭제에 대한 의무를 부담하게 된다.

이렇게 되면 구술기록의 기록으로서의 진본성을 안정적으로 유지할 방법은 사라지게 된다. 구술기록 가운데 설령 제3자에 대한 잘못된 사실이 포함되었다고 하더라도, 왜곡이나 변형된 기억 그 자체는 구술기록의 해석에서 매우 중요한 부분이 될 수 있다. 기억의 왜곡과 변형은 구술자의 해당 인물에 대한 해석이고, 평가라고 볼 수 있기 때문에 그 자체로 온전하게 유지될 필요가 있다. 불완전한 기억은 그런 오류를 낳게 된 맥락에 대한 새로운 해석의 단초를 제공할 수 있는 구술기록만의 고유한 내재적인 가치이다. 그래서 구술기록을 구술자가 이야기한 그대로 유지하고 관리하는 것은 기록관리에서 매우 중요한 과업이다. 그것은 구술기록에 담긴 맥락을 온전하게 유지하고 보존하는 작업이고, 기록으로서의 정체성을 유지시키는 진본성에 관한 문제이다. 정보주체에 의한 개인정보의 정정이나 삭제에 대한 요구는, 특히 제3자에 관한 개인정보의 정정·삭제 요구는 구술기록의 내적인 가치와 기록으로서의 진본성을 훼손할 수 있는 위험을 내포하는 것이어서 온당하지 못하다.

구술기록에서 언급되는 제3자의 인격권에 대한 보호도 간과할 수 없는 매우 중요한 과제임에 틀림이 없다. 다른 사람을 함부로 비방하거나 명예를 훼손할 권한은 그 누구도 가질 수 없다. 이것은 구술기록이라고 해서 예외가 될 수 없는 매우 중요한 민주주의 원리이다. 그렇지만 제3자의 인격을 보호한다는 명분으로 공적인 영역에서의 활동에 대한 정당한 평가가 불가능해지고, 연구의 주제로 다룰 수 없고, 아카이브에서 원본 그대로의 자료를 보유하거나 서비스할 수 없게 되는 것은 심각한 문제가 아닐 수 없다. 제3자에 관한 이야기가 타인의 프라이버시를 심각하게 침해하거나 근거 없이 명예를 훼손하는 것이 아니라면, 표현의 자유라는 측면에서 구술자가 자유롭게 이야기할 수 있는 권리는 보장이 되어야 하고, 적절한 보호 장치의 마련이 전제가 된다면 원본 그대로 그 자료를 보존할 수 있어야만 한다. 생존 인물이라는 이유로 그가 공적으로 벌인 활동을 비밀리에 부치고, 정당한 평가를 막아야 할 어떤 근거나 명분도 존재하지 않는다. 이것은 표현의 자유, 학문과 출판의 자유에 심각하게 도전하는 위헌적인 요소에 해당한다.

3) 개인정보보호법의 문제점과 대응방안

(1) 구술기록의 열람 제공과 온라인 서비스에 대한 개인정보보호법의 적용

구술기록은 대개 구술사아카이브즈의 열람이나 온라인서비스 제공을 통해서 사회적인 공유와 활용이 이루어지게 된다. 구술기록의 열람과 온라인서비스의 제공은 구술자의 사전 검토와 승인을 거쳐서 그 내용과 범위가 결정된다. 현재 국내에서 이루어지고 있는 구술기록에 대한 열람과 온라인서비스는 모두 구술자의 동의와 구술기록에 대한 사전검토와 승인을 바탕으로 이루어지고 있다. 그런데 앞서 살펴본 것처럼 구술기록이 개인정보법의 적용을 받는 개인정보에 해당이 된다면, 구술아카이브즈에는 개인정보 보호를 위한 여러 가지 또 다른 제약이 발생할 수 있다.

4차 산업혁명 시대의 데이터 활용을 활성화하기 위한 취지에서 도입된 법 제3절(법 제28조의 2부터 제28조의 7)은 공익적 기록보존의 경우에 정보주체의 동의 없이도 가명처리하여 가명정보를 사용할 수 있도록 특례 규정을 신설하였으나, 구술자의 실명과 육성과 모습을 모두 공개하는 것을 전제로 하는 구술기록의 수집과 활용에 적용하기는 실질적으로 어렵다.

구술기록을 열람이나 온라인으로 공개하는 것은 언뜻 보아서 개인정보법 제17조가 규정하는 개인정보의 제공에 해당할 수 있다. 「표준 개인정보보호 지침(행정자치부 고시 제2016-21호, 이하 '지침'이라 한다)」에서는 "개인정보의 제공을 개인정보의 저장매체 또는 개인정보가 담긴 출력물이나 책자 등의 물리적 이전, 네트워크를 통한 개인정보의 전송, 개인정보에 대한 제3자의 접근권한 부여, 개인정보처리자와 제3자의 개인정보 공유 등 개인정보의 이전과 공동으로 이용할 수 있는 상태를 초래하는 모든 행위를 말한다('지침' 제8조 제1항)"고 정의하고 있다. 또한 개인정보법 제17조 제1항은 제3자와 개인정보를 공유하는 것도 제공의 개념에 포함되는 것으로 명시하고 있다. 그렇지만 개인정보의 제공과 개인정보의 공개는 구별되어야 한다는 주장(이창범, 2012,:143 ; 이창범, 이성범, 2014: 214)도 있다. 제공은 받을 사람이 특정되어 있어야 하고, 불특정 다수가 이용할 수 있도록 하는 것은 제공이 아니라 공개에 해당한다(이창범, 2012: 143)는 주장이다. 구술사아카이브즈의 자료 열람이나 온라인서비스는 불특정 다수가 필요한 때에 구술기록을 이용할 수 있는 상태를 만들어 놓는 것에 지나지 않고 누가 어떤 목적으로, 언제 해당 자료를 이용할 것인지는 알 수가 없기 때문에 구술기록의 서비스를 제3자에 대한 정보 제공이라고 보기 어려운 부분이 있다.

구술아카이브즈의 열람서비스를 개인정보의 제공이라고 본다면, 자료 열람과 온라인서비스는 법 제17조의 요건을 모두 갖추고 이루어져야만 한다. 제1항은 정보주체의 동의를 얻은 경우와 개인정보를 수집한 목적 범위에서 제3자에게 제공할 수 있도록 하고 규정하고 있다. 앞서 살펴본 것처럼 구술기록의 열람과 온라인 제공에 앞서 구술자의 검토와 동의가 이루어지고 있기 때문에 이 부분 특별히 문제가 될 것은 없으리라 생각된다. 그렇지만 제2항의 요건을 갖추기는 결코 쉽지 않아 보인다. 개인정보를 제3자에게 제공하는 개인정보처리자는 개인정보를 제공받는 자, 개인정보를 제공받는 자의 개인정보 이용목적, 제공하는 개인정보의 항목, 개인정보를 제공받는 자의 개인 정보 보유 기간 및 이용 기간, 동의를 거부할 권리가 있다는 사실 및 동의 거부에 따른 불이익의 내용을 정보주체에게 알려야 할 의무를 추가적으로 부담하게 된다. 또한 해당 사항의 변경에 대해서도 정보주체에게 알리고 동의를 받아야 하는 의무도 함께 부가된다. 불특정 다수를 대상으로 서비스를 제공하는 구술아카이브즈에서 이러한 요건을 충족시키기는 아무래도 불가능해 보인다. 개인정보 이용자, 제공되는 개인정보 항목, 이용의 목적, 보유기간을 특정해서, 구술자에게 동의를 받을 수는 없는 노릇이다. 개인정보 이용자를 특정할 수도 없을 뿐만 아니라, 개인정보 항목, 보유기간 등을 특정하기는 실제로 불가능하다.

구술기록의 열람 제공과 온라인 서비스가 개인정보의 제3자 제공인지 개인정보의 공개에 해당하는지는 논란의 여지가 있다. 그렇지만 구술기록은 기계적으로 개인정보를 수집하고 관리하는 개인정보파일이 아니다. 구술기록은 개인정보에 해당하는 내용을 포함할 수밖에 없지만, 구술기록을 개인정보를 쉽게 검색할 수 있도록 일정한 규칙에 따라 체계적으로 배열하거나 구성한 개인정보의 집합물, 즉 개인정보파일과 동일하게 취급할 수는 없다. 구술기록은 정보처리를 위해서 무작위로 수집된 개인정보파일이 아니고, 학술적인 혹은 문화적인 의도와 맥락을 가지고 의식적으로 제작된 콘텐츠이다. 구술기록의 열람 제공과 온라인서비스는 출판을 통해서 저작물을 공표하는 행위와 유사한 성격을 지닌 것이다. 구술기록의 서비스 제공에 앞서서 어떤 사람에게, 어떤 항목의 정보를 제공하고, 제공된 정보는 어떤 목적으로, 어느 정도의 기간만큼 보유하도록 하겠다는 단서를 가지고 구술자에게 동의를 구하는 것은 출판물을 발간하면서 특정한 사람이 특정한 목적으로 제한된 기간동안 출판물을 이용하도록 한다는 단서를 가지고 저자에게 동의를 구하는 것과 동일한 일이다. 이러한 요건은 결코 있을 수 없는 이상한 요구이다. 구술기록의 생산과 활용이 가진 문화적인, 학술적인 맥락에 대한 고려 없이, 개인정보법을 일률적으로 적용하는 것은 아무래도 무리가 따른다.

구술기록에 대해서 개인정보법을 기계적으로 적용하는 것은 표현의 자유, 학문과 출판의 자유와 같은 헌법적 가치를 훼손하는 보다 근본적인 문제를 야기할 수 있는 중대 사안이다. 비단 구술기록의 수집과 서비스에서뿐만 아니라 출판, 학문, 예술 활동 전체에도 영향을 미칠 수 있는 매우 중요한 사안인 것이다. 개인정보가 표현의 자유, 학문과 출판의 자유에 미칠 파장에 대한 보다 심층적인 점검과 함께 이에 대한 대응책 마련이 시급하다.

(2) 대응방안

구술기록은 살아있는 사람의 이야기를 담고 있는 독특한 자료이다. 그 안에는 이야기를 제공하는 사람뿐만 아니라 그와 세월을 함께 했던 다양한 사람들의 삶이 담겨 있다. 구술기록의 이런 고유한 특성은 그 수집과 서비스의 과정이 보다 엄격하고 까다로운 윤리적인 기준 아래에서 이루어질 필요가 있음을 보여준다. 그렇지만 구술기록의 수집과 서비스는 특정한 인물에 대한 파편화된 데이터를 무작위로 모으고, 관리하는 과정과는 명백하게 구별이 된다. 구술기록의 수집과 서비스는 철저하게 학술적인, 문화적인 맥락 속에서 이해되어야 하고, 구술자나 구술에 등장하는 사람의 인격에 대한 보호도 마찬가지 맥락 속에서 다루어져야 한다. 구술기록에 개인정보법을 기계적으로 적용하는 것은 구술기록의 학술적인, 문화적인 맥락을 말살시키는 것이어서 온당하지 못하다. 지금부터는 개인정보법의 도전에 대한 구술사학계와 구술아카이브즈의 대응 방안을 제안해 보려고 한다.

무엇보다 시급한 것은 개인정보법의 제58조 제4호의 개정이다. 개인정보법 제58조는 개인정보법 적용에 대한 공익적인 관점에서의 예외를 인정하고 있는 것으로, 제4호에서는 언론, 종교단체, 정당이 고유한 목적인 취재와 보도, 선교, 선거입후자 추천 등을 위해서 수집·이용하는 개인정보에 대해서 개인정보법 제3장부터 제7장을 적용하지 않는 것으로 규정하고 있다. 김일환(2014)은 과학기술연구·학문연구·역사적 기술 등의 목적으로 개인정보를 수집·이용·제공하는 경우 법 적용의 일부 면제를 규정할지 여부를 검토해야 한다고 이 조항의 검토의 필요성을 제기한다, 과학기술의 발전과 학문연구를 촉진하기 위해서는 연구·개발 등의 목적을 위한 개인정보처리에 대해서는 일정한 예외를 인정하는 것이 바람직하다는 견해이다.

해외의 입법례와 비교해보면, 우리나라의 개인정보법에 대한 예외는 지나치게 제한적으로만 인정되고 있다. 〈표 4〉(Phil Jae Lee, 2014)는 개인정보법에 대한 예외를 규정하고 있는 해외 각국의 입법례이다. EU의 「개인정보 보호지침」은 보도 목적, 문학적, 예술적 창작활동이나 표현을 위한 경우를 폭넓게 예외에 포함시켜서 개인정보보호를 명분으로 문학이나 예술의 표현 행위가 위축되지 않도록 충분히 보장하고 있다. 독일, 일본, 영국의 경우도 언론이나 학문, 예술의 목적인 경우를 개인정보법의 적용 예외에 포함시켜서 개인정보의 보호가 표현의 자유와 충돌하는 것을 예방하고 있다. 반면에 우리 법에서는 예외로 인정되는 범위가 보도, 선교, 선거후보자의 추천 등으로 지극히 제한적이다. 개인정보법의 적용 범위는 온라인과 오프라인을 두루 망라하는 것이어서, 개인정보법의 경직된 적용은 자칫하면 학문과 출판의 자유, 표현의 자유와 갈등을 빚을 수도 있다. 개인정보의 공개가 정보주체의 인격권이나 사생활의 비밀과 자유를 침해한 경우가 아니고, 인격권의 보호에 의하여 얻을 수 있는 이익에 비하여 표현행위에 의하여 얻을 수 있는 이익이 더 큰 공익적인 취지를 갖춘 경우라면 정보주체의 동의가 없어도 이를 공개하고 활용할 수 있어야만 한다(박준석, 2013).

〈표 4〉 외국의 개인정보 보호법 적용 예외 사례

구분	내용
OECD 「프라이버시 가이드라인」	•순수하게 사적인 목적으로 처리되는 경우 •국가주권, 국가안보, 공공정책(public policy)을 위한 경우
EU 「개인정보보 호지침」	•순수하게 사적이고 가사목적의 활동을 위한 경우 •공공의 안전, 방위, 국가안보를 위한 활동의 경우 •형사법 영역의 국가활동(수사 등) •보도 목적, 문학적·예술적 창작활동이나 표현을 위한 경우
독일 「연방개인 정보보호법」	•개인정보의 수집, 생산, 이용이 오직 개인적이거나 가족적인 활동 영역에 속하는 경우(제3조 제3항) •법률의 규정, 정보주체의 동의, 공공복리 및 공공안전침해 방지, 형상상·행정상 집행을 위한 경우(제14조 제2항) •계약목적, 정보주체의 중요한 법적 이익, 광고·시장조사·여론조사, 학문연구, 과학적 연구(정보주체의 이익보다 크고, 기타 방법이 없는 경우), 제3자의 법적 이익 또는 공익보호, 정치·철학·종교 또는 노동조합 목적 (제28조)
일본 「개인정보 보호법」 (제50조)	•보도 목적(방송기관, 신문사, 통신사, 기타 보도기관) •저술 활동 목적(저술을 업으로 하는 자) •학술 연구 목적(대학 기타 학술연구단체, 기관 및 구성원) •종교활동 목적(종교단체) •정치활동 목적(정치단체)

구분	내용
캐나다 「개인정보보호와 전자문서에 관한 법률」	•개인적·가정적 목적, 언론·예술·문학적 목적(제4조 제2항) •법률 위반조사, 개인의 생명·건강·안전보호, 통계·학술조사, 공동이용이 가능하고 규정에서 정한 정보를 사용하는 경우(제7조 제2항) •법정 변호사 및 사무 변호사에게 정보를 공개하는 경우, 부채 회수의 목적, 법원의 필요, 법적 권한있는 정부기관의 요청(제7조 제3항)
영국 「정보 보호법」 (제28조~제36조 등)	•순수한 사적 목적(개인 자신, 가족, 가사 등)을 위한 경우 •국가안보를 위한 경우 •범죄 방지·수사·검거 및 조세와 관련된 활동의 경우 •다른 법령 규정의 적용을 받는 경우 •공익을 위한 감시기관(공정거래 등)의 규제활동목적 •언론·예술·문학적 활동 목적의 경우 •연구·역사·통계 목적의 활동인 경우 •법령에 의해 공개적으로 이용이 가능한 정보인 경우 •군대, 법률소송, 법관 임명 및 훈장 수여 등

이러한 문제의 근본적인 해결을 위해서는 집합물이 아닌 개인정보와 집합물인 개인정보에 대한 법적 취급은 상이한 방향으로 전개되어야 하고, 집합물이 아닌 개인정보에 관해서는 공정이용이 인정되는 경우를 현재보다 폭넓게 인정하는 것이 바람직하는 주장(박준석, 2013, 14-15)에 귀 기울일 필요가 있다. 보도, 학술, 연구, 의료, 보건 등 공익 목적을 위하여 정보주체의 개인정보에 대한 권리를 제한하는 규범을 마치 저작권법 상의 '공정이용(fair use)'과 같은 규범으로 수립할 필요가 있다는 주장이다. 학문 연구나 예술 등의 표현 행위에 대해서 개인정보법의 예외를 인정하는 것은 지금까지 제기했던 모든 문제들을 해결할 수 있는 유력한 방안이다. 학문적인 목적, 출판의 목적 등을 위한 경우에 개인정보법에 대한 예외를 폭넓게 인정함으로써 개인정보의 보호가 표현의 자

유, 학문과 출판의 자유와 충돌하지 않도록 근본적인 제도 정비에 나서야 할 필요가 있다.

그렇지만 법률 개정 작업은 결코 쉬운 일이 아니고, 단시일 내에 이루어지기도 어렵다. 개인정보법의 도전에 보다 능동적으로 대응하기 위해서는 법률 개정을 위한 운동과 병행해서 구술기록의 수집과 서비스의 과정에서의 자율적인 규제를 정착시키고 강화할 필요가 있다. 구술기록에 고유하게 내재하는 학술적·문화적 맥락을 충분히 고려하면서 개인정보를 보호하고 있음을 대내외적으로 인정받을 수 있도록 자체적인 규범을 보완할 필요가 있다.

의료생명과학 윤리 보호를 위해서 인간대상 연구에 일률적으로 적용되기 시작했던 IRB의 규제에 대한 미국 구술사학회의 대응은 개인정보 보호와 유사한 사례로써 참고할 필요가 있다[5]. 미국의 IRB는 인간을 보호 대상으로 하는 의학실험 및 행동연구에서 피실험자의 권리와 복지를 보호해야 한다는 필요성이 강조되면서 시작되었는데, 미국 보건복지부는 1990년대 중반부터 구술사 연구도 IRB의 사전심사를 거쳐서 연구를 수행하도록 강제하였다. 그렇지만 IRB가 보호하려고 하는 인간연구 대상의 권리나 이해관계와 존엄성은 생명의학과 행동과학 관점에서 정의된 것으로 인문학적 연구와는 배치되는 요소가 있었고, 구술사 연구자들과 갈등을 빚어왔다. 이런 갈등 끝에 최근에 미국 보건복지부에 의해서 IRB 규제 대상에서 예외가 되는 것으로 인정한다고 발표하였다. 미국 보건복지부가 예외를 인정하게 된 배경에는 구술사가 이미 자체적으로 연구윤리를 갖고 있다는 점이 평가되었기 때문(Christian Joon Park, 2016)이라고 한다. 다시 말해서 생명과학이나 행동과학의 기준을 인문학적인 특성이 강한 구술사에 일률적으로 적용하기 어렵다는 주장이 받

5) 이에 대한 상세한 내용은 Christian Joon Park(2016)의 논문을 참조하기 바란다.

아들여진 까닭이다. 이런 미국의 사례를 우리에게 그대로 적용하기는 아마도 어려울 것이다. 그렇지만 개인정보법이라는 일률적인 잣대의 기계적인 적용에 대한 예외의 필요성을 인정받기 위해서는, 법의 정신을 충분히 고려하면서도 그 세부적인 특수성을 온전히 반영하는 고유한 자체 규범은 절대적으로 필요하다.

다행히 구술기록의 수집과 서비스는 이미 오래전부터 한국구술사학회의 연구윤리규정에 따라 이루어지고 있었다. 그렇지만 연구윤리규정은 구술사학계의 연구를 위해서 마련된 것으로, 구술기록을 수집하고 서비스하는 아카이브즈의 측면에서는 상대적으로 미진한 부분이 존재한다. 구술기록의 수집이 고지된 동의를, 자료의 공개가 구술자의 사전 검토와 동의를 바탕으로 이루어진다는 점에서 윤리규정은 개인정보법의 요건을 충족하고 있다. 그러나 제3자의 인격권의 보호에 대한 고려는 전혀 이루어지지 못하고 있다. 미국이나 영국의 구술사학계에서는 제3자의 인격권 보호를 위한 방안에 대해서 이미 많은 논의가 이루어지고 있는 것과는 달리 구술사학회의 연구윤리규정에는 제3자의 보호에 대한 방안이 마련되어 있지 않다.

Alan Ward는 영국구술사협회의 홈페이지(http://www.oralhistory.org.uk)에서 구술자의 동의를 바탕으로 이루어진 구술사 인터뷰와 연구는 개인정보법(Data Protection Act)의 적용대상은 아니라는 점을 분명히 한다. 그러나 구술기록의 출판이나 배포에 앞서서 언급된 타인에 대한 이야기를 공개해도 좋은 지에 대해서는 구술자로부터 분명한 허락을 받는 편이 좋다고 권고한다. 제3자에 대한 언급은 명예훼손이나 프라이버시 침해에 대한 책임으로부터 온전히 자유로울 수 있는 영역은 아니기 때문에 구술자의 사전 확인을 자료 공개에 선행하는 필수적인 프로세스로 요구하고 있다. 이는 구술기록의 공개가 가져올 수 있는 파장을 구술자에게 미리 알려서, 구술자가 불필요한 분쟁에 휘말리는 것을 사전에 예방하려는 취지를 담고 있는 것이고, 아울러 구술의 공개가 가지는 책임을 각성하도록 하는 것이다.

미국의 구술사학자이가 법률가인 Neuenschwander(2009)는 구술기록의 공개에 앞서서 제3자에 대한 명예훼손을 예방하기 위한 가이드라인으로, 이야기의 대상이 되는 사람의 생사 여부 확인, 구술기록을 읽고 난 이후 대상에 대한 의견이나 평가의 변화 여부, 특정한 사실에 대한 부정적인 의견을 표현하고 있는가에 대한 확인, 구술자의 이야기가 진실임을 입증할 수 있는 다른 증거의 확보 여부를 점검할 것을 권고한다. 또한 구술기록을 전면비공개, 해당 부분 삭제 후 공개, 편집, 삭제 등의 등급을 부여하여 공개에 대비할 것을 권고한다. 이호신(2012)은 제3자의 프라이버시 침해 여부를 판단하기 위해서 구술의 내용을 독일의 인격영역론의 구분에 따라서 검토할 것을 제안한다. 내밀영역, 비밀영역, 사적 영역은 사적인 영역에 해당하기 때문에 가능한 두터운 보호가 필요하고, 사회적 영역이나 공개적 영역은 상대적으로 자유롭게 공개해도 무방하다는 제안이다. 이런 제안들은 구술기록의 공개가 개인정보법의 적용 여부와 무관하게 윤리적, 법적인 책임에서 결코 자유로울 수 없다는 점을 보여주는 것이고, 보다 섬세한 기준에 입각해서 구술기록의 수집과 서비스가 이루어질 필요가 있음을 드러내는 것이다.

따라서 구술사학계와 아카이브즈는 구술기록의 공개에 앞서서 구술기록에 포함된 제3자의 인격권을 보호할 수 있는 절차와 그 공개 여부를 판단할 수 있는 자체적인 규범을 마련해서 제시할 필요가 있다. 이 규범에는 구술자의 충분한 사전 검토와 아카이브즈의 공개 여부 판단을 위한 세부적인 프로세스가 포함되어야 하고, 아울러 구술의 내용에 대한 공개 여부를 판단할 수 있는 기준, 자료의 공개 범위를 선택할 수 있는 기준과 등급 등을 함께 제시해야만 할 것이다.

개인정보법과 관련된 문제의 궁극적인 해결을 위해서는 무엇보다 학술연구에 대한 예외가 인정될 수 있도록 개인정보법 관련 조항의 개정이 필요하다. 그렇지만 법률 개정에 앞서 자체적인 윤리 지침을 보완하여 적용함으로써 그 실효성을 입증할 필요도 있을 것이다. 이를 통해 구술기록에 대한 예외를 인정할 수 있는 사회적인 명분과 공감대를 충분히 확보할 필요가 있다. 한국구술사학회의 연구윤리규정에 대한 개정과 보완, 그리고 구술아카이브즈들이 실제 업무에 활용할 수 있는 구술기록 수집과 서비스에 관한 가이드라인의 마련이 필요한 것은 바로 이러한 까닭이다.

5. 맺음말

구술기록은 살아있는 사람의 이야기를 바탕으로 만들어지는 것으로 단순한 데이터와 정보의 집합물이 아니다. 그 안에는 구술자의 인생과 세상에 대한 고유한 해석이 함께 담겨 있고, 구술자의 개성과 인격이 고스란히 담겨 있다. 구술기록은 단순한 자료나 기록물이기에 앞서서 한 사람의 소중한 삶의 여러 가지 국면을 담고 있는 자료이고, 구술자 그 자체라고 보아도 결코 지나치지 않다. 따라서 그 수집과 활용의 과정에서는 반드시 구술자의 인간적 존엄에 대한 존중을 가장 우선적으로 고려할 필요가 있다.

구술사 연구에서 발생하는 윤리적인 문제는 구술사 연구의 기획에서부터 구술자 선정, 면담에 대한 동의 확보, 면담 진행, 구술자료의 보관과 활용이라는 구술 작업 전 단계에 걸쳐서 적용이 되는 사항으로 작업이 진행되고 자료가 활용이 되는 과정에서 늘 화두처럼 되새겨야 할 핵심적인 과제 가운데 하나이다.

또한 구술기록의 수집과 활용에 따르는 법률적인 문제는 윤리적인 문제와 중첩되는 것이지만, 손해배상이나 위자료 청구와 같은 또 다른 차원으로 확산될 수 있는 차별화되는 영역이다. 구술기록의 수집과 활용 과정에서 구술자의 인격적인 권리는 헌법이 보장하는 프라이버시 보호뿐만 아니라 개인정보법의 개인정보의 자기결정권과도 연결이 된다.

인격적인 권리는 구술자의 인격적 동일성에 대한 권리, 익명으로 남아 있을 권리, 고지된 동의 하에 이루어지는 기록의 생산과 활용, 구술자의 성명과 초상의 상업적 사용에 대한 보호 등이 쟁점으로 대두될 수 있을 것으로 분석되었다. 한편 구술기록에 언급된 제3자에 관한 언급은 프라이버시 보호와 명예훼손을 두루 아우르는 사항이기 때문에 자료 공개에 앞서 채록연구자와 전문가가 참여하는 심의위원회를 통하여 심층적인 검토가 이루어질 필요가 있음을 제안하였다. 한편 프라이버시 보호와 관련 사항은 독일의 인격영역론을 구술자료의 공개 기준을 설정하는 참고자료로 활용할 수 있을 것으로 제안하였다. 그리고 구술자료의 인격권 보호를 위한 가이드라인의 초안으로 구술자료의 수집과 활용의 전 과정에서 검토할 사항을 제시하였다.

한편 정보통신 기술의 발달에 따라 강화되고 있는 개인정보보호법의 세부적인 내용을 살펴보았고, 구술기록의 수집과 활용 과정에서 적용될 수 있는 문제점을 밝혔다. 개인정보 보호는 프라이버시 보호와 개인정보의 자기결정권 보장이라는 헌법적인 가치를 바탕으로 한다. 살아 있는 사람의 이야기를 바탕으로 구성되는 구술기록에는 구술자 자신과 그가 만난 다양한 사람들의 삶과 이야기가 함께 담겨 있다. 따라서 구술기록의 수집과 서비스는 개인정보법과 상당히 밀접한 관련을 가지게 된다. 구술기록의 내용과 형식을 구성하는 상당 부분은 개인정보에 해당이 될 수 있다. 그렇지만 구술기록이 가지고 있는 학술적이고, 문화적인 맥락을 온전하게 고려하지 않고서 기계적으로 개인정보법을 적용하는 것은 상당히 많은 문제를 내포하고 있음을 지적하였다. 이러한 문제의 근본적인 해결을 위해서 개인정보법 제58조 제4항은 예술이나 학문 활동과 관련된 표현 행위에 대해서는 폭넓게 예외를 인정하는 방향으로 개정될 필요가 있을 것이다.

구술기록은 특정한 사건이나 인물과 관련된 정보 제공이라는 차원에 앞서서 한 시대를 살아온 존엄성을 갖춘 인간을 다루고 있다. 구술기록의 수집과 활용의 과정은 구술자의 인격과 프라이버시를 비롯한 관련 권리를 오롯이 보장하는 데에서 출발하는 것이다.

참고문헌

강경근, 1999, 「프라이버시권의 의의와 구성요소」, 『고시연구』, 9.

권건보, 2014, 「정보주체의 개인정보자기결정권」, 『개인정보 보호의 법과 정책』, 박영사.

권영성, 2000, 『헌법학원론』, 법문사.

김일환, 2014, 「개인정보보호법 적용대상의 합리화 방안: 법 제58조의 입법론을 중심으로」, 『공법연구』, 43(1).

김재협 등, 2002, 『한국언론과 명예훼손소송』, 나남출판.

박경신, 2009, 『사진으로 보는 저작권, 초상권, 상표권 기타 등등』, 고려대학교출판부.

박용상, 2008, 『명예훼손법』, 현암사.

박준석, 2013, 「지적재산권법에서 바라본 개인정보 보호」, 『정보법학』, 17(3).

오유석, 2010, 「구술사 윤리의 정립과 주요쟁점」, 『2010년 동계 구술사 워크숍: 구술사 연구기관 네트워크와 연구윤리』

윤택림, 함한희, 2006. 『새로운 역사 쓰기를 위한 구술사 연구방법론』, 아르케.

이양호, 2010, 「구술채록 윤리강령을 위한 비완결적 제언」, 『2010년 동계 구술사 워크숍: 구술사 연구기관 네트워크와 연구윤리』.

이창범, 2012, 『개인정보 보호법』, 법문사.

이필재, 2014, 「개인정보보호법과 관련 법률의 체계 문제」, 『한국위기관리논집』, 10(1).

이호신, 2010, 「구술자료의 저작권 문제에 관한 연구」, 『구술사연구』, 1(1).

이호신, 2012, 「구술자료의 인격적인 권리에 관한 연구」, 『한국기록관리학회지』, 12(3).

이호신, 2017. 「구술자료의 수집과 서비스에 대한 개인정보 보호법의 도전」, 『한국기록관리학회지』, 17(1).

이희영, 2010, 「구술사 연구 윤리에 대한 제언: 과학 연구와 삶의 긴장」.

『2010년 동계 구술사 워크숍: 구술사 연구기관 네트워크와 연구윤리』.
정만희, 2000, 「프라이버시권: 언론보도에 의한 침해와 구제를 중심으로」. 『고시계』, 11.
정향진, 2016. 「질적연구와 연구윤리심의」. 『2016 한국구술사네트워크 워크숍: 구술자료의 윤리적 법적 문제에 대한 이해』..
中山信弘, 2008, 윤선희 편역, 『저작권법』, 법문사.
한국구술사학회, 2017, 연구윤리규정. 한국구술사학회.
(http://www.koha2009.or.kr/html/sub3_05.html)
행정안전부, 2011, 『개인정보 보호법령 및 지침·고시 해설』, 행정안전부.
Christian Joon Park, 2016, 「IRB와 구술사 연구윤리: 한민족다문화 협력적 구술생애사 연구 사례를 중심으로」, 『구술사연구』, 7(2).
Neuenschwander, 2015, 「구술사의 법적 영향」. 도날드 리치 엮음., 손동유 외 옮김, 『현대 구술사 연구의 현장』, 선인.
Neuenschwander, John A, 2009, *A Guide to Oral History and Law*, Oxford Press.
Shopes, Linda, 2007, 「Negotiating Institutional Review Board」, *AHA Perspective Online*, 45(3).
Ward, Alan. n.d 「Is your oral history legal and ethical?」
http://concernedhistorians.org

〈법령 및 기타 자료〉

〈민법〉 (법률)

〈개인정보 보호법〉 (법률 제14839호)

〈개인정보 보호법〉 (법률 제16930호)

〈개인정보 보호법 시행령〉 (대통령령 제30509호)

〈개인정보 보호법 시행규칙〉 (행정안전부령 제14호)

〈민법〉 (법률 제14965호)

〈형법〉 (법률 제15982호)

표준 개인정보보호 지침(행정자치부 고시 제2016-21호)

대법원. 1988.10.11. 선고. 85다카29 판결.

대법원. 1996.4.12.선고. 94도3309 판결.

대법원. 1998.9.4. 선고. 96다11327 판결

헌재 2005.5.26. 선고. 99헌마513 결정

헌재 2005.5.26. 선고. 2004헌마190 결정

국가법령정보센터(http://www.law.go.kr)

제03장

아카이브를 활용한 연구와 이후 전망

김 원

1. '아카이브'란 문제 설정

'아카이브'라는 용어가 한국에서 사용되기 시작한 시점은 2000년대 중반을 즈음으로 한 때가 아닐까. 아카이브라는 용어는 흔히 기록보존물 혹은 기록보존소를 의미한다. 하지만, 독일어권이나 라틴어권에서 아카이브라는 용어의 의미는 특정한 목적으로 일정한 체계를 갖춘 기록물과 기록물 보존소를 뜻한다. 영어권 지역의 도서관과 박물관에 자료를 체계적으로 수집한 조직을 아카이브라고 부른다(이상현 2011, 130). 이와 같이 자료의 집적, 수집, 보관을 의미하는 용어에서 점차 여러 영역의 자료를 기획, 수집, 관리 그리고 활용에 이르는 넓은 의미로 아카이브는 쓰이고 있다. 최근에는 학술논문 등에서 아카이브라는 용어를 찾아보기는 어렵지 않게 되었다. 하지만 정작 특정한 아카이브가 연구자나 일반인에게 널리 사용되고 의미있는 공간으로 인식되었는가 자문한다면 선뜻 답변을 하기는 쉽지 않다.

길게 보자면 1970년대 이후 정부 차원에서 한국사 관련 자료를 수집하는 국사편찬위원회가 존재했고, 90년대 들어서 국가기록원이 설립되며 기록에 대한 한국 사회의 관심이 조금씩 넓혀져 왔다. 최근 10년간 정치사회적으로 논란이 되어온 대통령기록물에 대한 문제나, 기록학과/기록학 전공자의 증가 현상은 '기록'이 과거 제국주의 국가군에만 제한된 문제가 아니라는 점을 보여준다.

크게 보자면 정부 차원에서 운영하는 국가기록원, 국사편찬위원회 뿐만 아니라, 국립예술자료원, 동북아역사재단, 한국학중앙연구원, 국립영상자료원, 국립외교원 등 여러 연구기관에서도 기록을 수집, 분류하고 정리해왔다. 특히 김대중 정부 이후 각종 과거사 관련 위원회가 만들어지면서 수많은 자료들이 수집, 정리, 분류, 보관되어 왔다. 이 점은 구술자료의 경우도 크게 다르지 않다. 2000년대 중반부터 국사편찬위원회에서 시작된 구술자료의 수집 작업은 국립예술자료원, 한국학중앙연구원, 국립영상자료원, 민주화운동기념사업회 등 정부 유관 연구기관 뿐만 아니라, 20세기 민중생활사연구단을 필두로 한 큰 규모의 연구 프로젝트로 이어져 왔다. 뿐만 아니라 지방사 연구나 시사, 군사 등 지방지 편찬 과정에서도 구술자료 수집은 빠지지 않는 연구로 자리 잡았다.

하지만 수집된 구술자료에 연구자나 일반인들이 쉽게 접근할 수 있는지 혹은 수집된 자료가 교육이나 연구 등에 잘 활용되고 있는지 자문한다면 그다지 긍정적인 답변을 하기 어렵다. 물론 구술자료 수집 자체도 어렵거나, 수집된 자료의 정리 및 보관 등에 대한 메타데이터나 매뉴얼조차 부재한 시기에 비해선 진일보한 것이 사실이다. 대부분 연구자/연구기관 및 연구프로젝트에서 진행되는 구술자료 수집은 목적의식을 지닌 기획을 통해 면담의 준비, 면담의 실행과 결과물의 정리 등의 절차를 어느 정도 거치게 됐다. 다시 말해서 과거에 비해 제대로 된 기획과 절차를 거쳐 구술자료가 수집되고 있고, 그 결과물도 검독이나 평가 등 일련의 과정을 거쳐 관리된다는 의미이다.

그럼에도 이런 진일보한 상황이 구술자료 아카이브 자체의 활용에 기반한 것이라고 보기는 아직 어렵다. 과거보다 개선되었지만 연구자가 찾는 구술자료가 어느 기관에, 어떤 상태로 존재하는지 파악하기는 간단치만은 않다. 이전보다는 상세목록이 자세히 기록되고 자료에 대한 체계적인 보존 및 관리가 이루어지고 있지만, 특정한 연구 주제에 해당하는 어떤 성격의 자료이며, 이것이 기존 자료에 비해 무엇을 드러내어 주고 있는지 각 구술자료 연구기관이 파악하고 있는지 역시 의문시된다.

최근 들어서 한국 구술사네트워크에서 정례적으로 소속 기관의 구술자료의 '목록집'을 작성해 한국구술사학회 홈페이지에 탑재해 놓고 있지만, 소략한 목록집 만으로 전국적으로 분포한 구술자료 전반을 이해하기란 쉽지 않다. 이런 맥락에서 구술사 연구자들 사이에서는 '수집에서 활용으로'란 문제의식이 제기된 듯 싶다. 10년 넘게 구술자료 수집이 이뤄졌지만, 자료가 보관되고 있을 뿐, 활용으로 이어지는 경우는 연구자 개인적 차원에서 이뤄지는 것이 아직은 대다수로 보인다.

상황이 이러한 배경에는 아직 구술자료가 아카이브라는 차원에서 활용되고 있지 못하다는 사실이 자리 잡고 있다. 다시 말해서 자료의 수집과 보존에 대한 기획/사전적 논의는 존재하지만 정작 수집된 자료가 어떻게 연구로 연결되거나, 대중서나 학술적 연구, 문화콘텐츠 등으로 이어질 것이며 다른 자료와 결합되어 전시, 교육 등으로 대중화될 것인지에 대한 '전체적인 기획의 부족' 현상이 반복되고 있다. 일부 기관에서는 구술자료를 온라인에서 검색할 수 있게 하거나, 구술자료의 일부 혹은 공개가능한 부분을 동영상으로 제공하기도 하며, 구술자료에 대한 상세목록, 자료에 대한 해제를 붙여 자료화가 진행되고 있다. 이 역시 구술사 연구에서 진일보라고 평가할 수 있지만, 아직 대부분 구술자료는 '자료' 이상으로 의미를 부여받고 있지 못하다.

잠정적으로 구술자료와 아카이브라는 10여년간의 여정에 대해 평가해 보다면, 다양한 아카이브 실험이 진척되어 왔으며 초기적 기획, 수집 그리고 보존 단계로의 진전이 이뤄졌지만, 안정적인 관리와 자료의 포괄적인 활용에 대한 청사진을 만드는 데는 한계가 존재했다고 평가해 볼 수 있다. 이 글에서는 2절에서 최근 10년간 구술 아카이브에 대한 연구의 흐름들을 개괄하고, 조금 더 구체적으로 학술논문, 단행본이나 전시 등에서 구술자료가 아카이브라는 차원에서 활용되었는지 접근 가능한 사례를 중심으로 살펴볼 것이다. 3절에서는 필자가 최근 접한 구술자료가 아카이브 차원에서 포괄적으로 계획되고 활용된 해외 사례를 소개하며, 한국에서 시사받을 점을 정리해보고자 한다. 마지막으로 결론에서는, 이후 구술자료가 아카이브 차원에서 현재보다 한 단계 진전하기 위한 전망을 제안하고자 한다.

2. 구술 아카이브에 관한 연구의 흐름

국회도서관이나 논문검색 프로그램을 통해 찾아보면 한국은 아카이브의 전성시대인 것처럼 보인다. 디지털 아트아카이브, 영상아카이브, 신문아카이브, 공동체 아카이브, 태권도 아카이브, 사건 아카이브, 로칼 아카이브, 노동아카이브 등 다양한 시도와 접근이 아카이브란 이름으로 진행 중이다. 과거에 아카이브하면 대단히 전국적이고 국가적인 차원의 문제로 생각하던 것에 비해, 그 내용과 범위가 다양화되었다고 할 수 있다. 그렇다면 구술자료와 아카이브에 대한 연구들은 어떤 흐름이 존재해 왔는가.

2000년대 중반 이후 구술사와 아카이브를 연결시킨 연구 흐름을 대별하자면, 첫 번째로 구술아카이브즈를 한국에서 구체화한 실험과 경험을 소개하고, 이후 대안을 제시한 연구들을 들 수 있다. 다음으로 다양한 연구기관에서 진행해온 구술 아카이브 연구의 현황을 소개하고, 이후 제언을 덧붙이는 연구들도 존재했다. 끝으로는 새로이 등장하는 주제, 영역별 구술자료와 아카이브가 결합된/결합될 가능성이 존재하는 사례를 소개하거나, 해외 경험을 제시하는 연구들이다. 학술논문을 중심으로 주요한 흐름을 간략하게 소개하면 아래와 같다.

첫 번째, 구술 아카이브즈를 한국에서 구체화한 경험을 소개하고 대안을 제시한 연구들로는 한국구술사연구회(2014, 2017)를 먼저 들 수 있는 데 이 연구에서는 구술사 연구의 기획에서 활용까지 과정을 여러 사례와 아카이브 구축 경험을 중심으로 소개하고 있다. 또한 정연경 외(2017)도 이화여대 여성사아카이브 구축 체험을 메타데이타, 유형별 웹사이트 구축 및 시소러스 등을 중심으로 기술하고 있다. 그 외에도 녹취록 중심의 국내 구술자료 수집 및 아카이브 문제점 다룬 연구(이호신 2017)도 존재한다.

다음으로, 한국내 구술 아카이브 연구의 현황을 소개한 연구는 국사편찬위원회 구술자료 수집 10주년에 대한 포괄적인 평가를 수행한 연구(윤택림 2015), 20세기 민중생활사 연구단의 생애사와 생활사를 중심으로 한 아카이브 구축 사례를 다룬 연구(함한희 2008), 아르코예술정보관 구술채록사업의 현황과 과제를 다룬 연구(이호신 2008), 강제동원 구술자료의 관리와 활용을 소개한 연구(권미현 2007) 등이 있다. 그리고 국내 구술자료 수집에서 수집정책의 부재를 다룬 연구도 찾아볼 수 있다(조용성 2010).

끝으로, 주제, 영역별 구술자료와 아카이브가 결합된/결합될 가능성이 존재하는 사례를 소개하거나, 해외 경험을 제시하는 연구는 매우 다양하다. 대표적인 사례를 들면 올림픽 구술아카이브 사례(천호준 2007), 생애사 시간표에 기반한 아카이브 활용 사례를 다룬 한신갑(2017)이나 지방사, 공동체 아카이브 사례를 다룬 연구도 존재한다. 대표적으로 지방사 연구에서 구술사의 의미와 공동체 아카이브의 문제를 다룬 연구(윤택림 2012), 동탄 공동체 아카이브를 다룬 연구(최정은 2017), 영국 '역사워크샵' 사례를 소개하며 공동체 아카이브의 가능성을 제시한 연구(최재희 2014)를 들 수 있다. 마지막으로 사회적 기억의 아카이브 문제를 다룬 연구도 존재하는 데 노근리 학살의 아카이브/사회적 기억 문제(윤은하 2016), 세월호 사건을 중심으로 한 재난 사고의 기록화 문제를 다룬 연구(송주형 2015), 성공회대 노동사연구소에서 참여형 아카이브의 가능성을 탐색한 연구(이재성 외 2014) 등을 들 수 있다.

이상에서 소략하게 소개한 바와 같이, 기존 연구들은 구술자료의 기획, 수집, 관리, 활용이 지난 10여년간 어떻게 진행되어 왔는가에 대한 소개와 평가, 향후 나아가야할 기본적 방향 그리고 공동체 아카이브와 유형/분야별 아카이브에서 구술자료의 문제/가능성 및 중요한 사회적 학살과 이에 대한 트라우마의 문제와 이들 구술자료의 아카이빙 가능성에 관해 다루었다. 다만 아쉬운 점은 수집된 구술자료가 연구에 환류된 경우는 대부분 연구자 개인에 의해 애초부터 분명한 연구 프레임 속에서 진행된 구술자료 수집이 대부분이었다. 다시 말해서 연구기관의 구술자료 아카이빙이 연구, 전시, 교육 등으로 적극적으로 활용되지 않았다는 사실이다.

즉 구술자료의 수집과 관리가 연구와 교육 등을 중심으로 하는 활용과 괴리된 현실이 기존 연구에 대한 개괄적인 검토를 통해서도 확인된 것이다. 물론 자료의 안정적인 수집과 관리의 체계화는 아무리 강조해도 지나치지 않다. 다만 아카이빙을 통해 구술자료의 확장된 수집과 관리가 왜 연구와 활용으로 이어지지 않는가에 관해서는 심층적 검토가 필요하다. 아카이빙을 통한 연구/활용이 연계되지 않을 경우 무엇을 위한 구술자료 아카이빙인지, 또한 구술자료는 문헌자료와 어떤 점에서 다르고 어떠한 방식으로 연구되어야 하는가에 대한 또 다른 근본적인 질문이 제기될 수 있기 때문이다. 다시 말해서, 구술자료와 과거 체험이나 경험에 대한 구술자의 현재화된 기억의 일환이라는 점을 환기한다면, 왜 우리는 구술자를 면담해오고 구술자료를 오랜 시간과 노력을 들여서 수집, 관리하려고 했는지 다시 질문할 필요가 있다. 이러한 문제에 대한 해결을 위해 해외 사례를 중심으로 아카이브즈 활용을 소개하고자 한다.

3. 아카이브즈 활용의 사례

그렇다면 구술자료는 아카이빙을 통해 어떻게 연구되고 활용되어야 할까. 한국에서 구술사 연구가 1990년대 이래 진행되었으나, 오래전에 기록된 구술자료 녹음테이프들은 제대로 관리되고 있지 못하고 있다(윤택림 2019, 296). 이제 상식이 되었지만 구술자료는 면담의 원자료인 음성/영상뿐만 아니라, 면담 및 연구과정에서 동반되는 문서, 사진, 박물자료 등까지 넓게 포괄한다. 필자가 국내 몇몇 연구기관의 구술자료를 평가하는 자리에 참석하면서 의아했던 점 몇 가지가 존재했다. 한 가지는 구체적으로 수집한 구술자료를 어떤 방식으로 연구내지 활용할 것인지에 대한 계획이 구체적이지 않은 점이다. 수집하는 구술자료가 얼마나 중요한지, 사료적 가치가 있는지 언급하지만 실제로 어떻게 구술자료들이 활용될 지에 대한 언급은 드물었다. 이는 연구기관도 크게 다르지 않았다. 몇 년전부터 '수집에서 활용으로'라는 문제의식을 연구자들이 지적하면서, 구술자료의 정량적 평가와 구술자료 자체의 질(quality)은 중요하게 여겨지지만, 연구기관이 어떻게 활용할 것인지에 대해서는 '구술자료집 발간' 이외에는 눈에 띄게 발견하기는 어려웠다.

또 한 가지의 의문스러운 점은 수집된 구술자료는 면담자료와 관련 원자료 이외에는 제출되지 않았다는 것이다. 수집 구술자료를 보면 구술자의 사진이나 일기, 기타 박물자료, 구술자 본인이 경험한 시기의 중요한 문서 등에 접근할 수 있지만 이들 자료는 누락되거나, 면담자나 구술자료 연구기관 모두에게 중요하게 여겨지지 않았다. 일부 연구자들도 구술자료를 수집하는 과정에서 접근할 수 있는 사진, 일기 등이 구술자료의 활용에 중요한지 원론적으로만 인식할 뿐, 자료의 활용에 대한 고민을 직접 하는 경우는 드물었다.

이 두 가지 징후는 왜 한국에서 구술자료의 수집이 활용/연구로 이어지지 못하는지 보여준다. 그렇다면 두 가지 사례를 통해 구술자료와 연관자료가 어떻게 수집되고, 활용되는지 간략히 살펴보면서 구술자료 아카이브가 연구로 활용될지 가능성을 탐색해보도록 하자.

1) 전시와 아카이브의 결합: 토론토시 아카이브와 일본 국립역사민속박물관

첫 번째 사례는 '토론토시 아카이브' 사례다. 캐나다 토론토시에 위치한 이 아카이브는 토론토라는 도시에 관한 아카이브다. 도시 서측에 3층짜리 독자적인 건물에 위치한 아카이브는 다민족국가인 캐나다, 더 나아가 도시 토론토의 형성, 특성, 역사 그리고 미래를 아카이빙하고 있다. 2층에는 자료 열람실, 목록 리스트, 간행도서 및 검색 시스템이 위치하고 있으며, 아카이빙한 자료들은 유리창으로 투명하게 공개해 놓고 있다. 그리고 1층에서는 아카이빙한 자료들에 대한 전시를 사진, 문서, 동영상, 당시 그림 등을 통해 구성하고 있었다. 2017년 상반기에는 "거리에서 놀이터로: 20세기 초반 아동의 재현"이란 주제로 전시가 진행되고 있었다. 20세기 초반 거리에서 방치된 아이들의 사진, 글, 당시 도서, 아이들에 대한 그림, 동영상 등이 역사적으로 어떻게 수렴되는가에 대해서 잘 구성되어 있었다.

두 번째 사례는 일본 치바현에 위치한 국립역사민속박물관(國立歷史

民俗博物館, 이하 '역박')이다(http://www.rekihaku.ac.jp). 역박은 박물관/전시 기관이기도 하지만, 연구 프로젝트와 대학원 교육기관이 같이 운영되는 기관이다. 2017년 가을 전시는 1960년대 후반부터 분출한 반전, 반공해, 반핵 등 밑으로부터 주민운동과 전공투(全學共鬪會議)로 상징되는 일본 학생운동의 역사를 『1968, 무수한 의문이 분출했던 시대(1968, 無数の問いの噴出の時代)』라는 이름으로 전시한 바 있다. 독자적인 연구사업을 통해 3년간 40년전의 사건과 기록, 한국의 80년대에 비해 10년전에 일어난 대부분의 사건, 운동에 관해 관련 기록, 팜플렛, 도서, 수기, 사진, 영상관련자의 구술증언 그리고 박물류 까지 꼼꼼하게 정리된 기초자료 조사에 입각한 생동감 있는 전시였다. 1968년 당시 도쿄대학교 야스다 강당에 대한 기록영상뿐만 아니라, 비록 영상은 아니지만 '음성'으로 당시 관련자의 목소리를 배치하고 있다.

뿐만 아니라 당시 운동에 참여했던 관련자들의 강연과 공연도 같이 결합된 형태로 전시는 함께 이뤄졌다. 다시 말해서 자료의 수집, 조사, 연구보고서 그리고 전시로 이어지는 자료수집의 기획이 완결적으로 이뤄진 형태였다.

이들 사례가 한국 구술자료의 아카이빙과 연구에의 활용에 제기하는 시사점은 구술자료는 수집기획, 수집, 관리 그리고 이후 활용이 전체적으로 구조화되어야만 완결성있는 연구가 될 수 있다는 점이다. 더불어 구술자료와 더불어 자료의 활용과정에서 연구, 구술관련 자료, 전시 및 매체화 자료에 대한 통합적인 계획이 존재할 때 구술자료는 고립된 자료의 섬이 아닌, 생생한 해석된 역사로 자리잡을 수 있다는 점이다.

2) 사전 구술자료 조사에 기반한 전시: 목천 건축아카이브즈, 미국 국립미술사 박물관

역박 사례와 마찬가지로 전시와 구술자료 수집이 결합된 것이 세 번째로 소개할 〈국가 아방가르드의 유령〉 아르코미술관 제16회 베니스비엔날레 국제건축전 한국관 귀국전 프로젝트다. 이 전시의 기반은 목천건축아카이브즈와 건축가들이 김수근과 한국종합기술개발공사(이하 '기공')들의 기억을 생애사로 정리한 8권의 구술자료집을 도서출판 마티에서 목천건축아카이브 한국현대건축의 기록으로 출간한 작업이었다. 이 전시는 건축사 아카이브에서 기공의 망각된 역사를 구술, 영상, 문헌 등을 통해 다채롭게 구성했다.[1)]

〈국가 아방가르드의 유령〉 전시를 통해 그간 체계적으로 수집되지 못했던 건축사와 현대사와 관련된 망각된 과거를 소환하는 동시에 현대 건축사에 관련된 아카이브가 부재한 상황에서 한국 현대 건축에서 주목되지 못했던 신화였던 김수근과 기공의 작업을 재구성했다. 특히 이를 위해 1960년대 기공의 프로젝트에 내재해 있는 모순과 역설에 주목해 현재의 문제를 주목하기 위한 거울상으로 파악하고자 했다.[2)]

하나의 사례를 들면, 1970년 '한국적인 것'의 정체성을 질문했던 일본 오사카 만국박람회70 한국관은 한국적인 것의 본질과 국가 정체성이 무엇인지 문제시했다. 또한 유토피아적인 도시와 군사주의적 의례가 병존했던 당시 여의도 광장의 재현을 통해 국가가 주도했던 근대화 과정에서 망실된 공공공간의 가능성을 물었다. 뿐만아니라 을지로 재개발의 중심에 위치한 세운상가, 구로공단에 위치했던 박람회 가설 구조물이 있던 자리와 이곳에 들어섰던 공단과 벌집촌 그리고 1990년대 이래 테크노밸리로 변신한 구로란 공간을 통해 이주노동자들의 흔적을 재현하고자 했던 것이다.

---

1) 본 전시는 2019년 3월 27일부터 5월 26일까지 이뤄졌다. 필자는 전시의 연계 행사인 "구로박람회"를 주제로 강의를 했으며, 2차례에 걸쳐 전시를 자세히 조사했다.

2) 전시의 역사, 사회 그리고 미학적 배경에 대해서는 강난형 외(2018) 참조.

전시장 1층의 제1전시장에 위치한 두 개의 아카이브 벽돌 방에 '부재하는 아카이브'란 이름의 전시 공간에서는 기공이 1960년대 기획했던 건축물들이 각종 사진, 판넬, 영상 그리고 소설, 사진 등으로 재현됐다. 2층 제2전시장에 "미래의 고고학"이란 이름으로 전시된 작가 바래의 '꿈 세포'에서는 구로지역의 벌집을 흰색 돔으로 재현해 과거 구로공단 노동자들의 처참한 벌집 생활과 대비시킨다.

무엇보다 〈국가 아방가르드의 유령〉 전시에서 주목해야 할 것은 전시 공간 앞 부분에서 눈에 띄는 1960년대 기공에 대한 아카이브다. '부재하는 아카이브'라고 이름 붙여진 이 공간에선 기공 관련자들의 구술인터뷰가 벽면한편에서 상영되는 동시에, 현재까지도 역사화되지 못한 건축물 세운상가, 구로 무역박람회, 여의도 마스터플랜, 오사카 만국박람회 70의 망각된 자료들이 전시됐다. 이상에서 본 것처럼 목천 건축사아카이브와 이 전시 간의 연계는 개발주의 시기 공간적 재구성과 국가주도 아방가르드 실험 간의 긴장에 대한 최초의 아카이브이자 대중적 전시라는 점에서 의미가 컸다. 다음으로 좀 더 본격적인 공공역사를 시도한 미국의 사례를 살펴보도록 하자.

네 번째로, 미국 국립미술사 박물관의 개인적 구술을 공공기억으로 전환시킨 사례를 들 수 있다.[3] 미국에서 구술사와 공공의 기억에 대한 사례들 가운데 어떻게 사적인 기억들이 전시되고 활용되고 있는지를 보여주는 사례가 1987년 국립미국사박물관(National Museum of American History)에서 진행된 "더 완벽한 조합: 재미일본인과 미합중국 헌법"(A More Perfect Union: Japanese Americans and the United States Constitution) 전시다. 이 전시에선 제2차 세계대전 시기 미국의 적성국이었던 일본에서 이주한 재미일본인들이 경험했던 수

3) 이하 미국사례는 윤택림(2019, 299-300)의 연구를 요약, 정리한 것이다.

용소와 군복무 생활에 대한 구술사를 사용해 그간 가시화되지 못했던 재미일본인들의 개인적인 기억들을 공공의 기억으로 재생시키고자 했다.

뿐만 아니라 1997년 국립미국사박물관에서는 두 명의 태국 여성들에 대한 인터뷰를 통해 "바위와 힘든 곳 사이에서: 1820년부터 현재까지 미국 착취공장의 역사(Between a Rock and a Hard Place: A History of American Sweatshops, 1820-Present)"를 전시했다. 이 전시도 앞선 전시와 비슷하게 개인적인 기억들이 공공의 기억으로 발전되는 과정을 보여주고 있다. 이처럼 구술자들의 이야기는 미국 역사에 대한 공공적 이해에 영향을 주었다. 국립미국사박물관 전시는 역사박물관이 공공 역사의 장으로서 개방적이고 다양한 역사 이해를 제공하는 데 중요한 시사점을 제공한다.

3) 장소성과 구술자료의 결합: 오노미치시의 유비쿼터스 박물관

다음으로 장소성과 구술을 접목시킨 사례로 일본 오노미치시 지역민 기억 공유 작업을 들어보고자 한다.[4] 2003년부터 서비스를 시작하여 2007년까지 진행된 오노미치시의 유비쿼터스 박물관은, 말 그대로 "지금 있는 그 장소, 그 오르막길" 이란 테마로 마을 전체를 박물관으로 만드는 마을박물관(Eco-museum) 개념에 입각해 진행됐다. 오노미치를 방문한 관광객과 주민들은 거리를 왕래하면서 특정 장소에 멈춰 방문한 장소의 지역상징물의 위치 번호를 핸드폰에 입력해 마을의 문화와 역사에 정보를 제공받을 수 있다.

방문객들은 지역 주민들의 음성을 통해 지역의 특정한 장소를 둘러싼 사건에 대한 구술증언을 청취할 수 있다. 바로 오노미치시 유비쿼터스 박물관은 특정한 역사성을 지닌 장소에 대한 사적인 기억을 공공의 역

4) 오노미치 사례에 대한 소개는 유동환(2015, 257-258)의 사례 설명을 요약·정리하고 인터넷 홈페이지를 참조했다.

사로 전환시켜 장소의 역사성에 대한 기억을 지니지 못한 관광객이나 후세대들역시 그들이 방문한 장소의 의미를 공유할 수 있도록 만들었다.

4) 현대사 구술교과서 아카이브즈: 독일역사의 집 역사포탈

다음으로, 독일의 두 가지 사례를 제시해보고자 한다. 우선 민요 아카이브를 살펴보면, 민요, 설화 등 구비문학 아카이브 가운데 가장 오랜 역사를 지닌 것이 독일 프라이부르크(Freiburg) 대학에 있는 민요 아카이브다.[5] 프라이부르크 민요아카이브는 1914년 민속학자 존 마이어(John Meier)가 만든 것으로, 처음에는 자택을 독일 민요아카이브(Deutsche Volksliedarchiv, 이하 DVA)를 위한 공간으로 사용해 각 지역에 산재한 민요를 정리했다. DVA 설립 초창기에 베를린국립도서관에 보관하고 있던 루드비히 에릭(Ludwig Eric)의 민요 자료 20,000점을 기증받았다. 그러나 이후 독일 민속학계에서 민요, 설화, 풍속 등 기존 민속학 연구 대상에 대한 비판이 늘어가고 자료 수집에 어려움이 야기되는 등 새로운 문제들이 대두됐다. 이에 DVA는 자료 수집 대상을 기왕의 민요뿐만 아니라, 대중음악 분야까지 확장했으며 아카이브의 명칭 역시 DVA와 국제대중음악연구소(Institut für internationale Popu-larlied-forschung)를 함께 사용하게 됐다(이상헌, 2008, 141-143).

DVA는 민요기록보존소의 음악 전문가와 민요연구가가 민요의 디지탈화를 진행하고 대학생들을 위한 교육프로그램 강좌 개설, 전문학술잡지 '민요학술지'(Zeitschrifdt für Volkslied) 발행, 다양한 주제의 자료를 전시하고 있다(이상헌 2008, 144).

독일에서 또 하나 주목할 구술자료 아카이브는 〈독일역사의 집 역사

5) 민요 아카이브 사례에 대한 소개는 이상헌(2008, 141-144) 연구를 정리, 요약한 것이다.

포탈〉(https://zeitzeugen-portal.de/)이다.[6] “말해보세요, 기억해 보십시오” 또는 “개인적으로, 구체적으로, 이해하기 쉽게”라는 기치아래 독일 역사의 집 포탈은 다양한 독일 현대사 관련 구술자들로 하여금 그들의 이야기와 기억을 통해 과거를 활기차게 만들고, 관람자로 하여금 독일 역사의 크고 작은 사건을 발견하도록 유도한다. 이 구술자료 포탈의 목적은, 독일 역사에 대한 새로운 인터뷰 영상 컬렉션을 통해 과거에 대한 개별 이야기를 발견하고 연구하는 것이다. 이 포털은 역사 연구자, 학생 및 교사, 과학자 등 광범위한 개인과 집단을 대상으로 하고 있으며, 현재 구술아카이브즈의 내용은 “국가 기억협회”에 소장되어 있다. 구체적인 구술자료는 독일 역사에 대한 약 1,000 건의 인터뷰로 포털에서 약 8,000 개의 개별 영상 클립으로 볼 수 있다. 그 밖에도 독일 현대사에서 중요한 인물들과의 약 40회의 인터뷰를 포함하여 독일공영방송(ZDF)의 아카이브 보유 자료도 소장하고 있다. 이들 구술자료는 기간, 주제 또는 구술자란 세 가지 카테고리를 통해 접근이 가능하다.

다음으로, 독일 역사의 집 구술 프로젝트에 대한 정보를 보면, 2016년 여름, 재단 이사회는 포탈에 따른 책임을 확대하기로 결정, 2017년 1월 1일부터 조직 및 인력이 확장되었다. 바로 역사포탈은 비디오 및 오디오 형식의 다양한 구술 인터뷰를 통합했다. 독일 문화 미디어 장관이 자금을 지원하는 기관에서 수행하는 현대사 관련 구술자와의 인터뷰 이외에도 독일 연방 공화국 재단도 이미 참여하고 있으며 앞으로도 지속될 예정이다. 프로젝트 진행 과정에서 이러한 자료들은 체계적으로 기록, 확보, 개발 및 공개될 것이고 장기 보관을 위해 Federal Archives와 협력이 계획되어 있다.

세 번째로 포탈의 구성과 관련해서 ‘시간, 시대, 사람들’로 포탈 목록

---

6) 이하 자료는 역사의 집 포탈 사이트(독일어) https://zeitzeugen-portal.de 콘텐츠를 정리한 것이다.

은 구분되어 있다. 먼저 〈시간〉에서 구술자료는 제1차 세계 대전에서 현재까지를 다루며 인터뷰 목록에는 20세기와 21세기가 포함된다. 전통과 연속성, 변화와 격변 여부 등 구술자의 이야기는 독일 역사에 대한 다양한 주관적이고 개인적인 이미지를 이끌어 낸다. 세부적으로 이는 1914-18(제1차 세계대전), 1918-1934(황제의 타락과 혁명), 1933~1939(제1공화국의 기초), 1939-1945(제1공화국의 노래) 등 21가지 시대로 구분되어 있다. 각 시대에 대한 포탈은 5분 내외의 시대 전반에 대한 개괄과 6-15명의 5분 내외의 구술자료를 편집한 것으로 구성되어 있다. 뿐만 아니라 '연도별'로 테마, 주제를 잡고 이에 대한 시대적 배경과 구술증언을 10분 내외로 구분해 독일 현대사 구술교과서와 같이 구성하고 있다.

두 번째 구술자료 포탈의 카테고리는 〈시대〉인데, 구술자들의 이야기란 타이틀로 청소년의 반항, 비행 이력 또는 새로운 시작 여부 등으로 이뤄져 있다. 이러한 구술자들의 개인적인 기록은 더 큰 맥락에서 독일 현대사에 접근 할 수 있게 한다. 독일 역사의 개별 주제는 다른 관점에서도 조명되는 데, 그들의 일상에서 경험과 역사적으로 중요한 사건이 밀접하게 관련되어 있음을 보여준다. 여기서 다시 시대를 9개의 주제로 나누고 동일한 시대를 경험한 다양한 계층, 인종, 직업, 성별의 체험을 정리하여 제공하고 있다. 구체적인 항목별 내용을 보면, 1) 이주, 새로운 가정에서의 생활: 이주 섹션에서는 독일 연방 공화국은 이민국이며 5명 중 1명 이상이 이주 배경 또는 이주 경험이 있다는 것을 드러내어 준다. 이처럼 다른 문화의 공존은 일상 생활을 화려하고 다양하게 만들어 주지만 동시에 항상 갈등을 유발했다. 여기서는 손님노동자(Gastarbeiter), 난민 또는 실향민은 꿈과 희망, 어려움과 실망, 성공적인 새로운 출발의 행운에 대해 알려준다. 2) 유럽: 유럽과 세계화 세션에서는, 통일독일이 유럽 통합의 동력인 동시에 세계화의 일부임을 강조한다. 국제 관계는 점점 더 다양한 방식으로 사회, 정치 및 사람들의 일상 생활에 영향을 미치고 있으며 단일 통화, 열린 국경 또는 방해받지 않은 정보 교환 및 네트워크로 연결된 세계화는 항상 비판과 논쟁의 주제였음을 구술자료를 통해 알려준다. 3) 국가 사회주의의 대량 학살: 나치라고 불렸던 국가 사회주의 하에서 수백만의 사람들에 대한 박해와 살인은 여전히 믿기 어렵다. 이 세션에서 구술자들은 독일 역사상 가장 어두운 시기를 기억하고 사회적 배제와 고립, 폭력, 불의와 죽음에 대해 이야기하지만 예상치 못한 도움, 시민들의 용기, 생존 및 새로운 시작의 가능성에 대해서도 증언한다. 4) 피크 경험 – 작별과 도착: 이 세션에서는 서독과 동독 사람들은 독일의 분단을 어떻게 경험했는지 비행, 출발 및 새로운 시작에 대해 이야기한다. 분단 이후 독일은 냉전의 중심부였고, 미국과 소련의 대립은 독일인의 일상 생활에 직접적인 영향을 미쳤다. 많은 사람들에게 그것은 긴장과 갈망뿐만 아니라 경계에 항의하고 극복하는 것을 의미하기도 했다. 5) 스포츠 – 링의 라이벌: 1949년에서 1989년 사이에 스포츠는 동서 분쟁의 현장이었다. 구술자들은 축구, 테니스, 조정, 공연 경기 또는 카운티 리그에서 국가간·개인간의 경쟁을 어떻게 경험했는지 알려준다. 프로 운동선수든 열성적인 지지자이든 관계없이 스포츠는 공동체에 대한 열정과 감각, 국민으로서 정체성의 확인을 가능하게 했고 선수의 경력과 특권을 가능하게 했다. 6) 청년 – 반란과 적응: 이 섹션은 전후 10대들의 사회적 기대를 다루고 있다. 전후 청소년과 부모 세대의 관계가 항상 충돌이 없는 것은 아니었다. 일부 젊은이들은 기존 사회 구조 속에서 자신의 길을 가고 있지만, 다른 젊은이들은 생활 방식, 스타일 또는 음악을 통해 자신의 정체성을 찾기 위해 의도적으로 기존 환경과 거리를 두었다. 7) 경제 – 부와 풍요: 사회적 시장 경제와 사회주의 계획 경제라는 두 가지 경제 시스템이 수십 년 동안 독일인의 일상 생활을 지배해왔다. 규범과 박탈, 수출 및 성장 증대라는 근본적으로 다른 조건 하에서 독일인들은 부, 직업 기회 및 자기 성취를 찾아왔다. 8) 예술 – 예술과 선전: 국가의 통제와 표현의 자유라는 매우 다른 조건 사이에서 동서독의 예술가, 작가 및 언론인은 정치적, 사회적 사건과 마주해 왔다. 한편으로는 국가가 요구했던 것을 표현하기도 했지만 동시에, 불편한 질문을 제기하고 항의를 표출하기도 했다. 9) 사회운동 – 60년대 후반을 전후로 전개된 저항과 하위문화: 학생의 불안, 저항 운동 등에서 보여지듯이, 독일 시민은 사회 변화를 위해 다양한 방법으로 참여해왔는데, 특히 과거사에 대한 교육, 환경 보호 또는 여성의 더 많은 권리 확보를 위해 시민들은 헌신해왔다.

마지막으로 〈생애사〉라는 맥락에서 이야기/기록을 통하여 20세기 현대사를 둘러싼 구술자의 개인적인 기록을 더 큰 역사적 맥락에서 이해할 수 있게 한다. 그들의 구술은 일상의 경험과 역사적으로 중요한 사건이 밀접하게 관련되어 있음을 보여준다. 구체적으로 구술자별로 1시간~90분 내외의 영상이 생애사 형식으로 포탈을 통해 제공되고 있다. 동시에 다른 항목에서는 〈모든 목격자〉란 타이틀로 구술자료를 알파벳 A~Z 순으로 제공하고 있다. 이 가운데 4가지 정도 사례를 제공하면 아래와 같다.

〈사례1〉

막스 아데나워 – 아버지의 그림자에서

그는 콘라드 아데나우어 전 총리의 아들이었습니다. 그는 양심적인 지역 정치인으로서 자신의 명성을 만들었습니다. 그의 아버지의 위대한 유산은 평생 동안 그를 따라다녔지만 결코 그의 그림자를 느끼지 않았습니다.

〈사례2〉

마가레트 미쳐 리치 – 정신 분석의 대담

그녀는 덴마크에서 덴마크 의사와 독일 교사의 딸로 태어났으며 독일에서 공부했습니다. 그녀는 국가사회주의자들에게 문제가 있었다는 것을 깨달았고, 그들의 세계관을 경멸했습니다. 그녀는 영국으로 건너가 정신분석학 연구에

전념했으며 다시 독일에서 자립하게 됐습니다. 그녀의 출판물은 사회적으로 센세이션을 일으켰고, 그녀의 작품은 주로 국가 사회주의의 청산과 여성 해방을 다루었습니다.

〈사례3〉

만프레드 겔 라흐-공동 책임

동독에서 블록 파티의 주요 회원이 되겠다는 결정은 개인적으로 그에게 큰 영향을 미쳤습니다. 그는 항상 자신의 도덕적 기준과 권위주의 시스템이 그의 양심과 충돌하지 않고 자신의 지도력에 대한 요구 사이에서 긴장의 영역에 위치해 있었습니다.

〈사례4〉

에브라임 키손-우연의 일치

그는 인생이 영화처럼 되기를 원했습니다. 유태인 작가, 감독 및 언론인으로서 그는 나치 아래 폴란드에 있는 강제 수용소로 보내졌습니다. 그는 살아남아 이스라엘로 이민을 갔습니다. 아이러니하게도, 그의 풍자 소설과 연극은 특히 독일에서 널리 읽히고 있습니다.

5) 역사교육을 위한 구술 아카이브즈: The National Archives의 Moving Here

다음으로 구술사와 역사교육을 결합시킨 아카이브즈인 영국의 Moving Here를 살펴보도록 하자.[7] 'Moving Here'는 The National Archives(이하 TNA)가 200년간 영국으로 이민과 관련되어 수집된 각종 기록을 구술사와 역사교육에 활용하기 위한 시도다. 이러한 프로젝트가 시도된 배경은, 점증하는 이주민이 영국인의 일자리를 빼앗는다는 사회문제가 대두되고 이들에 대한 불만과 반감이 강화되자 노동허가를 받거나 부모나 조부모가 영국에서 태어난 이주자만이 이주가 허용되는 등

7) TNA 역사 교육 프로젝트는 최재희(2017, 128~147)의 연구에서 주요 내용을 요약 정리한 것이다.

규제가 강화되었던 시대적 상황이었다. 하지만 1997년에 이르러 각종 제한조치가 완화되거나 폐지되고 2004년부터 유럽연합의 4대 자유 정책이 실시되면서 이민자의 수가 급격히 늘어나게 된다. 1997년 집권한 영국 노동당 정부가 사회통합을 강조하는 정책을 추진했으나 역사학계에서는 마이너리티 역사에 대한 관심과 연구는 취약했다. 바로 영국 노동당정부 집권과 함께 영국사회에 대한 진단이라는 이름의 아카이브를 구축하게 된 배경은 '지속가능한 견고한 공동체(sustainable community)' 구축을 목표로 하는 노동당의 새로운 사회정책이 존재했다(최재희 2017, 128, 132–134).

프로젝트를 본격적으로 시작하기에 앞서 TNA는 시범사업으로 'CASBAH (Caribbean Studies and Black and Asian History)'를 시작했다. 이 프로젝트는 카리브 연구 및 영국 내 흑인과 아시아 이민사와 관련된 데이터베이스를 구축하고자 했다(최재희 2017, 135).

뒤이어 2003년 11월부터 2004년 10월에 걸쳐 또 다른 시범 사업으로 "The Community Access to Archives Project(CAAP)가 진행됐다. 이 시험 사업은 TNA의 기금 지원, 웨스트요크셔 아카이브(West Yorkshire Archives)와 해크니 아카이브(Hackney Archives), 스코틀랜드 국가기록원, 웨일스 중앙도서관 등 단체들이 산업적으로 낙후된 웨스트요크셔와 이민자 출신 유색인종이 주민 다수를 차지하는 해크니 지역의 연구를 통해 온라인 커뮤니티 아카이브를 구축했다(최재희 2017, 136). 여기엔 이러한 프로젝트를 전체적으로 주도한 TNA를 비롯해 박물관, 대학교, 도서관, 학회 등 28개 기관이 참여했다. 각각의 기관은 소장하고 있는 이민사 관련 기록을 Moving Here 홈페이지에 제공했다. 1) 전쟁박물관(Imperial War Museum): 2차 대전 당시 카리브, 아일랜드, 남아시아 출신 병사들의 사진, 2) 빅토리아 앨버트 박물관(Victoria & Albert Museum): 동인도회사의 그림과 캘커타 칼리가트(Kalighat) 예술품, 남아시아 산 직물류, 3) 왕립지리학회(Royal Geographical Society): 남아시아와 카리브 관련 고지도 등 지도 콜렉션, 4) 런던 유태인 박물관(Jewish Museum, London): 영국 유대인 공동체의 역사와 종교생활 관련 기록을 제공한 것으로 알려져 있다(최재희 2017, 137).

특히 주목해야 할 지점은 이민자들이 스스로 자신들의 역사와 이야기를 만들어 Moving Here 홈페이지에 제공하는 방식이다. Moving Here 프로젝트의 가장 중요한 특징은 이민자 당사자과 가족 그리고 선조들의 이야기와 사진 등 자료를 홈페이지의 이야기 섹션에 제공하는, 이른바 쌍방향 수집 방식이다. Moving Here 프로젝트 자료 수집 과정을 보면, 런던 지역 파트너인 London Museums Hub에는 크로이던박물관(Croydon Museum)과 해크니박물관(Hackney Museum), 빈민학교박물관(Ragged School Museum)과 레드브리지박물관(Redbridge Museum) 등이 동참했다. 특히 크로이던 박물관의 경우 세대 간 교류에 초점을 둔 2단계 후속 사업을 진행했다. 프로젝트에 참여했던 박물관은 이야기와 전시 물품 수집을 위해 참여자들에게 영상 제작과 인터뷰 기법 교육을 진행했다. 그 결과 모두 2단계에 걸쳐 9개의 필름이 제작되었고 'Roots and Shoots'라는 이름으로 시사회도 개최되었다(최재희 2017, 137-141).

이렇게 만들어진 Moving Here의 홈페이지는 온라인 아카이브의 역할을 담당하고 있으며 Moving Here 홈페이지에서 자료를 검색하고 다운 받을 수 있다. 더나아가 Moving Here는 수집된 기록을 역사교육에 활용할 수 있도록 구성되어 있다. 홈페이지의 또 다른 섹션인 이민사(Migration Histories)에는 카리브 사람들, 아일랜드인, 유대인, 남부아시아인으로 나누어 각각 이민역사를 전문적으로 설명하고 있다. 각 이민 집단마다 '기원과 이주 이유', '이동 경로와 경험', '영국 도착 및 정착 과정에서의 경험', '정착이후 성장과정', '자녀교육 및 일자리 경험', '문화

와 축제', '정치적 측면'과 같은 세부 주제로 나뉘어 설명되고 있다(최재희 2017, 144~145)

같이 지역 파트너로 참여했던 허버트예술박물관(The Herbert Art Gallery and Museum)도 프로젝트 종료 이후 청각장애인에 대한 차별과 이들의 노동과 기억을 기록한 마이너리티를 대상으로 한 프로젝트를 진행했다. 뿐만 아니라 성소수자의 경험에 기반해 제작된 영상제작 기록 프로젝트(Queering Coventry)와 영어에 익숙치 못한 아시아계 이주민을 대상으로 하는 프로젝트(Films in Community Languages) 등도 진행 중이다. 또한 레스터시에서는 2012년 7월부터 12월까지 우간다 출신 이주민들의 정착 40주년을 기념해서 이들이 영국 생활에 어떻게 적응해왔고 어떤 기여를 했는지를 보여주는 전시회를 개최 중이라고 한다(최재희 2017, 146~147). 다음으로 재난으로 피해를 당한 당사자, 유가족 등의 트라우마와 추모를 위한 재난 아카이브즈 사례를 살펴보도록 하자.

6) 재난의 공감을 위한 구술 아카이브즈: 9.11 추모박물관, 아워 마라톤 디지털아카이브, 팬암 항공 103 스토리 아카이브 컬렉션

최근 세월호 참사 뿐만 아니라 각국에서는 재난으로 피해를 입은 개인, 집단 그리고 사건으로 인해 트라우마를 지닌 가족, 친구 등이 널리 존재한다. 구술사 연구가 치유 기능을 지니고 있다면, 재난과 연관된 아카이빙을 통해 구현하는 사례를 검토할 필요가 있을 것이다.[8]

(1) 9.11 추모박물관

우선 9.11 추모박물관은 2014년 5월 16일에 만들어졌다. 재난의 현장

8) 3종류의 재난 아카이브즈의 내용은 송주형(2015, 160~171) 연구를 요약·정리하고 해당 홈페이지 내용을 참조해 요약 정리한 것이다.

이었던 뉴욕 그라운드 제로(Ground Zero)에는 8년간에 걸친 공사기간 중 정부지원금과 시민기부금 등 약 7억 달러를 들여 "국립9·11추모박물관"(www.911memorial.org)이 만들어 졌다. 뿐만 아니라 2,900명에 달하는 기증자들에게 기증받은 2만점 이상의 사진과 유품, 희생자와 유가족의 통화 및 재난 구호 담당자들의 교신 등 1,995건의 음성자료, 테러범들이 공항에 들어서는 장면 등 580시간 분량의 영상자료 박물관에 전시되어 있다(송주형 2015, 160~161).

유가족, 소방관, 자원봉사자, 지역주민 등으로 이뤄진 박물관내 구술기록 가운데 특히 주목할 지점은 참여자들이 자발적으로 구술을 남기도록 유도하는 'Oral Remembrances'라는 채널을 통해 구술자료를 수집했다는 점이다. 구술작업에 참여하길 원하는 개인은 전화와 이메일을 통해 박물관에 소속된 구술사가와 약속을 잡고, 'Reflecting on 9/11'라는 이름의 코너에 있는 레코딩 부스에서 구술작업에 참여했다. 뿐만 아니라 뉴욕까지 오기 어려운 참가 희망자의 구술을 받기 위해 'Call to Remember Archive'와 'StoryCorps'를 운영하고 있다. 특히 Call to Remember Archive는 전화를 걸어 구술을 남길 수 있도록 배려한 프로그램이다(송주형 2015, 162).

특히 흥미로운 것이 StoryCorps인데, 평범한 시민들의 삶을 구술 음성자료로 기록하기 위해 기획된 StoryCorps는 2003년 10월 24일 뉴욕 그랜드 센트럴 터미널에서 시작된 대규모 구술프로젝트다. 애틀란타, 시카고 그리고 샌프란시스코에 위치해 있는 StoryCorps는 현재까지 80,000명이상 참여자로부터 50,000개 이상의 구술을 받았으며 수집된 구술자료는 미국의회도서관 미국민속센터에 보존 관리되고 있다고 한다. 뿐만 아니라 'September 11th Initiative'는 9·11사건을 경험했던 개인들의 구술자료를 수집하고 있다. 구술 참여를 희망하는 개인은 가까운 지역의 스토리부스를 방문하거나, 미국 각지를 이동하는 모바일부

스가 자신이 살고 있는 지역에 올 때 인터넷으로 예약하고 구술작업에 참여할 수 있다(송주형 2015, 163).

앞서 소개한 박물관의 9.11 구술 이외에도, 컬럼비아 대학이 진행했던 9·11 테러 관련 구술사프로젝트는 각기 다른 연구영역에 초점을 맞춘 5개 프로젝트로 진행됐다. 10년간 600여 명으로부터 900시간 이상을 구술자료를 채록했으며, 현재까지 351명, 687시간의 구술자료를 아카이브에서 확인할 수 있으며, 주로 9·11 이후 시민들의 일상에서 변화와 교육 등 구술의 대상과 목적을 확장했다(송주형 2015, 164).

특히 주류 언론과 정부의 보도 프레임에서 벗어난 개인들의 기억과 경험들을 수집하기 위해 “The September 11, 2001 Oral History Narrative and Memory Project”가 진행중이라고 알려졌다. 이 프로젝트는 9·11 이후 직장을 잃는 등 사회적 차별을 받은 아프칸니스탄계 미국인, 무슬림, 시크교도, 라티노, 이민자와 지역 예술가 등 개인, 집단 및 주변부 에스닉 그룹들의 구술을 자료화했다. 404명에 대한 구술작업을 시작으로, 2002년~2003년에는 202명의 구술기록을 함께 기록화했다. 또한 이 프로잭트는 9·11로 인해 발생한 뉴욕의 각종 사회 문제를 해결하는 전문가 집단들의 구술도 채록했다. 대표적인 사례로 2002~2005년 사이에는 트라우마 서비스, 자선사업, 실업구제, 법률 및 인권, 교육 등 분야별 전문가 68명으로 부터 112시간에 걸친 구술을 채록했다(송주형 2015, 164~166).

(2) 아워 마라톤(OUR MARATHON) 프로젝트

9.11 이외에도 2013년 4월 15일 개최된 보스턴 마라톤대회에서 일어난 폭발 사고로 3명이 사망하고, 260여 명이 부상당했다. 이후 재난을 기록하기 위해 보스턴 시 아카이브와 노스이스턴 대학(Northeastern University), WCVB TV 등 지역의 여러 기관이 함께 ‘아워 마라톤(OUR

MARATHON)[http://marathon.neu.edu/]'이라는 이름의 크라우드 소싱 디지털 아카이브를 구축했다. 아워 마라톤 아카이브의 목적은 생존자, 가족, 증인 그리고 도시방문자 등 관련자과 이야기를 함께 나눔으로써 서로의 치유를 도모하고 경험을 공유하는 것이 었다. 2013년 5월부터 외부에 공개되기 시작된 아워 마라톤 사이트에는 보스턴 폭발 사고와 관련된 사진, 비디오, 소셜미디어 등이 지속적으로 기록, 관리되고 있다(송주형 2015, 166~7).

이런 배경에서 만들어진 아워 마라톤 프로젝트에서도 구술자료는 중요한 위치를 차지하고 있다. 구체적으로 라디오 방송국WBUR이 진행해 마라톤 폭발사고 관련 구술사 시리즈를 2014년 4월부터 'Boston Marathon Reflections'이라는 이름으로 방송했으며, 그외 구술자료는 Our Marathon의 WBUR Oral History Project 페이지를 통해 소개되고 있다(송주형 2015, 166-168).

(3) 팬암 항공 103/로커비 항공재난 아카이브

끝으로 팬암 항공 103/로커비 항공재난 아카이브의 경우, 1988년 12월 서독 프랑크푸르트 암마인 공항을 이륙해 디트로이트 메트로 공항에 착륙할 예정이었던 항공편인 팬암 항공 103편(Pan Am Flight 103)은 12월 21일 수요일 스코틀랜드 로커비 읍 상공에서 폭발해 탑승자 259명 전원과 지상에 스코틀랜드 주민 11명을 포함해 270명이 사망한 사건을 기억하기 위해 만들어 졌다. 특히 희생자들 가운데 35명은 시라큐스 대학의 학생들이었는데, 대학에서는 이들을 추모하기 위해 '팬암 항공 103/로커비 항공재난 아카이브(Pan Am Flight 103/Lockerbie Air Disaster Archives; http://archives.syr.edu/panam/scope.html)'를 만들게 된다(송주형 2015, 169).

희생자들을 추모하는 구술자료는 2013년부터 '팬암 항공 103 스토리

아카이브 컬렉션'에 수집되어 있다. 아카이브에는 희생자 270명에 대한 기억과 더불어 사고가 어떤 의미였으며, 어떤 영향을 끼쳤는지를 담고 있다. 뿐만 아니라 2008년 오렌지TV에 방영되었던 20주기 추모 인터뷰들도 아카이브에서 확인가능하다(송주형 2015, 169~170).

그 외에도 '팬암 항공 103/로커비 항공재난 아카이브 구술 컬렉션에는 Family and Friends of Victims, Syracuse University Alumni, Former Remembrance or Lockerbie Scholars, Syracuse University Faculty and Staff, Lockerbie, Others로 구분되어 있다. 여기서 주목할 것은 '쓰여진 이야기(Written Narrative)'라는 이름으로 진행된 '서면 답변 수집'이다. 서면답변수집은 개인정보를 생략한 단순한 양식으로, 엄격하게 보자면 구술자료가 아니지만 구술자료의 형식적 엄밀함을 과도하게 요구해 소중한 기록을 놓치기 보다는 불완전한 형식이라도 자료를 수집하는 것이 필요하다는 판단에서 진행 중이다(송주형 2015, 170~171). 이제 이런 해외 구술아카이브즈의 특성과 문제의식에 근거해서 한국에서 구술사 연구가 확장되고 지향되어야 할 방향에 관해 구체적으로 4장에서 살펴보고자 한다.

제04장

'아카이브'를 넘어 '자료관'으로

김 원

1. 구술 자료의 수집과 활용

기록이라고 하면 특정 시대와 그 시대를 특징 지우는 문헌자료를 떠올린다. 더 나아가 지배층에 의해 문자로 기록된 것을 공식적 기록으로 불러온 것이 현실이다. 앞서 1장에서 언급한 바와 같이, 구술자료와 구술사는 이러한 공식적인 역사에 대한 문제의식 속에서 발전하고 확장되어왔다. 하지만 한국에서 과연 구술자료는, 스스로 비판하는 문헌자료와 구별 정립되는 기록물로 정착되어 왔는지에 대해 재고할 필요가 있다.

초기부터 구술자료 수집의 필요성 가운데 몇 가지로 지적되어온 것은 한국전쟁 이후 기록의 망실이나 반공주의와 레드컴플렉스 등으로 인한 숨겨진 진실의 발굴 등이었다. 이는 식민지 시기와 해방 전후사를 둘러싼 여러 구술자료 수집으로 이어지기도 했다. 그러나 1990년대 구술자료/구술사가 처음 이야기되기 시작된 즈음과 비교하면 이런 문제의식은 과연 올바르게 계승되고 발전되고 있으며, 이를 제도적이나 학문적으로 뒷받침하는 분위기가 형성되었는지 질문한다면 문제는 간단하지 않다.

다소 과장을 더한다면 현재 한국학계는 '아카이브의 전성시대'이다.

여러 연구 프로젝트에서 구술자료의 수집과 구술사를 연구방법론으로 사용한다고 밝히고 있으며 시사, 지방사 등에서도 구술자료 수집은 당연한 절차로 여겨지고 있다. 한 걸음 더 나아가서 디지털아카이브를 통한 자료의 영구적 보존 및 문화콘텐츠로 활용도 모색 중이다. 그러나 정작 구술 아카이브의 현황을 살펴보면 애초 계획이 어느 정도 이뤄졌으며, 수집된 자료의 기록으로서 보존과 활용이 적절하게 이뤄지고 있는지에 대해서는 여러 각도로 평가해볼 필요가 있다.

결론부터 말하자면, 아직 구술자료에 대한 종합적인 수집, 관리, 특히 적극적인 활용이 이뤄지고 있지 못하다는 것이 필자의 진단이다. 왜 구술자료를 기록으로 다뤄야 하는지, 어떤 상태의 자료로 결과물이 남겨져야 하는지 또 수집 단계 이전부터 구술자료가 어떻게 연구, 교육 등과 결합되어야 하는지에 대한 종합적 기획이 없이 구술자료의 집적이 지속적으로 이뤄지고 있다.

구술자료는 문헌자료와 성격은 다르지만, 동등한 기록물로서 취급되어야 하며 그 과정에서 수집자뿐만 아니라, 제3자도 자유롭고 편리하게 활용하고 관심을 가질 수 있도록 정리, 보존되어야 함에도 불구하고 아직 한국에서 구술자료의 아카이빙은 그 단계까지 나아가지 못하고 있다. 2000년대 이후 구술사 연구는 크게 2번의 결절점을 거쳐 현재 다다르고 있다. 첫 번째는 '묻기에서 듣기'로, 다시 말해서 구술자료의 구술성에 대한 심층적인 고민을 기획/수집 과정에서 진전시켰던 단계였다. 다른 한 단계는 현재 진행 중인 '수집에서 활용으로'이다. 바로 수집된 구술자료를 어떻게 연구, 전시, 콘텐츠 및 교육 등으로 연결시켜 기록물로서 활용하느냐는 문제의식이 그것이다. 두 번째 단계의 고민이 제출되고 논의된 지는 2010년대부터 였지만, 아직 눈에 띄는 변화 양상이 나타나고 있지 않은 것이 현실이다.

4장에서는 기존에 대표적인 구술자료 아카이빙을 진행한 흐름의 성과와 한계를 2절에서 중요 사례를 중심으로 일별하고, 3절에서 하나의 '모델'로 아카이빙에서 구술자료관으로 한 단계 진전하기 위한 방향을 제언하고자 한다.

2. 아카이브의 전성시대와 '그 이후'

2000년대를 전후로 구술자료 아카이빙이란 문제의식을 지니고 연구를 진행해온 대표적인 곳으로는 국사편찬위원회, 국립문화예술위원회, 20세기 민중생활사연구단 그리고 한국학중앙연구원 현대한국구술자료관 연구단이라고 할 수 있다. 물론 각 연구기관의 성격과 수집 구술자료의 특성은 다르지만, 장기적이고 안정적으로 구술자료의 수집, 기획, 보존 및 활용을 고민하고 실천해온 대표적인 사례들이다. 2절에서는 이들이 수행한 아카이브로서 역할에서 나타난 의미와 한계를 중심으로 구술아카이브의 현황을 간략하게 살펴보고자 한다.

1) 국사편찬위원회: 구술자료 수집의 출발과 다양성

첫 번째로 국사편찬위원회(이하 국편)는 2004년부터 현재까지 매년 다양한 분야의 구술자료를 수집해 오고 있다. 먼저 전제해야 할 점은 국편은 한국사 관련 '사료 수집기관'이라는 것이다. 다시 말해서 처음 구술자료 수집을 시작하고 현재에 이르기까지 '사료수집'의 일환으로 구술사 연구가 진행되고 있다. 이는 구술자료 수집사업이 국내사료 수집의 일환으로 진행되고 있는 사실에서도 확인될 수 있다. 지난 2015년 구술자료 수집 10주년을 즈음한 국편과 전문가의 공동 평가과정에서도 확인할 수 있는 것처럼, 국편은 다양한 분야의 구술자료를 수집해왔으며 현재 안정적으로 보관하고 있다. 여기까지는 한국사 사료수집 기관으로서 충실하

게 역할을 수행해왔다고 할 수 있다.[1)]

하지만 문제는 국편의 사료수집 기관으로서 위상에서 출발한다. 현재 국편은 15년이 넘게 수집한 광범위한 자료를 어떻게 일반에 공개할 것이며, 연구와 교육 등에 환류할 것인지에 대한 계획이 아직 부족한 상황이다. 이전 시기부터 진행 중인 것은 구술자료집인데, 자료집 이외에 구술자료 수집과 연구, 교육 등이 연계에 대해서는 사료수집기관이란 특성상 계획을 가지고 있지 못하다.

이는 매년 진행되는 구술자료 수집이 대부분 연구자의 구술연구계획서 공모에 대한 전문가 심사에 의해 이뤄지는 수집 체계와도 간접적으로 연관이 있는 것으로 보인다. 연구자의 개별적인 관심 및 필요에 의해 '자유주제'로 구술자료 수집이 주로 이뤄지는 것은 한편으로 다양한 자료가 풍부하게 수집되는 장점이 존재한다. 다른 한편 수집 구술자료의 활용이나 이후 계획을 국편에서 체계적으로 사전에 기획해서 수립하는 것이 쉽지 않고, 수집한 구술자료가 개별 연구자에 의해 어떻게 활용하는지 확인하는 일도 간단하지 않다.

이처럼 국편의 구술 자료 수집사업은 다양한 개별 연구자와 연구 집단의 요구를 폭 넓게 지원해주는 장점을 지니고 있지만, 수집 구술자료의 다양성은 심도 깊고 집중적인 구술 자료의 축적에 기반한 콜렉션을 방해하는 요인일 수도 있다. 앞으로 국편의 구술 자료 수집사업은 독자적 분류 체계를 기반으로 특성화될 필요가 있다(윤택림 2015, 34).

단기적으로 국편이 이 문제를 원활하게 해결하는 것은 쉬운 일은 아니라고 본다. 애초 국편의 구술자료에 대한 아카이빙은 자료의 안정적인 수집과 관리라는 측면에 방점이 맞춰져 있었기 때문에 급작스럽게 구술

---

1) 2004년 이후 국사편찬위원회 구술자료 수집에 대한 평가는 2015년 필자도 참여한 10년간 이뤄진 국편 구술사업에 대한 윤택림(2015, 34~38)의 평가에 기초해서 기술했다.

자료 수집의 방향을 변화시키는 것도 부정적인 측면과 긍정적인 측면이 공존할 것이라고 판단된다. 그럼에도 불구하고 분명한 것은 2004년 이래 수집된 구술자료가 어떤 방식으로든지 더욱 적극적으로 '활용'되어야 한다는 큰 방향성이다. 현재 국편의 전자도서관에서 상당 수 자체 수집 구술자료를 확인할 수는 있지만, 자료 자체의 성격이 어떤 것인지 접근하는 것은 쉽지 않다. 아래 〈박스〉 안의 정보는 국편 전자사료관에 '부분공개'된 자료를 온라인으로 검색한 정보인데, 〈해제〉 등 정보가 공개되어 있지만 자료의 상세목록이 소략해서 직접 구술자료를 보기 전에 구술자별로 생산된 자료의 성격을 구체적으로 파악하기에는 한계가 있다.

생산자

김상오; 김승만; 김차복; 박해중; 이대연; 이정봉; 임송택; 주규석; 최OO; [유경남; 양라윤; 임정섭]

생산기간

2013.04.13 ~ 2013.10.19

사료이력

[산출물]
DV Tape 21개
영상 DVD 21장
구술자별 최종 CD 9장
녹취록 538매(A4)
구술시간 18시간59분(1139분)

[정리체계]
이 사료계열에는 구술자별 9개의 사료철이 포함되어 있음

취급지명

홍농읍; 영광군; 진덕리; 성산리; 계마리

취급인물

임병원; 주병기; 박해중; 이낙연; 임근택; 천두겸; 김차복; 조규상; 박근혜; 박정희; 장세동; 정주영; 전두환; 조희상; 김점돌; 김성조; 주상기; 이웅편; 신지애; 박인석; 박희용; 이승헌; 김동수; 김종구; 황원조; 정현성; 김봉열; 주경채; 정재성; 김상술; 정양구; 이봉남; 황준수; 주용성; 이성기; 김일성; 김정일; 김정은; 이정남; 이대연; 김상일; 김점동; 이영호

관련사건

체르노빌 사건; 후쿠시마 원전사고; 열전판 완충판 이탈사고; 쓰리마일사건

주제어

안마마을; 용정마을; 여산마을; 계동마을; 우포마을; 한전기공; 선광원자력; 성산리통합발전위원회; 한마음공원; 한수원(한국수력원자력); 발파피해보상; 양지마을; 죽동마을; 발파작업; 새태마을; 용종마을; 지역협력 사업비; 한전(한국전력); 가내어업권; 비상체계도; 만수노인회; 어업보상권; 삼창기업; 대우중공업; 예방정비; 생계대책위원회; 환경피해조사; 고준위폐기장; 예향청년회 조직단; 성산통합발전위원회; 성산미래발전위원회; 영광군 환경관리센터; 벡텔; 웨스팅하우스; 마을명소화사업; 하삼마을; 맨손어업 피해보상; 홍농발전위원회; 가마미마을; 가마미해수욕장 욕객감소 피해보상; 주먹망보상; 해태보상; 실뱀장어보상; 신촌마을

해제

* 작업목표: 우리나라에서 원전시설이 지역에 입지·운용한다는 문제는 지자체, 지역민들에게 환경과 지역갈등 문제를 발생하는 것으로 인식되어 대체로 지역에서 기피하거나 반대되었다. 예컨대 반핵운동, 환경운동, 주민운동, 갈등관리, 위험관리 등이 이와 관련하여 제기된 문제들이다. 하지만 최근에는 국책사업에 의존적인 지역에서 원전을 지역경제의 동력으로 받아들여 원전관련 사업과 건설에 호의적이거나 적극적으로 유치하려는 새로운 움직임이 있다. 대표적인 것이 경주지역에 건설 중인 중저준위방폐장 문제일 것이다. 따라서 원전 문제는 더 이상 위험/안전이라는 이분법적 논리로 살펴보기 보다는 원전이라는 거대 국책사업이 지역에서 실행되어 온 과정과 이로 인한 지역사회의 구조변화, 그리고 지역민들의 삶의 변화와 갈등이 어떠한지 구체적으로 살펴볼 필요가 있다.

현재 우리나라에는 네 곳에 원자력발전소가 운영 중에 있는데, 이번 구술자료 수집의 대상지는 영광원자력발전소가 위치한 영광군 홍농읍 지역이다. 영광원자력발전소는 영광군 홍농읍 계마리에 위치해 있으며, 1979년 영광원전 건설이 결정되고, 1986년 상업운전을 개시하여 현재 총 6호기의 원전이 전력을 생산하고 있다. 영광원전은 국내 원전 네 군데 중, 서해안에 유일하게 위치하고 있는 원전이며, 무엇보다 영광원전으로 인한 피해, 반대운동이 다른 지역에 비해 강했던 지역이다.

이번 구술자료 수집 작업에서는 영광원전 주변지역, 특히 5km안에 있는 마을 주민들을 구술대상자로 선정하여 원전건설 이전에 생활하던 곳의 사회경제적 조건과 삶, 원전건설로 인한 지역주민들의 이주, 생계문제에 따른 피해보상운동, 원전건설로 인한 지역사회의 변화, 원전사업자와의 관계, 원전과 더불어 살아가는 삶의 경험을 살펴보고자 했다.

* 연구사적 의의: 이번 구술 작업의 주요 내용은 원전이 지역에 입지·운용하면서 지역민들의 삶의 변화와 관계가 어떻게 변화되고, 어떠한 문제가 발생하고, 지역민들은 어떻게 원전과 함께 살아가고 있는가를 살피는 것이었다.

먼저 원전건설로 인해 지역민들은 살던 곳을 떠나 이주해야 했고, 농사를 그만두고 일용직 노동자가 되었으며, 주변 환경의 변화로 피해보상과 생계대책을 요구하게 된다. 이 과정에서 이권문제로 지역민들 간의 갈등이 발생하고, 분배문제를 둘러싸고 공동체 내에서 갈등이 발생하며, 원전사업자와 지자체, 지역민들 간의 이해갈등이 촉발하게 된다.

구체적인 구술내용은 영광원전이 건설되는 과정에서 촉발됐던 이주보상문제, 생계대책문제, 발파피해보상, 어획량감소에 따른 피해보상 문제부터 최근 영광원전 주변사업비를 둘러싸고 벌어지고 있는 한마음공원 문제, 성산리통합발전위원회 구성문제, 사업비 배분 문제까지 영광원전을 둘러싸고 벌어졌던 약 30년간의 사건과 문제들을 살펴볼 수 있다.

특히 영광원전 주변지역 주민들이 이러한 경험과 갈등 속에서 원전에 대한 인식과 안전성을 바라보는 시각에 차이를 드러내고 있다는 점에 주목할 만하다. 구술자들은 원전으로 인해 경제적 혜택을 받고 있는지의 여부, 이익의 정도, 피해를 받고 있는 정도, 거주 지역의 차이 등에 따라 원전의 안정성과 위험에 대한 인식의 차이를 보였다. 결과적으로 원전의 안전성 문제를 접근하는데 있어 위험/안전의 논리보다도 지역의 환경과 지역민들의 이해(利害) 변수들이 중요하게 영향을 미친다는 것으로 해석할 수 있겠다. 또한 원전으로 인해 지역공동체가 파괴되고, 이익을 둘러싼 갈등이 첨예하게 부각되고 있는 현상이 원전 주변지역의 가장 큰 문제점이라 할 수 있겠다.
이번 구술을 통해 원전건설로 인해 마을을 떠나 이주한 이주민들의 삶과 지역공동체의 변화에 관한 자료를 수집할 수 있을 뿐만 아니라 지역민들이 원전과 어떠한 관계 속에서 살아가고 있는지 세밀하고 사실적인 내용들을 수집할 수 있었다. 또한 구술자가 갖고 있는 특성과 조건에 따라 원전에 대한 인식, 안전성 문제, 원전지역에 대한 전망 등이 다양하게 나타날 수 있다는 의미 있는 결과를 얻을 수 있었다.

일반주기
최정엽 구술자료는 구술자 요청으로 공개하지 않고(비공개), 나머지 구술자료는 공개합니다.

열람조건
목록 공개자료

복제조건
복사 및 복제 불가

저작권정보
국사편찬위원회

더 나아가 윤택림이 지적한 것처럼, 수집된 구술 자료들이 다른 연구자들에게도 적극적으로 활용될 수 있도록 자료 서비스 차원에서의 계획과 논의가 필요하다. 구술자를 중심으로 이뤄진 구술자료의 특성이 반영되지 못한 채 해제 등 〈상세정보〉 등 정보가 제한적이고, 연구자나 일반인들이 손 쉽게 이용할 수 있는 시스템도 아직 제대로 갖춰지지 못한 상태다. 물론 국편이 문헌 중심의 사료수집 사업이 중심이기 때문에, 구술자료의 관리 및 활용도 문헌 중심으로 운영이 되고 있다는 점은 부인하기 어렵다. 현재 국편은 구술 사료 수집 분과와 사료 정리 분과가 분리되어 구술 자료가 전자 사료관에 안정적이고 체계적으로 정리 및 관리가 이뤄지고 있지 못한 것으로 보인다(윤택림 2015, 36).

따라서 단기적으로 아카이브로서 기능을 실현할 수 있는 구술자료 목록과 상세목록, 해제 등을 온라인 상에 구축하는 방안을 적극적으로 고민할 필요가 있다. 이미 10여년간 수집한 자료 가운데 '공개'가능한 자료를 선별해서 국편 소재 구술자료의 상황을 외부에 공개하는 작업을 시급하게 진행하는 것이 필요하다. 특히 다양한 주제에 걸쳐 수집된 구술 자료의 활용을 위해서는 구술 자료의 이용자들에 대한 조사에 입각한 맞춤형 서비스 방식을 고민해보는 것도 필요하다(윤택림 2015, 36).

이러한 작업이 이뤄지지 않을 경우, 앞으로도 지속적으로 수집될 구술자료의 규모는 커지고 이에 따라 점점 더 그 활용과 접근 방안에 대한 기획을 하기가 어려워 질지도 모를 것이다. 더불어 아카이브로서 역할을 수행하기 위해서 관련 연구기관, 관련 학회 및 연구자와 결합한 수집 및 연구사업을 추진하는 것도 필요하다. 지난 16년 동안 축적한 방대한 구술 자료들을 연구, 교육 등에 이용하기 위해서는 연구자들이 다른 연구자가 면담한 구술 자료를 적극적으로 활용해야 할 것이다(윤택림 2015. 35~37).

2) 국립예술자료원: 예술자료이자 구술자료 연구사업의 출발

국립예술자료원은 문화예술 정보자료를 체계적으로 수집·정리·보존하여 문화예술인 및 일반인에게 제공함으로써, 문화예술의 창작과 연구활동을 지원하고 문화예술의 저변을 확대하기 위하여 1979년에 설립되었다.[2] 국립예술자료원에서 구술사업을 본격적으로 시작했던 배경은, 창작과정을 둘러싼 여러 상황이나 작가 개인의 생애사에 대한 이해 없이 예술 자료를 이해할 수 없기 때문이다(이호신 2007, 111-112).

2) 국립예술자료원의 구술연구사업은 이를 가장 체계적으로 정리한 이호신(2007, 110~125)의 연구를 요약·정리하고 국립예술자료원 홈페이지를 참조했다.

국립예술자료원의 예술사 구술채록사업은 2003년 3개년에 걸쳐서 100명의 원로예술인에 대한 구술을 진행하는 한시적인 사업이었지만, 이후에도 사업이 지속되어, 2017년까지 305명, 2,270시간 구술자료 수집했으며, 현재 홈페이지에는 252명이 탑재되어있다(이호신 2007, 113). 2003년 구술채록사업에 대한 기초설계를 기반으로 애초 연구사업이 목표로 했던 100명의 구술 후보자 선정, 사업 추진 체계 마련, 구술사 방법론 도입과 매뉴얼을 마련했다. 국립예술자료원에서 구술자의 선정은 자료수집의 시급성을 고려해서 원로예술인 가운데 연령과 건강상태를 일차적인 기준으로 정했다. 또한 현장감있고 면담상황을 반영한 구술사료를 수집하기 위하여 영상 제작을 선도적으로 도입했다(이호신 2007, 113-114). 수집된 자료의 분야로 보면 그간 국립예술자료원에서 이뤄져온 구술채록 분야는 문학, 예술, 공연 및 조형예술에 대한 생애사 및 사건사 등으로 나눠볼 수 있다.

다음으로 국립예술자료원의 구술자료의 활용과 서비스를 살펴보자. 우선 생산된 구술 음성과 영상 파일, 녹취문 그리고 구술자의 사진과 년보 등이 수집되었다. 국립예술자료원의 경우, 구술자들이 녹취문에 대한 윤문을 금지하고, 소리 나는 그대로 작성하는 것을 원칙으로 삼았다. 또한 구술자와 관련된 스틸 사진도 수집했다. 그 밖에도 구술자와 제3자에 대한 명예훼손, 저작권 등 민감한 사항들이 구술자료에 포함되어 있었기 때문에 자료의 제한적인 공개를 원칙으로 삼았다(이호신 2007, 116).

이러한 국내 구술사의 현실적인 조건을 고려해서 수집 구술자료를 약력, 구술자료(녹취문, 구술일자, 연구자, 촬영자, 상세목록, 채록 후기, 이미지) 등을 온라인으로 제공하여 보다 편리하게 활용할 수 있도록 했다. 하지만 앞서 언급한 바와 같이 자료의 전면공개라기보다 외부 공개에 관한 사전 승인을 얻은 구술자료와 연구 목적을 제시한 이용자에게만 제한적으로 공개하고 있다. 또한 녹취록을 포함한 구술자료의 다운

로드와 출력은 모두 금지하고 있다. 더 나아가 구술자의 동영상은 구술자료의 중요 부분만 10~15분정도 편집하여 제공하고 있다. 하지만 구술자료의 열람과 복사를 원하는 이용자는 자료소장처를 방문해 구술자료를 이용할 수 있도록 공개하고 있다(이호신 2007, 117-118). 구술자료의 샘플은 아래 박스와 같다.[3)]

1) 주요 약력

1. 수련과정

함북 종성 행영보통학교
1940 함북 경성(鏡城) 경성(鏡城)고보
1946 연변의과대학 중퇴
1947 평양종합대학(후일의 김일성종합대학) 조선어문학과 입학
1948 김일성종합대학 조선어문학과 중퇴

2. 활동경력

1925 함경북도 경성군 종성 출생
1940 경성고보에서 김기림에게 사사
1948 『예술조선』에 〈강〉이 입선되어 등단
1951 〈후반기〉 동인
1954 한국일보 문화부장
1957 도서출판 삼중당 주간
1959 자유문인협회상 수상
1960 한일출판사 자영(自營)
1974 민주회복국민회의 활동 참여 민주화운동
1991 민족문학작가회의 한국민족예술인총연합 고문
2004. 현재 시인, 서각가(書刻家), 민족문학작가회의 고문

3) 아래 자료는 한국예술디지탈아카이브의 구술채록 가운데 선택한 것이다. 구술자료 가운데 세부 회차별의 상세목록은 생략했다(https://www.daarts.or.kr/handle/11080/16089)

2) 작품목록

1. 시집

『나비와 광장』, 葦聲文化社, 1955.
『현대의 신화』, 德鍊文庫, 1958.
『죽음 속의 영웅』, 근역서재, 1977.
『깨끗한 희망』, 창작과비평사, 1985.
『하나의 세상』, 자유문학사, 1987.
『오늘밤 기러기떼는』, 동광출판사, 1989.
『생명의 노래』 김규동시집 7, 한길사, 1991.
『길은 멀어도』 한국현대시인전집 제42권, 미래사, 1991.
『느릅나무에게』, 창비, 2005.

2. 수필·평론집·기타

『새로운 시론』, 산호장, 1959.
『무엇을 어떻게 읽을까 – 독서법, 일생의 독서계획』, 한일출판사, 1961.
『지폐와 피아노』 수필집, 한일출판사, 1962.
『지성과 고독의 문학 – 신문학입문』, 한일출판사, 1962.
→『문장강화』(한일출판사, 1969) 개제 재출간.
『현대시의 연구 – 새로운 시와 낡은 시』, 한일출판사, 1972.3.
『어두운 시대의 마지막 언어』평론집, 백미사, 1979.10.
『어머님 전상서』, 한길사, 1987.
『어머니, 지금 몇 시인가요』, 나루출판사, 1991.
『시인의 빈 손: 어느 모더니스트의 변신』, 소담출판사, 1994.

3. 시집 편찬

『평화에의 증언』 앤솔로지 현대시 9인집, 삼중당, 1957.12.
『신춘문예당선시집』, 신지성사, 1959.
『사색과 영원 – 한국신예여류시인선』시집 편찬, 한일출판사, 1962.
『실험실(實驗室)』, 앤솔로지, 1976.
『한국의 명시 해설 – 한국 신시 80년사』시집 편찬, 혜원출판사, 1983.
『친일문학작품선집』, 김규동 김병걸 공편, 실천문학사, 1986.

4. 구술자료

- 구술일자: 2004.11.6
- 연구자: 김성수
- 참여자: 초벌채록문 작성 조은정
- 촬영자: 최희영, 신광수

1) 제1차 김규동 시인의 생애(2004)
2) 제2차 50년대 문단활동과 작품세계(2004)
3) 제3차 70,80년대 문단활동과 민주화운동(2004)
4) 제4차 50년대 문단과 70,80년대 문단 회고(2004)
5) 제5차 생애와 문단활동 보완(2004)
6) 채록연구 후기(2004)
7) 관련 자료

국립예술자료원은 다른 기관에서 비해 활발하게 구술자료를 활용하고 있다. 대표적인 예로 인천문화재단과 서울시립교향악단 등의 공연, KBS 다큐멘터리 '해방공간'과 EBS 다큐멘터리 '명동백작' 등에서 국립예술자료원의 구술자료를 활용해 콘텐츠를 제작했다(이호신 2007, 122-123).

국편과 유사하게 국립예술자료원도 다양한 예술 분야의 구술자료 수집보다, 전략적으로 구술자를 정해 국립예술자료원의 특성화된 구술자료 콜렉션을 구성하는 것이 필요하지 않나 판단된다. 단적인 예를 들어서, 공연현장의 무대, 조명, 음향, 의상, 분장을 담당하는 스텝들처럼 기존의 역사 서술에서는 주변화된 예술분야 종사자들의 기억과 경험을 기록하고 역사화하는 작업이 필요하다(이호신 2007, 125).

3) 20세기 민중생활사연구단: 생활사와 디지털아카이브의 본격화

20세기 민중생활사연구단(이하 민중생활사연구단)은 2002년부터 2007년까지 구술자료를 중심으로 한 현장조사를 통해 밑으로부터 민중생활사 연구를 수행했다. 연구사업 5년간 목표는 첫째, 현지조사에 기반하여 일차적인 자료 수집을 지향한다. 둘째, 수집된 자료를 디지털 방식으로 아카이브한다. 셋째, 아카이브에 접근성을 확보한다. 넷째, 아카이빙된 자료를 다양한 층위에서 활용하는 것이었다.[4](김주관 2012, 91).

민중생활사연구단은 자료의 수집 단계에서부터 디지털 아카이브 구축을 목표로 자료의 수집 방법, 디지털화 방식의 표준화, 메타데이터 형식 표준을 준비했다. 아카이브(http://www.minjung20.org/main/)에는 구술 음성 파일 1,114개, 사진 파일 10,741개, 동영상 파일 514개, 문서 파일 815개가 등록되어 있으며, 온라인 회원으로 가입하면 자료에 접근할 수 있다(김주관 2012, 92-3).

다만 민중생활사연구단의 경우에도, 접근성에서 몇 가지 한계를 지녔다. 그 원인은 비용 문제와 이에 따른 기술적인 문제, 저작권과 관련한 문제 등 때문이었다. 민중생활사연구단은 국내에서 선도적으로 디지털 아카이브 구축을 목표로 내세웠으며 자료수집과 표준화 등에서 큰 성과를 냈다. 하지만 구술자료의 관리 및 활용을 위한 서버 마련, 저장 공간 확보, 전용회선 설치 등 디지털 아카이브를 구축하는데 필요한 비용을 안정적으로 확보하는 데는 연구사업, 연구비 등의 외재적인 한계가 존재했다. 더불어 구술자료 수집을 시작하는 단계에 구술자료의 저작권과 공개에 대한 협의를 충분히 고려하지 못하여 자료의 공개 동의를 확보하지 못한 어려움도 공존했다(김주관 2012, 92-93).

민중생활사연구단의 구술사 연구를 통해 확인할 수 있는 점은 우선 아카이브가 구술자료를 수집하여 관리하는 차원만이 아닌, 다양한 자료를 연구자와 일반인에게 제공하는 역할도 겸하고 있다는 사실이다(김

4) 20세기 민중생활사연구단의 구술자료 수집 및 운영에 대해서는 여러 연구가 있으나 지면관계상 김주관(2005; 2006; 2012)을 참조했으며, 특히 가장 최근에 상황을 정밀하게 분석한 김주관(2012, 91~105)연구의 주요 부분을 요약·정리한 것이다.

주관 2012, 95). 자체적인 평가 내용을 보자면, 지역 아카이브들을 횡적으로 연결시켜 서로 간에 자료 검색이 가능한 체계를 구성하는 계획을 가지고 있어야 한다. 수집된 자료들이 아카이브를 구축하는 연구자들만을 위한 것이 아닌, 다양한 이용자들과 정보의 공유를 고려해야 하고, 이를 위한 구술 자료의 표준화가 필요하다(김주관 2012, 105). 다음으로 상대적으로 민중생활사연구단보다 장기적이고 안정적인 조건에서 구술자료 아카이빙을 수행한 현대한국구술자료관 연구사업에 대해 살펴보도록 하자.

4) 현대한국구술자료관: 체계화된 기획과 아카이브즈 모델 구축

끝으로, 한국학중앙연구원 현대한국구술자료관 사업단(이하 자료관)의 경우다. 2009년부터 10년에 걸쳐 국내에서 가장 큰 규모의 구술사 연구사업으로 출발한 자료관은 앞선 아카이브들에 대한 조사 및 좀 더 체계적인 아카이브로서 기능을 구축하고자 하는 구상을 지니고 출발했다. 구술자료의 기획, 면담, 결과물 정리 등에 대한 일관된 매뉴얼의 구축, 온라인 상으로 공개가능한 구술자의 동영상 온라인 서비스, 정기적인 구술사 시민강좌 및 전문가 워크샵 등이 정착된 것은 앞선 아카이브에 비해 진일보한 측면이라고 평가할 수 있다. 특히 자료관의 여러 노하우들은 2010년대 관련 연구기관 및 연구프로젝트가 구술사 연구사업을 표준화하고 구술사 연구를 확장시키는 데 적지 않은 역할을 했다.

그럼에도 10년 사업이 종료되고 다시 연구가 시작되는 시점에서 자료관 사업역시 아쉬운 점과 놓쳐버린 한계들이 적지 않다. 우선, 안정적으로 기획되어 수집된 구술자료가 어떤 방식으로 연구, 교육 등으로 환류될 것인가에 대한 가시적인 상을 보여주지는 못했다. 물론 이전 시기에 비해 구술자료의 동영상 온라인 서비스와 자막 및 상세목록, 해제 등 진일보한 것은 부정할 수 없지만 자료관도 수집한 구술자료의 온라인 서비스 이상으로 아카이브로서 기능을 하는 데는 한계가 존재했다. 구술자별 상세 목록의 예는 아래 박스와 같다.

1. 과제 개요

한국 현대사의 민주화와 산업화 과정에 참여한 기독교, 천주교, 불교의 종교인들을 중심으로 역동한국의 자화상을 재구성하며, 주요 사건들에서 종교인들이 행한 역사행동과 그런 행동을 하게 된 교리적 근거를 밝히는 구술면접이다. 이로써 종교인들이 다양한 분야에서 보여준 역할과 동기를 통해 한국 현대사의 민주화와 산업화 이면에 작동하고 있던 내면 동력을 추적하여 종교와 사회 사이에 역학관계를 조망한다. 기대효과는 겉으로 드러나는 정치적, 경제적, 사회적 현상 뒤에서 역사적 역할을 하며 민주화와 산업화의 내면적 동력을 추동시킨 종교인들의 의식, 목표, 의지, 갈등, 투쟁, 돌봄 등의 가치를 드러내는 내용을 발굴한다.

2. 구술 개요

〈1차-1〉 1. 목회를 하게 된 동기와 덕적으로의 파송/ 2. 덕적에서 귀신 들린 사람을 고쳐준 에피소드/ 3. 덕적에서 펼쳤던 활동/ 4. 섬사람들과 친해지게 된 계기/ 5. 달월교회와 교도소에 관련된 이야기 〈1차-2〉 6. 산업선교회 활동을 하게 된 계기/ 7. 공장에서 노동하면서 겪게 된 고초/ 8. 유신헌법에 대한 반대와 그로 인한 고초/ 9. 동일방직 노동자들의 실태와 목사님의 소명/ 10. 노동조합을 활성화시키기 위한 가르침 〈1차-3〉 11. 어려움 속에서 힘이 되어준 노동자들/ 12. 노동교육의 구체적인 방식과 민중신학/ 13. 노동자들과 교인들의 변화된 모습/ 14. 가족사항과 학교사항/ 15. 6·25 전쟁 때의 간호원 경험

3. 주요 약력 및 활동 상황

1965-1984 인천도시산업선교회 총무
1984-1996 시흥시 달월 감리교회 담임 목사
1972년 2월 동일 방직 여성노동자합(16명) 집행부 탄생
1976-1980 사회 선교 협의회 회장
1975년 5월 집행유예 3개월
1980년 5월 17일 새벽 2시 연행, 75일 안기부 구금
한국 여성 단체 연합 3대 회장 한국 교회 여성 연합 회장 한국 여성 신학협의회

3대 회장 감리교 시흥 시방 감리사

4. 주요 색인어

덕적, 산업선교회, 노동운동, 목회, 노동조합, 유신헌법, 민중신학, 감리교, 정치, 보수, 진보, 6.25 전쟁

5. 구술 자료 상세 목록

구술상세목록		구술시간
1. 목회를 하게 된 동기와 덕적으로의 파송	• 중학교 1학년 때 상록수 책을 보고 최영신의 삶에 큰 감동을 받음. • 인천 내리교회 고등부에서 농촌계몽 운동을 위한 그룹을 조직. • 용인에 있는 남사 국민 학교에서 선생을 하다가, 뜻이 맞는 친구들끼리 교회를 만듦. • 농민들의 정신을 바꿔야겠다는 생각으로 감리교 신학대학에 입학하게 됨. • 모태신앙을 가지고 있으면서 교회변혁과 사회변혁을 꿈꾸게 됨. • 대학 졸업 후 덕적이라는 섬으로 파송을 받게 됨. • 섬에서 아무데서나 똥을 싸는 등, 주민들의 야만적인 모습에 문화적 충격을 받게 됨. • 폐쇄되어 있는 교회 안이 똥으로 꽉 차 있었음. • 하나님의 말씀을 전해야겠다는 생각보다는 문맹자에게 교육을 시켜야겠다는 생각을 하게 됨. • 귀신을 내쫓는 등의 희안한 경험을 많이 하게 됨.	00:00:01 ~ 00:10:01

구술상세목록		구술시간
2. 덕적에서 귀신 들린 사람을 고쳐준 에피소드	•일주일동안 절실하게 기도하면서 20대 여성에 씌인 귀신을 내쫓았던 이야기. •전도사 체면 때문에 시작하게 된 기도가 큰 깨달음을 주게 됨. •하나님은 날 선택했고, 하나님의 능력은 교만 떨 때는 절대 드러나지 않는다. •엄마 같은 아줌마에 씌인 귀신을 내쫓았던 이야기. •영화 '엑소시스트'와 같은 장면들이 연출됨. •한 달, 두 달을 거치면서 그러한 경험을 통해 신앙에 대한 확증이 생김.	00:10:02 ~ 00:20:58
3. 덕적에서 펼쳤던 활동	•덕적에서의 경험은 노동운동의 어려움을 극복할 수 있었던 신앙적인 기반이었음. •똥으로 가득 찼던 교회를 청소했던 기억. •대학생들의 우대를 받고 면장의 초대를 받아 강연 및 교육, 재건활동을 하게 됨. 4중창 합창단도 만듦. •덕적은 피난민과 원주민이 함께 지내던 섬이었음. •아이들과 함께 크리스마스 발표회를 준비했던 기억. •뱃사람들은 본래 굿을 많이 하였음. •섬에 젊은 여자 전도사(자신)가 오니까 교회로 남자들이 몰림. •처음에는 거친 섬사람들의 행태가 무서웠지만 레크레이션 놀이 등을 통해 조금씩 사람들과 친해짐. •교양강좌, 한글, 음악, 오락 등을 가르침	00:20:59 ~ 00:32:58

구술상세목록		구술시간
4. 섬사람들과 친해지게 된 계기	•감리교 교육자 회의에서 목회보고를 통해 사람들에게 감동을 줌. •간호원 경험을 살려서 병에 걸린 사람을 치료해 주기함. •5개년 계획을 세워서 마을 시설정비도 함. •섬의 젊은 남자들 앞에서 움츠러들지 않고 당당하게 트위스트를 가르쳐 주겠다고 했던 경험. •춤을 배우고 싶어서 교회로 들어온 아이들과 수다를 떨면서 친해짐. •노름하고 국수 훔치던 말썽꾸러기들이 교회로 와서 많은 활동을 하게 됨.	00:32:59 ~ 00:41:10
5. 달월교회와 교도소에 관련된 이야기	•지금은 덕적이 확연히 달라져서 서포리 모래사장으로 유명한 관광지가 됨. •덕적에서 나와서 시흥의 달월교회로 가게 됨. •남자 교인들과 연애와 관련된 상담을 많이 함. •교도소에서도 연애와 관련된 상담이 많았음. •70~80년도 동안 4번 정도 교도소를 드나들게 됨. •세계의 여성단체들이 감옥에 있는 자신을 위하여 국가에 편지를 씀. •가난한 여성노동자를 위해 힘쓰는 조화순 목사를 석방하라는 사회적 요구가 커지게 됨. •별안간에 기소유예를 받고 감옥에서 풀려나게 됨	00:41:11 ~ 00:48:14

구술상세목록		구술시간
6. 산업선교회 활동을 하게 된 계기	•조지 오글 목사가 산업선교회 기구를 만듦. •박정희의 경제계획안에 따라 여성 산업노동자들이 급격히 늘어남. •조지 오글 목사와 조수영 목사가 산업선교회 활동을 권유함. •처음에는 거절하다가 고난을 기꺼이 짊어진다는 마음으로 끝내 수락. 6개월간 동일방직에서 일을 함. •목사 안수 시험을 볼 때 면접관들의 여성차별적인 질문에 당당하게 대응함. •감리교 교단이 제도적으로 많이 앞서감. 여성 목회자의 결혼에 대한 법적 제도의 변천. 최초의 여성 목회자는 전민라 목사.	00:00:01 ~ 00:11:31
7 공장에서 노동하면서 겪게 된 고초	•남이 하지 않는 일을 해야 한다는 보수적인 신앙관으로 산업선교회에 들어옴. •경제적으로 어려운 생활을 해보지 않았기 때문에 공장 일이 상당히 힘들었음. •노동자들에게 무시를 당하면서 천한 몸이 되신 예수님의 의미를 온몸으로 깨닫게 됨. •노동자들과 함께 일생을 가난하게 살겠다는 다짐을 하게 됨. •오글 선교사가 예수님을 전한다는 생각은 교만한 것이라고 충고함. 하나님은 이미 그 자리에 역사하고 계시니, 노동자들에게서 배우라고 함.	00:11:32 ~ 00:21:08
8. 유신헌법에 대한 반대와 그로 인한 고초	•어떤 상황 속에서도 예수님이라면 어떻게 행동했을까를 항상 고민하게 됨. •유신헌법으로 인해 많은 사람들이 죽어나가는 것을 보고, 감옥에 가는 것은 당연하게 여기게 됨.	00:21:09 ~ 00:31:08

	구술상세목록	구술시간
8. 유신헌법 에 대한 반대와 그로 인한 고초	•정치에 개입하지 말라는 목사들의 이중성에 대한 비판. 비판의식과 저항이 하나도 없이 돈과 복만 밝히는 목사들의 세태에 대한 비판. •자신에게 사회과학을 요구하는 기자들에 대해서도 비판. 사회과학보다 더 앞장설 수 있는 것이 예수님을 사랑하는 것. •감옥과 안기부에 수도 없이 끌려간 기억. •두렵고 무서운 순간에는 성경구절이 생각남. •안기부 직원들이 자신을 성경밖에 모르는 무식한 목사로 알고 내보내주려고 함. •사방의 대학에서 강연초빙을 받음. 노골적이고 솔직한 성경이야기에 다들 좋아함.	00:21:09 ~ 00:31:08
9. 동일방직 노동자들의 실태와 목사님의 소명	•목사님 자신은 사무원으로서 아침 8시에 출근했다가 저녁 5시에 퇴근. 노동자들은 새벽 6시에서 오후 2시, 오후 2시에서 저녁 10시, 저녁 10시에서 새벽 6시 이렇게 3교대를 함. •오명걸 목사가 여기 온 것은 전도를 위해서가 아니라 자신을 훈련시키기 위해서라고 함. •공장 안에서 십자가를 짊어진 예수를 찾아보라는 오명걸 목사의 메시지가 아주 감동적이었음. •말로만 어쩌고저쩌고 하는 사람보다는 한신대의 교수들처럼 적극적으로 실천하는 삶이 중요. •산업선교회 활동 18년에 시골목회 •18년을 계속하면서 사람들에게 존경을 받음. •자신은 몸으로 직접 체험하는 공부를 하였음.	00:31:09 ~ 00:40:51

구술상세목록		구술시간
9. 동일방직 노동자들의 실태와 목사님의 소명	•투철한 민족의식에 따라 제국주의를 비판하며, 성서가 원하는 것이 무엇인지를 항상 고민함. •노동조합이 법적으로 제정되어 있음에도 불구하고 여성노동자들이 이를 활용하지 못함. 오히려 노동조합이 어용노조로 변질되어 있었음. •노동조합을 활성화시키기 위한 그룹을 조직하게 됨.	00:31:09 ~ 00:40:51
10. 노동조합을 활성화시키기 위한 가르침	•노동자들이 사장이나 기업에 대한 불만만 많았음. 정작 이러한 고충을 어떻게 해결해야 될 것인지를 몰랐음. •조직적으로 단결된 노동조합의 필요성을 자연스럽게 인식시켜줌. 대화와 소문을 통해 노동자들이 조금씩 알게 됨. •노동조합의 임원을 선출하는 대회를 열었는데 세계 최초로 모든 임원단이 여성들로 선출됨. •국민학교밖에 나오지 않은 노동자들이 사회적으로 엄청난 반향을 일으킴. •예수님의 해방적인 교육을 노동자들에게 전달하려 노력함.	00:40:52 ~ 00:48:18
11. 어려움 속에서 힘이 되어준 노동자들	•자유, 해방, 여성의 하나님을 체험했던 것들을 노동현장에서 18년, 교회목회에서 18년동안 성도들과 나누었음. •사회적인 지위가 없는 소위 민중계층이 변화되는 모습에 감명을 받음. •가족들도 챙겨주지 못하는 자신의 생일을 노동자들이 챙겨줌. 생일 때면 노동자들의 간증이 터져 나옴.	00:00:00 ~ 00:10:04

	구술상세목록	구술시간
11. 어려움 속에서 힘이 되어준 노동자들	•노동운동의 경험을 바탕으로 보험회사 직원이 되어 성공한 노동자의 이야기. 그녀의 결혼에 반대했던 이야기. 그녀는 돈을 많이 벌어서 친정집 사람들도 변화시키고, 지금도 동일방직 후배들을 관리한다고 함. 항상 단체로 다니는 노동자들이 민주당 의원을 찾아가 요구사항을 밝히고, 또 당선시킨 이야기.	00:00:00 ~ 00:10:04
12. 노동교육의 구체적인 방식과 민중신학	•주입식으로 교육하지 않고 자연스럽게 토론을 이끌어냄. •기독교적인 노동관에 대해 이야기하면서 예수도 노동자였다는 사실과 노동이 귀하다는 것을 강조. •노동을 스스로 천하게 여기는 태도를 지양하자는 권고. 노동자들은 자신의 권리를 당당히 주장할 수 있다는 식으로 대화를 이끌어감. •일주일에 한번씩, 7명에서 15명까지 그룹을 만듦. •그룹의 이름을 짓거나 회칙과 유행가를 정하는 등의 모든 활동을 노동자들이 스스로 할 수 있게끔 함. •지식인의 언어가 아닌 노동자의 언어를 쓰라고 충고함. •눌린 자의 시각으로 성경을 읽을 때 '네 믿음이 너를 구원했다'는 구절이 눈에 띄게 됨. •안병무와 서남동의 민중 신학에 대한 이야기. 자신은 민중 신학의 산 자료였다.	00:10:05 ~ 00:21:01

구술상세목록		구술시간
13. 노동자들과 교인들의 변화된 모습	•노동자들에게 웅변을 가르치면서 열등감에서 벗어나게 함. •자기소개조차 제대로 하지 못하던 노동자가 변화된 이야기. •노동자들이 논리적으로 자신의 주장을 펼치는 모습을 보면서 학력이 중요치 않다는 것을 알게 됨. •교회에서도 교인들에게 올바른 방식으로 세뇌시킴. 역사의 주인은 노동자이며 농민이고, 교회의 주인은 교인임을 인식시킴. •지도자가 바뀌면 교회와 지역이 바뀜. 국회의원들과 정당에게도 교회가 영향을 끼침.	00:21:02 ~ 00:30:28
14. 가족사항과 학교사항	•6남매 중 막내딸. •아버지는 마부이면서 성실하고 착하셨음. 어머니는 천사같이 고운 미모이셨음. 어머니와 아버지는 소문난 잉꼬부부였음. •어머니는 자존심이 세고 예능에 소질이 있었음. 자신의 성격은 어머니에게서 영향을 받은 것임. •어머니가 돌아가시는 모습은 정말 천사같이 고요하고 잔잔했음. •어머니와 아버지는 뒤늦게 교회를 다니셨음. •인천에서 초중고등학교를 마쳤고 대학은 감리교신학대학교를 나옴. •선생님이 없던 시절이라 고등학교를 졸업하면 시험을 보고 중교사 자격증을 취득할 수 있었음. •남사국민학교에서 교사를 하면서 재미있는 시절을 보냄	00:30:29 ~ 00:42:24

구술상세목록		구술시간
15. 6.25 전쟁 때의 간호원 경험	•전쟁통에 아구리 배를 타고 노래를 부르던 기억. •이영복의 '눈을 감으며'라는 노래 열창하심. •최영석 작곡가가 이끌던 구국합창단에 있었음. 정부가 구국합창단을 장병들을 위문하기 위하여 보냄. •놀러 가는 것처럼 신나게 남자와 여자가 섞여서 아구리 배를 타고 감. •군인 병원에서 간호원이 부족하여 합창단원들이 간호원 노릇을 하게 됨. •자신은 중환자실에 배치되었음. 부상병들의 살이 썩어 들어가는 냄새가 견디기 어려웠음. •다른 병동에 있던 아이들이 재미있게 지낸 이야기를 들으면서 속이 상하였으나, 자신을 신앙적으로 깨우친 한 친구에 의해 더욱 열심히 중환자실의 병사들을 돌보게 됨. •나중에는 연애편지를 수도 없이 받게 됨.	00:42:24 ~ 00:55:33

다음으로, 자료관도 모두에서 언급한 '아카이브의 전성시대'가 조우하는 문제를 공유하고 있다고 볼 수 있다. 처음부터 자료관이 전체적인 구술자료의 연구/활용까지 기획하며 진행되어 온 것이 아닌, 여러 개의 구술자료 수집연구단의 결과물을 안정적으로 집적하는 데 방점이 맞춰져 있었기에 자료관이 발휘할 수 있는 자율성과 기획의 폭은 제한적이었다. '수집에서 활용으로'라는 문제의식에 조응하는 구술자료 아카이브를 실현하는 데는 처음부터 한계를 지니고 있었던 것이다.

세 번째로, 자료관과 구술자료 수집연구단 모두 10년이란 기간 동안 진행하는 한시적인 사업이었기 때문에, 장기적인 자료의 활용이나 연구/전시/교육 등과 연계된 연구 진행에 한계를 지니고 있었다. 특히, 사업진행 단계에서 구술자료의 양적 기준이 강조되면서, 자료관이나 구술자료 수집연구단 모두 애초 상정한 구술자료 기획/수집에서 연구로 이어지는 문제의식이 약화된 것도 이러한 한계를 배태한 구조적 제약 – 자료관으로서는 구술자료의 관리적 측면으로, 수집연구단은 구술자료의 수집측면으로 경사한 – 이었다.

그 밖에도, 구술아카이브의 대상과 주제 측면에서 보면, 정치·경제·외교·현대사 등 공적 역사 사건과 엘리트에 대한 구술 기록의 비중이 많았다. 이러한 자료들은 대부분 정부의 정책 방향에 따라 자료의 테마 구성이 변화할 가능성이 존재했다. 따라서 능동적인 대중의 기억에 대한 관심이 높아지고 있는 상황에서 지역과 일상 생활에 대한 구술아카이브의 확충이 필요하다는 평가도 존재한다(유동환 2015, 255–258).

3. 구술자료와 '자료관', 공공역사를 위한 하나의 모델

이처럼 그간 수행된 구술자료 아카이브가 지닌 각각의 의의와 한계를 종합해보면 이후 진행될 구술자료 연구 및 연구 사업에 제안할 수 있는 아래와 같은 몇 가지 모델의 준거를 발견할 수 있다.[5)]

1) 공공역사 구축을 위한 몇 가지 조건

우선, 안정적으로 구술자료의 기획, 수집, 관리 및 활용을 진행 할 수 있는 연구진/예산 등이 확보되어야 할 것이다. 이는 연구사업의 형태라기 보다, 사전에 특정한 형태나 특성을 지닌 아카이브/구술자료관에 대한 사전 예비 조사 및 청사진을 지닌 상태에서 사업이 출발해야 한다는

---

5) 국내·외에서 구술사와 공공역사간의 관계에 대해서는 윤택림(2020, 9~45)를 참조.

것을 의미하기도 한다. 이미 국편, 국립예술자료원, 한중연 현대한국구술자료관 등에서 진행된 10년에 걸친 한계와 성과가 존재하기에 현실적인 연구진, 소요 예산 등에 대한 고려 속에서 해당 기관의 안정적인 연구센터, 연구소와 같은 형식으로 사업이 진행되어야 할 것이다.

다음으로, 구술 아카이브의 자율성이 구술자료의 수집기획에서 활용에 이르기까지 보장되고 평가받아야 할 것이다. 이는 3장에서도 언급한 구술자료 수집 기획이 이후 활용(연구, 교육, 전시, 콘텐츠 등)에 이르기까지 충분한 시간을 가지고 배치되고 운영한다는 의미다. 구술자료가 한국 사회에서 빛을 발하는 것은 문헌자료나 공식적 역사에서 잘 드러나지 않은 역사적 서사, 사실의 규명 등에서 이다. '아카이브의 전성시대'에도 이런 문제의식은 여전히 중심적으로 지켜야 할 가치이다. 구술 아카이브의 연구자, 아키비스트 등은 이러한 문제의식 속에서 전문가의 자문과 충분한 검토를 거쳐 기획을 진행해야 제대로 된 아카이브의 초기적 모델이 만들어 질 것이다.

세 번째로, 연구자가 생산한 기록으로서 구술자료에 대한 접근에 있어서 충분한 사전 조사와 수집 자료에 대한 연구가 준비되어야 할 것이다. 한편 '아카이브의 전성시대'에 구술자료들의 숫적인 증가에 비해, 과거와 비교할 때 '왜 구술자의 이야기를 듣는가'에 대한 고민은 잦아들은 것을 전적으로 부정하기 어렵다. 그 가운데에는 형식적인 구술면담과 그 결과물이 발견되기도 하며, 연구자 본인이 면담한 구술자료임에도 불구하고 제3자가 접근하는 것이 어려울 정도로 제대로된 절차(검독, 해제 등)가 이뤄지지 않은 경우도 있다. 이는 연구자의 기록에 대한, 더 나아가서 어렵게 자신의 생애사에 대해 이야기해준 구술자에 대한 이해를 결한 것이라고 비판을 받을 수도 있다. 구술자료 수집은 양적 증가도 중요하지만, 구술자료가 구술자와 면담자의 대화이자 공감의 과정이라면 다시 '구술자의 이야기를 듣는다는 것'의 의미가 무엇인지 성찰이 필요할 것이다.

더불어 면담자/연구자가 수집한 구술자료를 분석하고, 해석하며 충분히 깊이 있는 면담과 사후 관련 자료(일기, 사진 및 박물류)와 결합시켜 연구를 진행할 수 있는 연구 시스템의 개선이 필요하다. 구술자에 대한 면담 이후 구술자료가 기록으로서나 서사로서 지니는 의미, 추가적으로 보완되어야 할 관련 사료 등을 충분히 확보할 시간공간적 여유가 확보되지 않을 때 '아카이브의 전성시대'는 역사적 맥락이 탈각된 자료들로 채워질 위험성이 공존한다는 점도 상기해야 할 것이다.

다음으로 지난 20여년의 한국 구술사 연구 및 구술자료 수집의 성과와 의의를 견지하면서, 한국 사회에서 구술사의 대중적인 필요성과 왜 한국 사회에서 안정적인 구술사연구를 담보할 기구가 필요한지에 대한 학계, 정부, 시민사회 간의 공감대가 필요하다. 일본의 경우, 1971년부터 정부지원 아래 향토사자료관이 만들어 지기 시작해 2020년 현재 현립자료관이 약 20여 개, 시나 군, 정, 촌립 자료관은 약 400여 개에 달한다. 지역 차원의 자료관 등이 유지할 수 있었던 원인은 정부와 지자체가 재정적인 지원을 하고, 지역사와 지역문화의 주체인 지역 주민들에 의해 스스로 운영되었다는 사실에 주목해야 한다(김주관 2012, 101).

구술자료 아카이브는 구술자료의 특성인 구술성을 살리면서 자료 수집의 우선순위를 역사적이고 사회적인 측면에서 적절히 고려하며 학문적으로, 사회적으로 무엇을 드러냄으로써 구술자료의 교육, 연구, 자료적 기능을 보존할 수 있는지 총체적으로 판단할 수 있어야 할 것이다. 그리고 그 중심에는 구술자료 아카이브가 소장하고 있는 구술자료들이 자리 잡고 있다. 2000년대 이후 구술자료 아카이브들이 각각의 역사적 의미를 지녔지만, 아카이브로서 총체성보다는 아카이브의 특정 기능에 집중한 측면이 없지 않았다. 이제 향후 구축될 구술자료 아카이브는, 어떤 형태이든지, 앞서 언급한 여러 사항들에 대한 균형감각을 갖고 '수집에서 활용으로'라는 현 단계 한국 구술사 연구의 문제의식을 받아 안도록 해야 할 것이다.

두 번째로, 후술할 구술자료통합서비스의 현실화를 위한 쌍방향형 구술 그리고 역사콘텐츠와 구술자료의 결합을 현실화시키기 위한 적극적인 연구기획이 반영되어야 할 것이다. 이제 전국 각지 및 국내외에 개인연구자, 연구기관 그리고 프로젝트별로 분산된 구술자료를 망라해 접근하는 동시에, 교육, 전시, 쌍방향적 소통의 매개로 활용할 수 있는 장기적 기획에 입각한 적극적인 프로그램 기획이 필요하다. 이제 이런 연구기획이 시민사회 및 정부에 설득이 가능하도록 구술사 연구자, 문화콘텐츠 기획자, 현대사 연구자가 결합되어 현실화시킬 시점이다. 이들 과제를 세부적으로 몇 가지로 나누어 보면 다음과 같다.

2) 새로운 서비스 모델의 실험과 구축 – 구술자료통합서비스와 한국구술사연구센터

앞서 언급한 것처럼 장기적으로 분산된 구술자료를 통합적으로 관리하고 연구하기 위해서는 정부, 준정부 기구 등 공공기구/재단을 통해 전국적인 구술자료를 온라인 상으로 연결하는 플렛폼 기능을 하고 구술자료통합서비스가 가능한 가칭 〈한국구술사연구센터〉를 현실화시킬 과제가 남아있다. 이를 통해 공공역사로서 구술자료의 역사적 의미를 학계, 시민사회, 정부 차원에서 활성화할 수 있을 것이다.

더불어 이 책의 Ⅲ부 3장에서 소개한 일본 국립역사민속박물관과 미국국립미술사 박물관 이주민 전시에서 볼 수 있는 것처럼, 온라인/오프라인 차원에서 사전 연구와 전시, 집담회/강좌 등 연계사업이 결합된 '구술자료 수집/연구'와 '전시/교육'이 애초부터 결합된 모형으로 개발할 필요가 있다.

하지만 현대사를 중심으로 한 역사를 공공기관이 대중에게 일방적으로 홍보/계몽하는 것이 아니라면, 대중들이 온라인/오프라인 상으로 자신의 체험을 전달하는 '쌍방향적 성격'이 강조되어야 하며 이것이 새로운 모델의 중요한 구성 요소일 것이다. 더 나아가서 구술자료가 고정된 자료가 아닌, 대중이 일상을 영위하는 장소와 연동되어 '구술자료–장소성'의 연결이 적극적으로 모색되어야 할 것이다. 즉 유비쿼터스적 아카이브를 지향할 필요가 있다. 일본 오노미치 아카이브즈를 원용해 각 장소와 관련된 인물을 연동시키거나, 장소가 형성되고 변용되는 역사를 지도, 다큐멘터리 등 영상, 구술자료를 통해 활용하는 작업을 통해 장소성을 매개한 구술자료 활용이 필요하다. 단적인 예를 들어서 '여의도'를 방문할 때, 여의도가 계획된 시기 정부, 건축가, 기술자, 원주민 등의 목소리, 자료 등을 결합한 문화콘텐츠와 구술자료를 스마트폰이나 웹으로 연동시키는 기획을 들 수 있다.

3) 대중적 문화 콘텐츠 제작과 구술자료 검색의 활성화

다음으로 구술자료를 빅데이터에 기반한 의미론적 분석과 다각적인 분석을 가능할 수 있도록 해야 할 것이다. 구술자료를 구술자별 서사 분석에 국한된 것이 아닌, 좀 더 적극적인 의미론적 방향으로 이를 검색할 수 있고 분석할 수 있는 것이 디지털콘텐츠의 장점을 극대화할 수 있는 방향이다. 이를 위한 메타데이터 등 기반을 마련할 필요가 있다. 더불어 오프/온라인에서 연구와 전시의 연계에 기반한 아카이빙이 필요하다. 3장에서 소개한 목천건축아카이브에서 1960년대 건축사 관련 인물의 구술자료 조사에 입각한 전시 연계 아카이빙이나 미국국립미술사박물관의 이주민 전시/연구처럼 비가시적인 현대사 사건, 인물의 구술자료 수집에 기초한 아카이빙 콜렉션을 강화시킬 필요가 있다. 더 나아가 독일 역사의 집 사례처럼 공영방송국 등 영상전문기관의 다큐멘터리, 극영화와 결합시켜 문화 콘텐츠를 현대화/다각화도 적극적으로 모색할 필요가 있다.

4) 현대사 구술교과서 – 쌍방향 소통의 모색

초기 구술자료의 현대사 연구/교육 활용은 사건별 피교육자에 대한 계몽/교육적 방식이 중심을 이뤘다. 하지만 이제 온라인을 통해 쌍방향으로 사건, 인물에 대한 해석이 가능한 〈현대사구술교과서〉 마련이 필요하다. 독일 역사의 집 포탈 사이트와 같이 시대, 주제, 인물 등 카테고리를 기반으로 초보적인 역사 지식을 지닌 개인이 충분히 이해할 수 있는 수준의 다큐멘터리와 구술자료가 결합된 현대사교과서가 학계, 문화콘텐츠 기획자 그리고 교사 등이 결합해서 만들어질 필요가 있다.

앞서 3장 독일 사례에서 본 것처럼 공영방송국과 재단이 결합해서 시대, 주제, 개인별 영상 클립을 '현대사 교과서' 형식으로 구축한 것은 매우 중요한 선례이다. 주제, 시대, 직업, 집단/계층, 성별 등에 따라 특정한 시대를 어떤 경험으로 현재 다르게 기억하고 있는지 재현하는 작업은 역사적 경험의 다차원성을 강조하는 구술사 연구에서 중요한 접근일 것이다. 한국의 경우, 최근 유튜브 등 SNS를 통한 현대사, 현대 한국사회에 대한 재현이 일반인 차원에서도 드문 일이 아닌 동시에, 역사 왜곡을 심화시키는 경향도 존재한다. 이런 상황에서 구술사연구기관에서 '구술자료 → 미디어화 → 대중과 쌍방향성/수시성'을 확보한 '현대사구술교과서' 작업은 학계, 문화콘텐츠 제작자, 영상집단이 결합한 중요한 구술자료의 활용 사례가 될 것이다.

5) 역사인물관계도 100장면 – 쌍방향적 역사교육의 장

앞서 말한 최근 한국에서 유튜브 역사 관련 콘텐츠들이 가진 편향성을 고려할 때, 구술자료/자료수집 기관이 '역사교육'의 쌍방향적 소통의 장으로 자리 잡아야 한다. 구술자료, 구술생애사 자료가 지닌 개인-인물이라는 특성을 살려서 시대, 성별, 사건, 직업 등 측면에서 구술자들의 체험/생애가 어떻게 연결되어 있는지 알아볼 수 있는 '역사인물관계도' 작업은 이런 점에서 새로운 실험으로서 의미를 지닌다.

앞서 언급한 영국 TNA의 이주민 구술자료에 기반한 전시와 쌍방향적인 온라인 자료 구축이 그 사례일 것이다. 이주민, 가족, 후손 등이 직접 참여하는 쌍방향적 소통과 참여자들에게 영상 및 인터뷰 교육이 제공되는 과정은 박물관, 연구자, 당사자 그리고 대중들의 협업과 네트워킹에 입각한 새로운 역사교육의 장을 창출할 수 있을 것이다. 최근 경기도 메모리도서관의 초등학생을 대상으로 한 디지털교과서 사례에서 보이는 것처럼[6], 일반인과 넓은 범위의 대중을 대상으로 하는 역사교육, 특히 구술자료와 역사교육을 결합하는 데서 중요한 것은 연구자/연구기관이 수집한 자료 이외에 대중이 자발적으로 스스로 체험을 구술하려는 흐름을 만들어 나가는 것이다.

6) 지역사회와 연계 – 지역과 기억을 연결시키는 매개

이미 '공동체/마을 아카이브즈'에 대한 여러 논의에서 지적되는 것처럼 지역에서 민간, 개인, 소규모 구술자료 수집은 주목해야 할 중요한 흐름 가운데 하나이다. 마지막으로 강조할 과제는 밑으로부터 대중들의 자발적인 구술자료 수집 요청을 통해 다채로운 현대사 체험을 스스로 기록화할 수 있는 기회를 제공하도록 하며, 그 기반은 지역의 공동체, 기록집단일 것이다. 이제 브랜치(branch)로서 지역에서 자발적인 구술사 작업을 인적, 물적으로 지원하고 이들의 작업이 어떻게 의미있는 공공역사를 위한 기록이 될지 설득하는 시스템울 구축하는 것이 중요할 것이다.

앞선 3장에서 소개한 재난 아카이브즈의 storycoups처럼 자신의 체험, 역사를 스스로 만들고자 하는 대중들의 자발적인 흐름을 지역과 연

6) 자세한 내용은 경기도 메모리 홈페이지(https://memory.library.kr) 참조.

계시키려는 노력이 필요한 것이다. 단적인 예로 지역, 거점 지역기록단체 등에서 신청서, 구술사가와 연결 통로, 자료화 양식 등 절차를 갖추는 것이 중요할 것이다.

참고문헌

강난형, 김경태, 김성우 외 편(2019), 『국가 아방가르드의 유령』, 프로파간다.

권미현(2007), 「강제동원 구술자료의 관리와 활용」, 『기록학연구』 16.

김주관(2005), 「생활사 아카이브 구축의 의미와 방법-20세기 민중생활사 아카이브의 사례를 중심으로」, 『지방사와 지방문화』 8:1.

김주관(2006), 「문화자료와 디지털 아카이브의 구축」, 『지방사와 지방문화』 9:2.

김주관(2012), 「공동체의 기억을 담는 아카이브를 지향하며- 20세기민중생활사연구단 아카이브의 성과와 과제」, 『기록학연구』 33.

송주형(2015), 「구술을 통한 재난 사고의 기록화」, 『기록학연구』 44.

유동환, 최아름(2015), 「지역 구술아카이브 기반 스토리텔링체험시스템 연구」, 『통일인문학』 62.

윤은하 외 (2016), 「노근리 사건의 사회적 기억과 기록에 관한 연구」, 『한국기록관리학회지』, 16:2.

윤택림(2012), 「지방지(地方誌)와 구술사: 경기남부 지방지를 중심으로」, 『구술사연구』 3:2.

윤택림(2015), 「기관구술채록의 진단과 과제: 국사편찬위원회 구술채록사업을 중심으로」, 『구술사연구』 6:1.

윤택림(2019), 「구술, 기억, 공공 역사」, 『구술사연구』 10:1.

윤택림(2020), 「개인적 서술에서 공공의 기억으로: 구술사와 공공의 역사」, 『구술사연구』 11:1, 2020.

이상헌(2008), 「독일 마을아카이브의 역사와 특성」, 『민속연구』 17, 안동대 민속학연구소.

이재성 외(2014), 「노동아카이브의 형성과 발전방향 모색」, 『기록학연구』 41.

이호신(2007), 「한국문화예술위원회 아르코예술정보관의 〈예술사 구술채록사업〉 운영 현황」, 『무용역사기록학』 13.

이호신(2017), 「구술사 연구와 기록관리, 녹취문을 넘어서」, 『구술사연구』 8:2.
정연결 외(2017), 『구술 아카이브 시스템의 구축과 활용』, 아르케.
조용성(2010), 「구술기록의 수집과 아카이브 정책에 관한 연구」, 『기록학연구』 25.
천호준 외(2007), 「올림픽 구술사 아카이브 구축을 위한 기초연구: 미국아마추어운동재단의 사례를 중심으로」, 『체육과학연구』 18:3.
최동순(2010), 「현대 한국불교사와 구술사 아카이브 구축: 여익구를 통해 본 불교운동」, 『문학/사학/철학』 21·22.
최재희(2013), 「영국의 마이너리티 역사교육과 기록물관리기관의 역할 확대 연구」, 『기록학연구』 36.
최정은(2017), 「공동체에게 다가가기: 공동체아카이브, 복수의 주체의 가능성-동탄 신도시 원주민 구술기록 수집을 사례로」, 『구술사연구』 8:1.
한국구술사연구회(2017), 『구술사 아카이브 구축 길라잡이 2, 관리와 활용』, 선인.
한신갑 외(2017), 「생애사 연구의 자료기반 확장: 생애사 시간표를 활용한 구술생애사 자료의 조직 및 분석」, 『조사연구』 18:2.